SACHER-MASOCH

LE

LEGS DE CAIN

CONTES GALICIENS

L'ERRANT
DON JUAN DE KOLOMEA — FRINKO BALABAN
CLAIR DE LUNE — MARCELLA.

PARIS
LIBRAIRIE HACHETTE ET Cie
79, BOULEVARD SAINT-GERMAIN, 79

1874

PRIX : 3 FRANCS.

LE
LEGS DE CAÏN

PARIS. — IMPRIMERIE DE E. MARTINET, RUE MIGNON, 2

SACHER-MASOCH

LE
LEGS DE CAÏN

CONTES GALICIENS

L'ERRANT
DON JUAN DE KOLOMEA — FRINKO BALABAN
CLAIR DE LUNE — MARCELLA

PARIS
LIBRAIRIE HACHETTE & Cie
BOULEVARD SAINT-GERMAIN, 79
1874

PROLOGUE

L'ERRANT

Nos fusils sur l'épaule, nous marchions avec précaution, le vieux garde et moi, dans la forêt vierge qui étale ses masses noires et compactes au pied des Karpathes. Les ombres du soir assombrissaient encore cet océan sans rivages de pins drus et serrés; aucun bruit ne troublait le silence, aucune voix d'être vivant, aucun frémissement dans les arbres, pas d'autre lumière que de temps en temps un lambeau de la résille d'or mat que le soleil couchant jetait encore sur la mousse et les herbes. Parfois le ciel d'un bleu pâle, sans nuages, apparaissait entre les cimes immobiles des vieux pins. Un lourd parfum de pourriture végétale était suspendu dans les branches entrelacées. Sous nos pas, rien ne craquait, on enfonçait comme dans un tapis. De fois à autre on rencontrait un de ces blocs erratiques, frustes et moussus, qui sont semés sur les pentes des Karpathes, dans les forêts et jusque dans la plaine couverte de moissons dorées, témoins silencieux d'une époque oubliée où les flots d'une mer battaient les flancs déchiquetés de nos montagnes.

Ce fut comme un écho lointain de ces jours monotones de la création, quand soudain il se leva un vent très-fort qui vint en mugissant rouler ses vagues invisibles entre les lourdes cimes, faisant frissonner les aiguilles des pins et ployer les hautes herbes qui s'inclinaient sur son passage.

Le vieux garde s'arrêta, ramena ses cheveux blancs que la bise avait ébouriffés, et se mit à sourire. Au-dessus de nous, dans l'éther bleu, se montrait un aigle. Le garde s'abrita les yeux d'une main et regarda l'oiseau en fronçant ses épais sourcils, puis d'une voix dolente : — Voulez-vous tirer? dit-il.

— A cette distance? Merci.

— La tempête le rabat vers nous, murmura le vieux forestier, qui restait immobile.

Il ne se trompait pas, le point noir ailé grossissait de seconde en seconde, déjà je voyais briller le plumage. Nous gagnâmes une clairière entourée de pins sombres, parmi lesquels se détachaient comme des squelettes quelques rares bouleaux blancs.

L'aigle tournoyait sur nos têtes.

— Eh bien, monsieur, c'est le moment de tirer.

— A toi, mon brave.

Le garde ferma les yeux, clignota un moment, souleva son vieux fusil rouillé et l'arma.

— Faut-il décidément?...

— Sans doute, moi je serais sûr de le manquer.

— A la grâce de Dieu !

Il épaula d'un air délibéré, un éclair jaillit, la forêt répercuta sourdement la détonation. L'aigle battit des ailes, un instant il parut encore soulevé par l'air, puis il tomba lourdement comme une pierre. Nous courûmes vers l'endroit où il s'était abattu.

— Caïn ! Caïn ! cria une voix qui sortait du fourré, voix d'airain, terrible comme celle du Seigneur s'adressant dans le paradis aux premiers hommes ou plus tard au maudit qui a frappé son frère.

Les branches s'écartèrent. Devant nous se tenait une apparition fantastique, surhumaine.

Un vieillard de taille gigantesque était debout dans le maquis ; autour de sa tête nue flottaient de longs cheveux blancs, une barbe blanche descendait sur sa poitrine, et sous ses épais sourcils de grands yeux sombres s'attachaient sur nous comme ceux d'un juge, d'un vengeur. Son vêtement de bure était tout déchiré et rapiécé, et il portait une gourde en bandoulière ; appuyé sur son bâton, il hochait tristement la tête. Enfin il sortit, ramassa l'aigle mort, dont le sang ruissela sur ses doigts, et le contempla en silence.

Le garde se signa. — C'est un errant ! murmura-t-il d'un ton d'effroi, un saint homme. — Sans ajouter un mot, il mit la bretelle de son fusil sur l'épaule et disparut entre les arbres séculaires.

Malgré moi, mon pied prit racine et mes yeux se fixèrent sur le sinistre vieillard. J'avais entendu parler plus d'une fois de cette secte étrange, à laquelle notre peuple a voué une vénération si profonde. Je pouvais maintenant satisfaire ma curiosité.

— Te voilà bien avancé, Caïn ! dit l'errant au bout de quelques minutes en se tournant vers moi. Ta soif de meurtre est-elle assouvie par le sang de ton frère ?

— Mais l'aigle n'est-il pas un forban? répliquai-je. Ne fait-on pas bien de le détruire?

— Hélas! oui, c'est un meurtrier, dit en soupirant le vieillard; il verse le sang comme tous ceux qui vivent. Mais sommes-nous obligés d'en faire autant? Je ne le fais pas, moi; mais toi,... oui, oui, toi aussi, tu es de la race de Caïn, tu portes le signe...

J'étais mal à l'aise. — Et toi, lui dis-je enfin, qui es-tu donc?

— Je suis un errant.

— Qu'est-ce, un errant?

— Un homme qui fuit la vie...

Il déposa le cadavre de l'oiseau sur le sol et me regarda; ses yeux avaient maintenant une expression de douceur infinie.

— Repens-toi, reprit-il d'une voix pénétrante, répudie le legs de Caïn; cherche la vérité, apprends à renoncer, à mépriser la vie, à aimer la mort.

— Où est la vérité? Peux-tu m'en montrer le chemin?

— Je ne suis pas un saint, répondit-il; je ne suis point en possession de la vérité. Mais je te dirai ce que je sais.

Il fit quelques pas vers un tronc d'arbre pourri qui était couché dans la clairière et s'y assit; je m'installai en face de lui sur un bloc de pierre, les mains sur les genoux, prêt à l'écouter. La tête appuyée sur ses deux mains, il regarda quelque temps devant lui comme pour se recueillir.

— Moi aussi, commença-t-il enfin, je suis un fils de Caïn, petit-fils de ceux qui ont mangé de l'arbre de la vie. Pour l'expier, je suis condamné à errer, à errer jusqu'au jour où je serai libéré de la vie... Moi aussi, j'ai vécu, j'ai follement joui de l'existence. J'ai possédé tout ce qu' peut embrasser le désir insatiable de l'homme, et j'en ai reconnu le néant. J'ai aimé et j'ai été bafoué, foulé aux pieds quand je me livrais tout entier, adoré quand je me jouais du bonheur des autres, — adoré comme un Dieu! J'ai vu cette âme que je croyais sœur de la mienne et ce corps que mon amour tenait pour sacré, je les ai vus vendus comme une vile marchandise. J'ai trouvé ma femme, la mère de mes enfants, dans les bras d'un étranger... J'ai été l'esclave de la femme et j'ai été son maître, et j'ai été comme le roi Salomon, qui aimait le nombre... C'est dans l'abondance que j'avais grandi, sans me douter de la misère humaine; en une nuit s'écroula l'édifice de notre fortune, et lorsqu'il fallut enterrer mon père, il n'y avait pas de quoi payer le cercueil. Pendant des années, j'ai lutté, j'ai connu le chagrin et les noirs soucis, la faim et les nuits sans sommeil, l'angoisse mortelle, la maladie. J'ai disputé à mes frères les biens terrestres, opposant la ruse à la ruse, la violence à la violence, j'ai tué et j'ai été moi-même à deux pas de la mort, tout cela pour l'amour de cet or infernal... Et j'ai aimé l'état dont j'étais citoyen et le peuple dont je parle la langue, j'ai eu des dignités et des titres, j'ai prêté serment sous le drapeau et je suis parti pour la guerre plein de colère et d'ardeur, j'ai haï, j'ai assassiné ceux qui parlaient une autre langue, et je n'ai recueilli que honte et mépris...

... Comme les enfants de Caïn, je n'ai point ménagé la sueur de mes frères, ni hésité à payer de leur

sang mes plaisirs. Puis à mon tour j'ai porté le joug et me suis courbé sous le fouet, j'ai peiné pour les autres, travaillé sans repos et sans trêve pour grossir mon gain. Heureux ou misérable, riche ou pauvre, je ne redoutais qu'une chose, — la mort. J'ai tremblé à l'idée de quitter cette existence, j'ai maudit le jour où je suis né en songeant à la fin qui nous attend. Que de tourments, tant que j'espérais encore !... Mais la science m'est venue. J'ai vu la guerre des vivants, j'ai vu l'existence sous son vrai jour...
Il hocha la tête, et s'absorba dans ses réflexions.

— Et quelle est la science que tu possèdes? demandai-je après une pause.

— Le premier point, c'est que vous autres, pauvres fous, vous vous imaginez que Dieu a fait le monde aussi parfait que possible et qu'il a institué un ordre moral. Fatale erreur ! Le monde est défectueux, l'existence est une épreuve, un triste pèlerinage, et tout ce qui vit, vit de meurtre et de vol !

— Ainsi, selon vous, l'homme n'est qu'une bête féroce?

— Sans doute; la plus intelligente, la plus sanguinaire, la plus cruelle des bêtes féroces. Quelle autre est si ingénieuse à opprimer ses semblables? Partout je ne vois que lutte et rivalité, que meurtre, pillage, fourberie, servitude... Toute peine, tout effort n'a d'autre mobile que l'existence, — vivre à tout prix ! et transmettre sa misérable vie à d'autres créatures !

La seconde vérité, continua gravement le vieillard, c'est que la jouissance n'a rien de réel; qu'est-ce donc, sinon la fin d'un besoin qui nous dévore?

Et pourtant chacun court après ce vain mirage, et il ne peut en définitive qu'assurer sa vie. Mais crois-moi, ce n'est pas la privation qui fait notre misère, c'est cette attente éternelle d'un bonheur qui ne vient pas, qui ne peut jamais venir. Et qu'est-ce que ce bonheur qui, toujours à portée de la main et toujours insaisissable, fuit devant nous depuis le berceau jusqu'à la tombe? Peux-tu me le dire?

Je secouai la tête sans répondre.

— Qu'est-ce donc que le bonheur? continua le vieillard. Je l'ai cherché partout où s'agite le souffle de la vie. Le bonheur, n'est-ce pas la paix, qu'en vain nous poursuivons ici-bas? N'est-ce pas la mort? la mort qui nous inspire tant d'effroi? Le bonheur! qui ne l'a cherché tout d'abord dans l'amour, et qui n'a fini par sourire tristement au souvenir de ses joies imaginaires! Quelle humiliation de se dire que la nature n'allume en nous ce feu dévorant que pour nous faire servir à l'accomplissement de ses obscurs desseins! Elle se soucie bien de nous! A la femme, elle a départi tant de charmes, afin qu'elle puisse nous réduire sous son joug et nous dire : Travaille pour moi et pour mes enfants!... L'amour, c'est la guerre des sexes. Rivaux implacables, l'homme et la femme oublient leur hostilité native dans un court moment de vertige et d'illusion pour se séparer de nouveau plus ardents que jamais au combat. Pauvres fous qui croyez sceller un pacte éternel entre ces deux ennemis, comme si vous pouviez changer les lois de la nature et dire à la plante : Fleuris, mais ne te fane pas, et garde-toi de fructifier!... Il se prit à sourire, mais sans amertume ni malice; dans ses yeux brillait la clarté tranquille d'une lumière supérieure.

— Et j'ai éprouvé de même la malédiction qui s'attache à la propriété... Née de la violence et de la ruse, elle provoque les représailles et engendre la discorde et les forfaits sans fin. L'infernale convoitise pousse les enfants de Caïn à s'emparer de tout ce qui est à leur portée ; et, comme si ce n'était pas assez qu'un seul accapare ce qui suffirait à des milliers de ses semblables, il voudrait s'y établir, lui et toute sa couvée, pour toute éternité. Et ils luttent, l'un pour prendre, l'autre pour garder ce qu'il a pris... Il étendit les bras comme pour repousser une vision terrible. Mais l'homme isolé ne peut soutenir le combat contre le nombre ; alors ils forment des ligues qui s'appellent communes, peuples, états. Et les lois viennent sanctionner toute usurpation. Et notre sueur, notre sang, sont monnayés pour payer les caprices de quelques-uns qui aiment le faste, les femmes et le cliquetis des armes ! La justice est faussée, et ceux qui élèvent la voix au nom du peuple, on les corrompt ou on les supprime, et ceux qui le servent le volent. Puis le volé s'insurge, et c'est encore la bestialité qui triomphe sur des ruines tachées de sang !...

... Les peuples sont des hommes en grand, — ni moins rapaces, ni moins sanguinaires. Il est vrai que la nature nous a donné la destruction pour moyen d'existence, que le fort a partout sur le faible droit de vie et de mort. Tous les crimes que la loi punit dans la vie privée, les peuples les commettent sans scrupule les uns sur les autres. On se vole, on se pille, se trahit, s'extermine en grand, sous couleur de patriotisme et de raison d'état !...

Le vieillard se tut pendant quelque temps. — Le grand mystère de la vie, dit-il enfin d'un ton solennel, veux-tu le connaître?

— Parle.

— Le mystère de la vie, c'est que chacun veut vivre par la rapine et le meurtre, et qu'il devrait vivre par sa peine. Le travail seul peut nous affranchir de la misère originelle. Tant que chacun cherche à vivre aux dépens du prochain, la paix sera impossible. Le travail est le tribut que tu dois payer à la vie : travaille, si tu veux vivre et jouir. Et c'est dans l'effort qu'est notre part de bonheur. Celui qui se réjouit de ne rien faire est la dupe de son égoïsme : l'ennui incurable, le dégoût profond de la vie et la peur de mourir s'attachent à ses pas.

... La Mort ! spectre terrible qui se dresse sur le seuil de l'existence, la Mort, accompagnée de ses sombres acolytes, la Peur et le Doute. Pas un ne veut se souvenir, songer au temps infini où il n'existait pas encore. Pourquoi donc craindre ce que nous avons été déjà et pendant si longtemps? Partout la mort nous entoure, nous guette; c'est pitié de voir chacun la fuir et implorer une heure de sursis ! Si peu comprennent que c'est elle qui nous apporte la liberté et la paix !

... Mieux vaudrait, il est vrai, ne pas naître, ou bien, une fois né, rêver jusqu'à la fin ce rêve décevant, sans être ébloui par ses fallacieuses et splendides visions, puis replonger ensuite pour jamais dans le giron de la nature !...

Le vieillard couvrit de ses mains sèches et brunes son visage sillonné de rides profondes, et parut s'oublier lui-même dans une vague rêverie..

— Tu viens de me dire, repris-je, ce que la vie t'a enseigné. Ne veux-tu me dire maintenant la conclusion ?

— J'ai entrevu la vérité, s'écria l'errant, j'ai compris que le vrai bonheur est dans la science, et qu'il vaut encore mieux renoncer à tout que lutter pour jouir. Et j'ai dit : je ne veux plus verser le sang de mes frères ni les voler ; j'ai quitté ma maison et ma femme pour courir les chemins. Satan est le maître du monde ; c'est donc un péché d'appartenir à l'Église ou à l'État, et le mariage aussi est un péché capital... Six choses constituent le legs de Caïn : l'amour, la propriété, l'état, la guerre, le travail, la mort, — le legs de Caïn le Maudit, qui fut condamné à être errant et fugitif sur la terre. Le juste ne réclame rien de ce legs, il n'a point de patrie ni d'abri, il fuit le monde et les hommes, il doit errer, errer, errer... Et quand la mort vient le trouver, il faut qu'il l'attende avec sérénité, sous le ciel, dans les champs ou dans la forêt, car l'errant doit mourir comme il a vécu, *en état de fuite*... Ce soir, j'ai cru sentir les approches de la mort, mais elle a passé à côté de moi, et je vais me remettre en route et suivre ses traces.

Il se leva, prit son bâton.

— Fuir la vie est le premier point, dit-il, et une expression de charité céleste illumina ses traits, souhaiter la mort et la chercher est le second.

Il me quitta et disparut bientôt dans le taillis.

Je restai seul, pensif ; la nuit se fit autour de moi.

Le tronc pourri commençait à émettre une lueur phosphorescente, dans laquelle devenait visible un monde de plantes parasites et d'insectes laborieux. Je songeai. Les images du jour défilèrent devant moi comme ces bulles qui naissent et disparaissent à la surface d'un cours d'eau, je les contemplais sans terreur et sans joie. Je voyais le mécanisme de la création, je voyais la vie et la mort associées et se transformant l'une dans l'autre, et la mort moins terrible que la vie. Et plus je m'abîme en moi-même, et plus tout ce qui m'entoure devient vivant et me parle et arrive à moi. — Tu veux fuir, pauvre fou, tu ne le peux pas, tu es comme nous. Tes artères battent à l'unisson des artères de la nature. Tu dois naître, grandir, disparaître comme nous, enfant du soleil, ne t'en défends pas, il ne sert de rien...

Un bruissement solennel courut dans les feuilles, sur ma tête les lampadaires éternels brûlaient dans leur calme sublime. Et je crus voir devant moi la déesse sombre et taciturne, qui sans cesse enfante et engloutit; et elle me parla en ces termes :

« Tu veux te poser en face de moi comme un être à part, pauvre présomptueux ! Tu es la ride à la surface de l'eau qui un moment brille sous les rayons de la lune pour s'évanouir ensuite dans le courant. Apprends à être modeste et patient et à t'humilier. Si ton jour te semble plus long que celui de l'éphémère, pour moi, qui n'ai ni commencement ni fin, ce n'en est pas moins qu'un instant... Fils de Caïn, tu dois vivre, tu dois tuer; comprends enfin que tu es mon esclave et que ta résistance est vaine. Et bannis cette crainte puérile de la mort. Je suis éternelle et invariable, comme toi tu es mortel et changeant. Je suis la vie, et tes tourments ni ton existence ne m'importent... Toi comme eux tous, vous sortez de moi, et tôt ou tard à moi vous retournez. Vois comme à l'automne les êtres se changent en chrysalide, ou cherchent à protéger leurs œufs, puis meurent tranquilles, en attendant le printemps. Toi-même ne meurs-tu pas chaque soir pour renaître le lendemain ? et tu as peur du dernier sommeil !

» Je vois avec indifférence la chute des feuilles, les guerres, les fléaux qui emportent mes enfants, car je suis vivante dans la mort et immortelle dans la destruction. Comprends-moi et tu cesseras de me craindre et de m'accuser ; tu te sauveras de la vie pour retourner dans mon giron, après une courte angoisse. »

Ainsi me parla la grande voix. Puis le silence se fit de nouveau. La nature rentra dans sa morne indifférence et me laissa à mes pensées.

Une terreur vague m'envahit ; j'aurais voulu fuir, je me levai pour sortir de la forêt. Bientôt je fus dans la plaine qui s'étendait paisible sous un ciel clair rempli d'étoiles. Au loin, je voyais déjà mon village et les fenêtres éclairées de ma maison. Un calme profond se fit en moi, et un désir ardent de science et de vérité s'alluma dans mon âme. Et comme j'enfilai le sentier bien connu à travers les champs et les prés, j'aperçus tout à coup une étoile qui brillait au ciel, et il me sembla qu'elle me précédait, comme l'étoile des rois mages qui cherchaient la lumière du monde.

CONTES GALICIENS

DON JUAN DE KOLOMEA

I

Nous étions sortis de Kolomea en voiture pour nous rendre à la campagne. C'était un vendredi soir. « Vendredi, bon commencement », dit le proverbe polonais ; mon cocher allemand, un colon du village de Mariahilf, prétendait au contraire que le vendredi était un jour de malheur, Notre-Seigneur étant mort ce jour-là sur la croix. C'est mon Allemand qui eut raison cette fois ; à une heure de Kolomea, nous tombâmes sur un piquet de garde rurale (1). — Halte-là ! votre passeport !

---

(1) Kolomea, ville d'environ 10 000 âmes, est le chef-lieu d'un cercle de la Galicie ; elle est bâtie sur l'emplacement d'une ancienne colonie romaine, d'où lui vient probablement son nom. On sait que la partie orientale de la Galicie est peuplée par 3 millions de Petits-Russiens, qui appartiennent à l'Église grecque unie. À côté de la commune (*gromada*), qui se gouverne elle-même, on y trouve une autre institution démocratique, la *garde rurale*, formée par les paysans armés, qui fut en 1846 officiellement reconnue par le gouvernement autrichien et investie de prérogatives analogues à celles de la gendarmerie. La haine invétérée des Petits-Russiens pour les Polonais a toujours permis, en temps de révolution, de confier à la garde rurale la surveillance des campagnes. Il en fut ainsi en 1863, époque où se passe cette histoire.

Nous arrêtâmes; mais le passeport ! Mes papiers, à moi, étaient en règle; personne ne s'était inquiété de mon Souabe. Il était là sur son siége comme si les passeports eussent été encore à inventer, faisait claquer son fouet, remettait de l'amadou dans sa pipe. Évidemment ce pouvait être un conspirateur. Sa face insolemment béate semblait provoquer les paysans russes. De passeport, il n'en n'avait point; ils haussèrent les épaules. — Un conspirateur ! fit l'un d'eux.

— Voyons, mes amis ! regardez-le donc.

Peine perdue ! — C'est un conspirateur.

Mon Souabe remue sur sa planche d'un air embarrassé; il écorche le russe, rien n'y fait. La garde rurale connaît ses devoirs. Qui oserait lui offrir un billet de banque? Pas moi. On nous empoigne et l'on nous conduit à l'auberge la plus proche, à quelque cent pas de là.

De loin, on eût dit des éclairs qui passaient devant la maison : c'était la faux redressée en baïonnette d'une sentinelle. Juste au-dessus de la cheminée se montrait la lune, qui regardait le paysan et sa faux; elle regardait par la petite fenêtre de l'auberge et y jetait ses lumières comme de la menue monnaie, et emplissait d'argent les flaques devant la porte, pour faire enrager l'avare juif, — je veux dire l'aubergiste, qui nous reçut debout sur le seuil, et qui manifesta sa joie par une sorte de lamentation monotone. Il dandinait son corps à la façon des canards; s'approchant de moi, il me fit d'un baiser une tache sur la manche droite, puis sur la gauche également, et se mit à gourmander les paysans d'avoir arrêté un *monsieur* tel que moi, un monsieur qui bien sûr était noir et jaune (1) dans l'âme, il l'aurait juré sur la *Thora*..., et il vociférait et se démenait comme s'il eût été personnellement victime d'un attentat inouï.

Je laissai mon Souabe avec les chevaux, gardé à vue par les paysans, et j'allai m'étendre dans la salle commune, sur la banquette qui courait autour de l'immense poêle. Je m'ennuyai bientôt. L'ami Mochkou (2) était fort occupé à verser à ses hôtes de l'eau-de-vie et des nouvelles; deux ou trois fois seulement il s'abattit près de moi en sautant par-dessus le large buffet comme une puce, et s'y colla, et s'efforça d'entamer une conversation politique et littéraire. Ce n'était pas une ressource.

Je me mis à examiner la pièce où je me trouvais. Le ton dominant était le vert-de-gris. Une lampe à pétrole, alimentée avec parcimonie, répandait sur tous les objets une lumière verdâtre; des moisissures vertes tapissaient les murs, le vaste poêle carré semblait verni au vert-de-gris, des touffes de mousse poussaient entre les pavés du parquet, — une lie verte dans les verres à brandevin, du verdet authentique sur les petites mesures en cuivre, où les paysans buvaient à même devant le buffet sur lequel ils jetaient leur monnaie de billon. Une végétation

---

(1) Ce sont les couleurs autrichiennes : noir et jaune, — bon Autrichien.

(2) Moïse, sobriquet des Juifs.

glauque avait envahi le fromage que Mochkou m'apporta; sa femme était assise derrière le poêle, en robe de chambre jaune à ramages vert-pré, occupée à bercer son enfant vert pâle. Du vert-de-gris sur la peau chagrine du Juif, autour de ses petits yeux inquiets, de ses narines mobiles, dans les coins aigres de sa bouche, qui ricanait! Il y a de ces visages qui verdissent avec le temps comme le vieux cuivre.

Le buffet me séparait des consommateurs, qui étaient groupés autour d'une table longue et étroite, pour la plupart des paysans des environs; ils conversaient à voix basse en rapprochant leurs têtes velues, tristes, sournoises. L'un me parut être le *diak* (le chantre d'église). Il tenait le haut bout, maniait une large tabatière, où il puisait seul pour ne point déroger, et faisait aux paysans la lecture d'un vieux journal russe à moitié pourri, aux reflets verts; tout cela sans bruit, gravement, dignement. Au dehors, la garde chantait un refrain mélancolique dont les sons semblaient venir de très-loin : ils planaient autour de l'auberge comme des esprits qui n'osaient pénétrer au milieu de ces vivants qui chuchotaient. Par les fentes et les ouvertures, la mélancolie s'insinuait sous toutes les formes, moisissures, clair de lune, chanson; mon ennui aussi devenait de la mélancolie, de cette mélancolie qui caractérise notre race, et qui est de la résignation, du fatalisme. Le chantre était arrivé aux morts de la semaine et aux cours de la bourse, quand tout à coup on entendit au dehors le claquement d'un fouet, un piétinement de chevaux et des voix confuses. Puis un silence; ensuite une voix étrangère qui vint se mêler à celle des paysans. C'était une voix d'homme, une voix qui riait, qui était comme remplie d'une musique gaie, franche, superbe, et qui ne craignait point ceux à qui elle s'adressait; elle s'approchait de plus en plus, enfin un homme franchit le seuil.

Je me redressai, mais je ne vis que sa haute taille, car il entrait à reculons en parlementant toujours avec les paysans sur un ton de plaisanterie.
— Ah çà ! mes amis, faites-moi donc la grâce de me reconnaître ! Est-ce que j'ai l'air d'un émissaire, moi? Est-ce que le comité national se promène sur la route impériale à quatre chevaux, sans passeport? Est-ce qu'il flâne la pipe à la bouche, comme moi? Frères, faites-moi la grâce d'être raisonnables !

On vit paraître dans la porte plusieurs têtes de paysans et autant de mains qui frottaient des mentons, ce qui voulait dire : voilà une grâce, frère, que nous ne te ferons point.

— Ainsi vous ne voulez pas vous raviser..., à aucun prix?

— Impossible.

— Mais suis-je donc un Polonais? Voulez-vous que mes père et mère se retournent dans leur tombe au cimetière russe de Czerneliça? Est-ce que mes aïeux n'ont pas combattu les Polonais sous le Cosaque Bogdan Khmielnicki? Ne sont-ils pas allés avec lui les assiéger dans Zbaraz, où ils étaient campés, couchés, assis ou debout, à leur choix?

Voyons, faites-moi la grâce, laissez-moi partir...

— Impossible!

— Même si mon bisaïeul a fait le siége de Lemberg sous l'hetman Dorozenko? Je vous assure qu'alors les têtes des gentilshommes polonais n'étaient pas plus chères que les poires ; mais, bonne santé, et que ça finisse!

— Impossible!

— C'est impossible pour de bon? Sérieusement?

— Sérieusement.

— Tant pis. Bonne santé tout de même!

L'étranger se résigna sans plainte. Il entra, inclina légèrement la tête en réponse aux salamalecs du Juif, et s'assit devant le buffet en me tournant le dos. La Juive fit un mouvement, le regarda, déposa sur le poêle son enfant, qui dormait, et s'approcha du buffet. Elle avait dû être belle jadis, quand Mochkou l'épousa; maintenant ses traits avaient quelque chose de singulièrement âpre. La douleur, la honte, les coups de pied et de fouet ont longtemps travaillé cette race jusqu'à donner à tous ces visages cette expression à la fois ardente et fanée, triste et railleuse, humble et haineuse. Elle courbait le dos, ses mains fines et transparentes jouaient avec un des gobelets, ses yeux s'arrêtèrent sur le nouveau venu. De ces grands yeux noirs et humides s'échappait une âme de feu, comme un vampire qui sort d'une tombe, et s'attachait sur le beau visage de l'étranger.

Il était vraiment beau. Il se pencha vers elle par-dessus la table, y jeta quelques pièces d'argent, et demanda une bouteille de vin. — Vas-y, dit le Juif à sa femme.

Elle se courba davantage, s'en alla les yeux fermés comme une somnambule. Mochkou, s'adressant à moi, me dit à voix basse : — C'est un homme dangereux, un homme bien dangereux ! — Et il hocha sa petite tête prudente avec les petites boucles noires massées sur le front.

Il avait éveillé l'attention de l'étranger, qui se retourna subitement, m'aperçut, se leva, tira son bonnet de peau de mouton, et s'excusa très-poliment. Je lui rendis son salut. La bienveillance russe s'est tellement incarnée dans le langage et les mœurs qu'il est presque impossible à l'effort individuel d'aller au delà de la tendresse insinuante des phrases consacrées. Néanmoins nous nous saluâmes avec plus de politesse encore que ne le veut l'usage. Quand nous eûmes fini de nous proclamer réciproquement nos très-humbles valets et de « tomber aux pieds » l'un de l'autre (1), l'homme dangereux s'assit en face de moi, et me demanda la permission, « par miséricorde », de bourrer sa pipe turque. Déjà les paysans fumaient, le *diak* fumait, le poêle lui-même s'était mis de la partie ; pouvais-je le priver de sa pipe? — Ces paysans ! fit-il gaîment ; dites-moi vous-même, à cent pas me feriez-vous cette chose de me prendre pour un Polonais (2)?

(1) *Padam do nog*, je tombe à vos pieds, — salut polonais et petit-russien.
(2) Les Polonais disent : *Jak dlugo świat światem, Polak ni był i nie będzie Rusinowi bratem* (tant que le monde est le monde,

— Non, certainement.

— Eh bien! vous voyez, frère, s'écria-t-il plein de reconnaissance; mais faites donc entendre raison à ceux-là! — Il tira de son gousset une pierre, y déposa un fragment d'amadou, et se mit à battre le briquet avec son couteau de poche.

— Cependant le Juif vous appelle un homme dangereux.

— Ah! oui... — Il regarda la table en souriant dans sa barbe. — L'ami Mochkou veut dire : pour les femmes. Avez-vous remarqué comme il a renvoyé la sienne? Ça prend feu si facilement...

L'amadou aussi prenait feu; il le mit dans la pipe, et bientôt il nous enveloppa de nuages bleuâtres. Il avait modestement baissé les yeux, et souriait toujours. Je pus l'examiner à loisir. C'était évidemment un propriétaire, car il était fort bien mis; sa blague à tabac était richement brodée; il avait des façons de gentilhomme. Il devait être des environs ou du moins du cercle de Kolomea, car le Juif le connaissait; il était Russe, il venait de le dire, — pas assez bavard d'ailleurs pour un Polonais. C'était un homme qui pouvait plaire aux femmes. Rien de cette pesante vigueur, de cette lourdeur brutale qui chez d'autres peuples passe pour de la virilité : il avait une beauté noble, svelte, gracieuse; mais une énergie élastique, une ténacité à toute épreuve, se

le Polonais n'a été et ne sera jamais le frère du Russe). A leur tour, les Petits-Russiens disent : *Tcho Lakh, to vrakh* (un Polonais, c'est dire un ennemi).

révélaient dans chacun de ses mouvements. Des cheveux bruns et lisses, une barbe pleine, coupée assez court et légèrement frisée, ombrageaient un visage régulier, bronzé par le hâle. Il n'était plus tout à fait jeune, mais il avait des yeux bleus pleins de gaieté, des yeux d'enfant. Une bonté, une bienveillance inaltérable était répandue sur ses traits basanés, et se devinait dans les lignes nombreuses que la vie avait burinées sur ce mâle visage.

Il se leva, et arpenta plusieurs fois la salle d'auberge. Le pantalon bouffant emprisonné dans ses bottes molles en cuir jaune, les reins ceints d'une écharpe aux couleurs vives sous un ample habit ouvert par devant, la tête coiffée d'un bonnet de fourrure, il avait l'air d'un de ces vieux boyards aussi sages que braves qui siégeaient en conseil avec les princes Vladimir et Jaroslav ou faisaient la guerre avec Igor et Roman. Certes il pouvait être dangereux aux femmes, je n'avais pas de peine à l'en croire ; à le voir se promener ainsi de long en large, le sourire aux lèvres, j'éprouvais moi-même du plaisir.

La Juive revint avec la bouteille demandée, la déposa sur la table, et retourna s'asseoir derrière le poêle, les yeux obstinément fixés sur lui. Mon boyard s'approcha, regarda la bouteille ; il paraissait préoccupé. — Un verre de tokaï, dit-il en riant, c'est encore ce qu'il y a de mieux pour remplacer le sang chaud d'une femme. — Il passa la main sur son cœur d'un geste comme s'il voulait comprimer une palpitation.

— Vous aviez peut-être ?.. — Je m'arrêtai, craignant d'être indiscret.

— Un rendez-vous ? Précisément. — Il cligna les yeux, tira d'épaisses bouffées de sa pipe, hocha la tête. — Et quel rendez-vous ! comprenez-moi bien. Je puis dire que je suis heureux auprès des femmes, extraordinairement heureux. Si on me lâchait dans le ciel parmi les saintes, le ciel serait bientôt... que Dieu me pardonne le péché ! Faites-moi la grâce de me croire !

— Je vous crois volontiers.

— Eh bien ! voyez. Nous avons un proverbe : « ce que tu ne dis pas à ton meilleur ami ni à ta femme, tu le diras à un étranger sur la grande route ». Débouche la bouteille, Mochkou, donne-nous deux verres, et vous, par miséricorde, buvez avec moi et laissez-moi vous raconter mes aventures, — des aventures rares, précieuses comme les autographes de Goliath le Philistin, — je ne dis pas comme les deniers de Judas Iscariote, j'en ai tant vu dans les églises de Russie et de Galicie que je commence à croire qu'il n'a pas déjà fait une si mauvaise affaire... Mais où est donc Mochkou ?

Le cabaretier arriva en sautillant, rua deux ou trois fois du pied gauche, prit un tire-bouchon dans sa poche, fit tomber la cire, souffla dessus, puis serra la bouteille entre ses genoux maigres, et la déboucha lentement avec des grimaces horribles. Ensuite il souffla une dernière fois dans la bouteille par acquit de conscience, et versa le tokaï doré dans les deux verres les plus propres qui soient tolérés dans Israël. L'étranger éleva le sien : — A votre santé ! — Il était sincère, car il vida son verre d'un seul trait. Ce n'était point un buveur, il n'avait pas goûté et claqué de la langue avant de boire.

Le Juif le regardait, il lui dit timidement : — C'est bien de l'honneur pour nous que monsieur le bienfaiteur nous rende visite, et quelle santé magnifique ! Toujours sur la brèche ! — Pour souligner cette remarque, Mochkou prit un air de lion en écartant ses bras grêles et piétinant en cadence. — Et comment se portent madame la bienfaitrice et les chers enfants ?

— Bien, toujours bien.

Mon boyard se versa un second verre et le vida, mais en tenant les yeux baissés, comme honteux ; le Juif était déjà loin lorsqu'il me jeta un regard embarrassé, et je vis qu'il était tout rouge. Il garda le silence pendant quelque temps, fumait devant lui, me versait à boire ; enfin il reprit à voix basse : — Je dois vous paraître bien ridicule. Vous vous dites : Le vieux nigaud a sa femme et ses enfants à la maison, et voilà-t-il pas qu'il veut m'entretenir de ses exploits amoureux ? Je vous en supplie, ne dites rien, je le sais de reste ; mais d'abord, voyez-vous, il y a du plaisir à causer avec un étranger, et puis, pardonnez-moi, c'est singulier, on se rencontre et l'on ne doit jamais peut-être se revoir, et pourtant on se soucie de l'opinion que l'autre pourrait emporter de vous,... moi du moins. Il est vrai, — je ne veux pas me peindre en beau, — que je ne suis point insensible à la gloriole ; je crois que je serais désolé qu'on ignorât mes bonnes fortunes. Cependant ce soir j'ai été ridicule. — Je voulus l'interrompre. — Laissez, poursuivit-il, c'est inutile ; je sais ce que je dis, car vous ne connaissez pas mon histoire ; tout le monde ici la connaît, mais vous l'ignorez. On devient vaniteux, ridiculement vaniteux, lorsqu'on plaît aux femmes : on voudrait se faire admirer, on jette sa monnaie aux mendiants sur la route et ses confidences aux étrangers dans les cabarets. Maintenant il vaut mieux que je vous raconte le tout ; ayez la grâce de m'écouter. Vous avez quelque chose qui m'inspire confiance.

Je le remerciai.

— Eh bien !.. D'ailleurs que faire ici? Ils n'ont pas seulement un jeu de cartes. J'ai peut-être tort... Ah bah ! Mochkou, encore une bouteille de tokaï !.. A présent écoutez. — Il appuya sa tête sur ses deux mains et se prit à rêver. Le silence régnait dans la salle ; au dehors résonnait le chant lugubre de la garde rurale, tantôt venant de loin comme une lamentation funèbre, tantôt tout près de nous et tout bas, comme si l'âme de cet étranger se fût exhalée en vibrations douloureusement joyeuses.

— Vous êtes donc marié? lui demandai-je enfin.
— Oui.
— Et heureux ?

Il se mit à rire. Son rire était franc comme celui d'un enfant ; je ne sais pourquoi j'eus le frisson. — Heureux ! dit-il. Que voulez-vous que je vous réponde? Faites-moi la grâce de réfléchir sur ce mot, le bonheur. Êtes-vous agronome?

— Non.

— Cependant vous devez connaître un peu l'économie rurale? Eh bien! le bonheur, voyez-vous, ce n'est pas comme un village ou une propriété qui serait à vous, c'est comme une ferme, — comprenez-moi bien, je vous prie, — comme une ferme. Ceux qui veulent s'y établir pour l'éternité, observer les rotations et fumer les champs, et ménager la futaie, et planter des pépinières ou construire des routes, — il se prit la tête des deux mains, — bon Dieu! ils font comme s'ils peinaient pour leurs enfants. Tâchez d'y faire votre beurre, et plutôt aujourd'hui que demain : épuisez le sol, dévastez la forêt, sacrifiez les prairies, laissez pousser l'herbe dans les chemins et sur les granges, et quand tout se trouve usé et que l'étable menace ruine, c'est bien, et le grenier aussi, c'est mieux! voire la maison, c'est parfait! Cela s'appelle jouir de la vie... Voilà le bonheur. Amusons-nous! — La seconde bouteille fut débouchée; il s'empressa de remplir nos verres. — Qu'est-ce que le bonheur? s'écria-t-il encore; c'est un souffle, voyez, regardez, où est-il maintenant? — Il montra du doigt la légère vapeur qui, échappée de ses lèvres, allait en se dissolvant. — C'est ce chant que vous entendez, qui nage dans l'air et s'envole et va se perdre dans la nuit pour toujours...

Nous nous tûmes tous les deux pendant quelques minutes. Enfin il reprit: — Pardonnez-moi, pouvez-vous me dire pourquoi tous les mariages sont malheureux, ou du moins la plupart?.. Ai-je tort? Non... Eh bien! c'est un fait. Moi, je dis qu'il faut porter ce qui est fatal, ce qui est dans la nature, comme l'hiver ou la nuit, ou la mort; mais y a-t-il une nécessité qui veut que les mariages soient généralement malheureux? Est-ce que c'est une loi de la nature? — Mon homme mettait dans ses questions toute l'ardeur du savant qui cherche la solution d'un problème; il me regardait avec une curiosité enfantine. — Qu'est-ce donc qui empêche les mariages d'être heureux? continua-t-il. Frère, le savez-vous?

Je répondis une banalité; il m'interrompit, s'excusa et reprit son discours. — Pardonnez-moi, ce sont de ces choses qu'on lit dans les livres allemands; c'est très-bon de lire, mais on prend l'habitude des phrases toutes faites. Moi aussi je pourrais dire «: Ma femme n'a pas répondu à mes aspirations, » ou bien : « que c'est triste de ne pas se voir compris! Je ne suis pas un homme comme les autres; je ne trouve pas de femme capable de me comprendre, et je cherche toujours. » Tout cela, voyez-vous, ce sont des façons de parler, des mensonges!
— Il remplit de nouveau son verre; ses yeux brillaient, sa langue était déliée, les paroles lui venaient avec abondance. — Eh bien! monsieur, qu'est-ce qui ruine le mariage? dit-il en posant ses deux mains sur mes épaules comme s'il voulait me serrer sur son cœur. Monsieur, ce sont les enfants.

Je fus surpris. — Mais, cher ami, répondis-je, voyez ce Juif et sa femme; sont-ils assez misérables? Et croyez-vous qu'ils ne tireraient pas chacun de son côté, comme les bêtes, s'il n'y avait les enfants?

Il hocha la tête, et leva les deux mains étendues

comme pour me bénir. — C'est comme je vous le dis, frère, c'est ainsi; ce n'est que cela. Écoutez mon histoire.

II

Tel que vous me voyez, j'ai été un grand innocent, comment dirai-je? un vrai nigaud. J'avais peur des femmes. A cheval, j'étais un homme. Ou bien je prenais mon fusil et battais la campagne, toujours par monts et par vaux; quand je rencontrais l'ours, je le laissais approcher et je lui disais : Hop, frère, il se dressait, je sentais son haleine, et je lui logeais une balle dans la tache blanche au milieu de la poitrine; mais quand je voyais une femme, je l'évitais : m'adressait-elle la parole, je rougissais, je balbutiais,... un vrai nigaud, monsieur. Je croyais toujours qu'une femme avait les cheveux plus longs que nous et les vêtements plus longs aussi, voilà tout. Vous savez comme on est chez nous; même les domestiques ne vous parlent point de ces choses, et l'on grandit, on a presque de la barbe au menton, et l'on ne sait pas pourquoi le cœur vous bat quand on se trouve en face d'une femme. Un vrai nigaud, vous dis-je! Et puis, quand je sus, je me figurai que j'avais découvert l'Amérique. Tout à coup je devins amoureux, je ne sais comment... Mais je vous ennuie?

— Au contraire! je vous en prie...

— Bien. Je devins amoureux. Mon pauvre père s'était mis en tête de nous faire danser, ma sœur et moi. On fit venir un petit Français avec son violon, puis arrivèrent les propriétaires des environs avec leurs fils et leurs filles. C'était une société très-gaie et sans gêne; tout le monde se connaissait, on riait, moi seul je tremblais. Mon petit Français ne fait ni une ni deux, il aligne les couples, m'attrape par la manche et happe aussi une demoiselle de notre voisin, une enfant; elle trébuchait encore dans sa robe longue, et elle avait des tresses blondes qui descendaient jusqu'en bas. Nous voilà dans les rangs; elle tenait ma main, car moi j'étais mort. Nous dansâmes ainsi. Je ne la regardais pas; nos mains brûlaient l'une dans l'autre. A la fin, j'entends le signal, chacun se pose en face de sa danseuse, joint les talons, laisse tomber la tête sur la poitrine comme si on vous l'eût coupée, arrondit le bras, saisit le bout de ses doigts et lui baise la main. Tout mon sang afflua au cerveau. Elle me fit sa révérence, et, quand je relevai la tête, elle était très-rouge, et elle avait des yeux ! Ah ! ces yeux ! — Il ferma les siens, et se pencha en arrière. — « Bravo, messieurs ! » C'était fini. Je ne dansai plus avec elle depuis lors.

Elle était la fille d'un propriétaire du voisinage. Belle? J'étais plutôt frappé de sa distinction. — Une fois par semaine, nous eûmes notre leçon. Je ne lui parlais seulement pas; mais lorsqu'elle dansait la cosaque, le bras gentiment appuyé sur la hanche, je la dévorais des yeux, et si alors elle me regardait, je me mettais à siffler et tournais sur mes talons. Les autres jeunes gens léchaient ses doigts comme du sucre, se donnaient des entorses pour ramasser son mouchoir; elle, elle rejetait ses tresses, et ses yeux me cherchaient. Au départ, je m'enhardissais à l'éclairer dans l'escalier, et je m'arrêtais sur la dernière marche. Elle s'emmitouflait, baissait son voile, saluait tout le monde de la tête, la jalousie m'en mordait au cœur, et, quand les grelots ne résonnaient plus que dans le lointain, j'étais encore à la même place, armé de mon chandelier, avec la bougie qui coulait. Un vrai nigaud, n'est-ce pas?

Puis les leçons prirent fin, et je fus longtemps sans la revoir. Alors je me réveillais la nuit, ayant pleuré sans savoir pourquoi; j'apprenais par cœur des vers que je récitais à mon porte-manteau, ou bien je m'emparais d'une guitare et chantais, à tel point que notre vieux chien sortait de dessous le poêle, levait le nez au ciel et hurlait.

Vint le printemps, et j'eus l'idée d'aller à la chasse. J'errais dans la montagne, et je venais de me coucher sur le bord d'un ravin et de m'y mettre à mon aise; tout à coup j'entends craquer les branches, et j'aperçois un ours énorme qui arrive tout doucement à travers le taillis. Je me tiens coi. La forêt était silencieuse; un corbeau passa sur ma tête, croassant. J'eus peur : je fis un grand signe de croix, je ne respirais plus; puis, lorsqu'il fut en bas, je pris mes jambes à mon cou.

C'était le mois où se tenait la foire. Excusez-moi si je vous conte tout cela pêle-mêle. Je me rends donc à la ville, et, comme je flâne parmi les boutiques, elle est là aussi. J'ai oublié de vous dire son nom : Nicolaïa Senkov. Elle avait maintenant une démarche de reine; ses tresses ne pendaient plus derrière le dos, elles étaient relevées et lui formaient comme un cercle d'or; elle marchait avec une aisance adorable, se balançait, imprimait à sa robe des ondulations qui vous ensorcelaient. La foire allait son train; c'était un tapage! les paysans qui trottent dans leurs lourdes bottes, les Juifs qui s'élancent, perçant la foule, tout cela criaille, se lamente, rit; les gamins ont acheté des sifflets, et ils sifflent. Pourtant elle m'a vu tout de suite. Moi, je prends mon courage à deux mains, je cherche autour de moi, et je me dis : Tu vas lui offrir ce soleil.... Je vous demande pardon, c'était un soleil en pain d'épice, magnifiquement doré; il me frappait de loin, il ouvrait de grands yeux comme notre curé lorsqu'il doit enterrer quelqu'un pour rien. Bon! J'ai donc de l'audace comme un vrai diable, j'y vais, je donne ma pièce blanche, tout ce que j'avais sur moi, et j'achète le soleil; puis, à grandes enjambées, je rattrape la demoiselle par un pan de sa robe, — c'était inconvenant, mais voilà comment on est quand on est bien épris, — je l'arrête donc, et je lui présente mon soleil. Que croyez-vous qu'elle fit?

— Elle vous dit merci?

— Merci! Elle éclate de rire à mon nez, son père aussi éclate, et sa mère, et ses sœurs, et ses cousines, tous les Senkov ensemble se tiennent les côtes. Je me crois encore au ravin avec l'ours; je voudrais m'enfuir, mais j'ai honte, et les Senkov rient toujours. Ils sont riches; nous, nous étions à peu près à notre aise. Alors je mets les mains dans mes poches, et je lui dis : — *Pana* Nicolaïa, vous avez tort de rire comme vous faites. Mon père ne m'avait confié que cette pièce pour aller à la foire, je l'ai donnée pour vous comme un prince donnerait un village. Ainsi faites-moi la grâce... — Je ne pus achever, les larmes m'étouffaient. Un vrai nigaud, hein ?.. Mais la *pana* Nicolaïa prend mon soleil des deux mains, et le serre sur sa poitrine, et me regarde,... ses yeux étaient si grands, si grands, ils me semblèrent plus vastes que l'univers, et si profonds, ils vous attiraient comme l'abîme. Elle me priait, me priait du regard,... je poussai un cri : — Quel sot je fais, *pana* Nicolaïa ! Je voudrais décrocher le soleil du ciel, le véritable soleil du bon Dieu, pour le mettre à vos pieds. Riez, riez de moi ! — A ce moment passe la *britchka* d'un comte polonais, attelée de six chevaux, lui sur le siége, le fouet levé, à travers toute cette foule. A-t-on jamais vu ! Les femmes crient, un Juif roule par terre, mes Senkov prennent la fuite, Nicolaïa seule reste immobile, elle ne fait qu'étendre la main au-devant des chevaux. Je la saisis, je l'enlève ; elle m'entoure de ses bras. Tout le monde se récrie ; moi, j'aurais sauté de joie avec mon fardeau. Mais la britchka avait disparu, il fallut la déposer à terre. Quel doux moment ! Et ce Polonais de malheur, aller d'un train pareil !.. Mais je vous raconte tout cela sans ordre ; je serai bref...

— Non, non, allez toujours. Nous autres Russes, nous aimons à raconter et entendre raconter. —

Je m'étendis sur mon banc. Il vida sa pipe, la bourra de nouveau.

— Au reste, fit-il, peu importe ; nous sommes ici aux arrêts... Écoutez donc la suite de mon histoire. Le Polonais nous avait séparés du reste de la famille ; mes Senkov étaient dispersés aux quatre vents. La *pana* Nicolaïa avait pris mon bras bien gentiment, et je la conduisais auprès des siens, c'est-à-dire que j'épiais la foule pour les éviter du plus loin que je les verrais. Je lève la tête, fier comme un Cosaque, et nous causons. De quoi parlions-nous ? Voilà une femme qui vend des cruches ; la *pana* prétend que les cruches de terre valent mieux pour l'eau, et moi les cruches de bois ; elle loue les livres français, moi les allemands ; elle les chiens, moi les chats ; je la contredisais pour l'entendre parler : une musique, cette voix ! A la fin, les Senkov m'avaient cerné comme un gibier, impossible de leur échapper : je me trouve nez à nez avec le père. Il voulut sur-le-champ retourner à la maison. Bon ! j'avais recouvré tout mon sang-froid ; je fis la grosse voix pour appeler le cocher, et lui dis bien sa route. J'aide d'abord Mme Senkov à monter en voiture, puis j'y pousse le père Senkov, comme cela, par derrière, et vite je mets un genou en terre pour que Nicolaïa puisse poser le pied sur l'autre et s'élancer à sa place. Ensuite les sœurs, — encore une demi-douzaine de mains à baiser, et fouette, cocher !

Oh ! oui, cette foire ! Je m'y vendis. De ce jour, j'errais comme une bête qui a perdu son maître.

J'étais égaré, moi aussi. Le lendemain, je montai à cheval et allai faire ma visite au village des Senkov. Je fus bien reçu. Nicolaïa était plus sérieuse que de coutume, elle penchait la tête; je devins triste aussi. — Qu'as-tu donc! pensai-je. Je suis à toi, ta chose; pourquoi ne ris-tu pas?— Je multipliai mes visites. Un jour, l'arrêtant : — Permettez-moi de ne plus mentir. — Elle me regarda étonnée. — Vous, mentir! — Oui. Je me dis toujours votre valet, et je « tombe à vos pieds », et pourtant je ne le suis pas et ne le fais pas. Je ne veux plus mentir! — Et, je vous l'assure, je cessai de mentir. A quelque temps de là, le vieux Cosaque de mon père disait aux domestiques : — Notre jeune seigneur est devenu dévot, il en a des taches aux genoux.

Le village des Senkov était plus rapproché de la montagne que le nôtre. Ils faisaient paître de grands troupeaux de moutons près de la forêt. Le pacage était entouré d'une bonne clôture. La nuit, les pâtres allumaient de grands feux; ils avaient des bâtons ferrés, même un vieux fusil de chasse et plusieurs chiens-loups; tout cela parce qu'on n'était pas loin de la montagne; les loups et les ours s'y promenaient comme les poules et multipliaient ainsi que les Juifs.

Il y avait là un chien-loup noir qu'on appelait Charbon. Il était noir, noir, et il avait des yeux qui étincelaient comme la braise. C'était le grand ami de ma... que dis-je donc? — il rougit légèrement, — de la *pana* Nicolaïa. Comme elle était encore un bébé et se roulait sur le sable chauffé par le soleil,

Charbon, tout jeune lui-même, venait lui lécher la figure, et l'enfant glissait ses doigts mignons entre ses dents aiguës et riait, et le chien riait aussi. Ils grandirent ensemble : Charbon devint fort comme un ours. Nicolaïa était en retard sur lui; cependant ils ne cessèrent de s'aimer. Puis, quand il eut à garder les moutons..., ce n'est pas qu'on l'eût destiné à ces fonctions, mais il était si généreux de sa nature qu'il lui fallait toujours quelqu'un à protéger. A dix lieues à la ronde, vous n'auriez pas trouvé une bête pareille. S'il dévorait un chien, c'était pour en venger un autre. Les loups l'évitaient, et l'ours restait chez lui quand maître Charbon était de garde. Il eut ainsi cette idée de protéger les moutons; ces pauvres bêtes, toujours effarées, c'était bien son affaire. Il vint donc chez les moutons, ne fit plus que de rares visites à la maison, et, lorsqu'il en revenait, les agneaux se pressaient à sa rencontre, et lui, il donnait un coup de langue à droite et à gauche, comme pour dire : C'est bon, c'est bon, je sais... Nicolaïa venait à son tour en visite au pacage, mais si l'enfant oubliait de venir, le chien boudait, et, au lieu de se présenter à la maison, faisait une pointe dans la forêt, histoire de troubler le ménage du loup. C'était vraiment un animal majestueux. Lorsque Nicolaïa arrivait, il lui amenait les petits agneaux ; elle s'asseyait sur son dos, et il la promenait avec orgueil.

Quand je le connus, il était déjà vieux, avait les dents usées et une jambe estropiée, dormait souvent, et il se perdait plus d'un agneau. On parlait alors beaucoup d'un ours monstrueux qui avait été vu dans les environs, et qui avait aussi fait son apparition chez les Senkov. Je me rappelais mon ours du ravin, et j'étais quelque peu honteux. Un jour, je vais donc encore en visite, quand je vois des paysans traverser la route et se diriger en courant à toutes jambes du côté du pacage. Je pousse mon cheval, j'entends crier à l'ours! c'est l'ours! Je m'élance à toute bride, je mets pied à terre, j'aperçois une foule de gens qui entourent Nicolaïa couchée sur le sol, tenant son chien entre ses bras et sanglotant. L'ours était là qui emportait un agneau. Les bergers, les chiens, personne ne bougeait, ils ne faisaient que hurler. La demoiselle pousse un grand cri ; Charbon est piqué au vif, de sa jambe boiteuse il bondit par-dessus la palissade, saute à la gorge du ravisseur. Ses dents sont émoussées, cependant il empoigne son adversaire : les bergers accourent avec le fusil, l'ours prend la fuite, l'agneau est sauvé ; le pauvre Charbon se traîne encore quelques pas, et tombe comme un héros. Nicolaïa se jette sur lui, l'étreint dans ses bras, l'inonde de ses larmes ; il la regarde une dernière fois, soupire, et c'est fini.

J'étais là comme si je venais de commettre un assassinat. — Laissez-le, *pana* Nicolaïa, lui dis-je. — Elle lève sur moi ses yeux pleins de larmes : — Vous êtes dur, vous! me répond-elle. — Moi, un homme dur!

Je confie mon cheval aux bergers, je prends un long couteau, l'aiguise encore ; je me fais donner le vieux fusil, j'en extrais la charge et le charge à nouveau moi-même; enfin je mets dans ma poche une poignée de poudre et de plomb haché, et me dirige vers la montagne. Je savais qu'il passerait par le ravin...

— L'ours?

— Évidemment; c'était lui que j'attendais. Je me postai dans le ravin; là, il n'y avait pas moyen de s'éviter. Les parois étaient droites, unies, presque à plomb; des arbres en haut, mais trop loin pour qu'on pût saisir une racine et se hisser. L'ours ne peut m'éviter et il ne reculera pas, ni moi non plus. Je l'attends donc de pied ferme. Je ne sais pas combien de temps je restai ainsi. La solitude était profonde, horrible. Enfin j'entends les feuilles crier dans le haut du ravin comme sous les pas lourds d'un paysan, puis un grognement : le voici. Il me regarde, s'arrête. J'avance d'un pas, j'arme... que dis-je? je veux armer mon fusil; je cherche : il n'y avait pas de chien. Je fais le signe de la croix, j'ôte mon habit, l'enroule sur mon bras gauche, — l'ours était à deux pas. — Hop, frère? — Il ne m'écoute pas, n'a pas l'air de me voir. — Halte-là, frère, je vais t'apprendre le russe! — Je retourne mon fusil et lui assène un grand coup de crosse sur le museau. Il rugit, se dresse, j'enfonce le bras gauche dans sa gueule et lui plonge mon couteau dans le cœur; il me saisit dans ses pattes. Un flot de sang m'inonde, tout disparaît...

Pendant quelques minutes, il se tint la tête appuyée, puis de sa main étendue il frappa légèrement sur la table, et me dit d'un ton enjoué : — Voilà que je vous conte des histoires de chasse ; mais vous allez voir les griffes, — il écarta sa chemise, et je vis imprimées dans ses flancs comme deux mains de géant toutes blanches ; — il m'a rudement empoigné !

Les verres étaient vides. Je fis signe à Mochkou de nous apporter une autre bouteille.

— C'est dans cet état que je fus trouvé par les paysans, continua mon boyard. On me porta chez les Senkov ; j'y demeurai longtemps au lit avec la fièvre. Quand je recouvrais mes sens le jour, je les voyais assis autour de moi, avec ceux de chez nous, comme autour d'un moribond ; mais le père Senkov disait : — Ça va bien, ça va très-bien, — et Nicolaïa riait. Une fois, je m'éveille la nuit et regarde ma chambre, qui n'était éclairée que par une veilleuse ; j'aperçois Nicolaïa qui priait à genoux... Mais laissons cela : c'est passé, de loin en loin seulement je le revois en rêve. N'en parlons plus... Vous voyez que j'en suis revenu. Depuis lors, la britchka du père Senkov stationnait souvent dans notre cour, et celle de mon père chez eux ; parfois les femmes étaient de la partie. Les vieux parents chuchotaient ensemble, et quand je m'approchais, Senkov souriait, clignait les yeux et m'offrait une prise.

Nicolaïa m'aimait, ah ! de tout son cœur, croyez-le bien. Moi du moins, je le croyais, et les vieilles gens aussi. Elle devint donc ma femme. Mon père me remit la gestion de notre bien ; Nicolaïa eut en dot un village entier. La noce eut lieu à Czerneliça.

Tout le monde s'y soûla; mon père y dansa la cosaque avec Mme Senkov. Dans la soirée du lendemain, — ils étaient encore tous, comme les morts le jour du jugement dernier, à chercher leurs membres, et ne les trouvaient pas, — j'attelai moi-même à ma voiture six chevaux blancs comme des colombes. La peau de mon ours, une fourrure magnifique, était étendue sur le siége, les pattes aux griffes dorées pendaient sur les deux côtés jusqu'au marche-pied, la grosse tête avec ses yeux flamboyants vous regardait encore menaçante. Tous mes gens, paysans et cosaques, sont à cheval avec des torches allumées; ma femme en pelisse rouge fourrée d'hermine; je la soulève dans mes bras et la porte dans la voiture. Mes gens poussent des cris de joie; elle avait l'air d'une princesse, sur sa peau d'ours, ses pieds mignons appuyés sur la grosse tête velue. Toute la troupe nous faisait cortége. C'est ainsi que je la conduisis dans sa maison.

Quelles absurdités, ce qu'on lit dans les livres allemands, « l'amour céleste, » puis cette idolâtrie des vierges! Allez! l'illusion n'est pas longue. Est-ce l'amour, cette niaise langueur qui vous attache aux pas d'une jeune fille?... Lorsqu'elle fut ma femme, j'eus enfin le courage de l'aimer, et elle de même. Nos deux amours grandirent comme deux jumeaux. A la *pana* Nicolaïa, je baisais les mains, à ma femme les pieds, et les mordais souvent, et elle criait et me repoussait d'une ruade. — Ah! l'amour, c'est l'union, c'est le mariage. — Au demeurant, n'est-ce pas tout ce qu'on a? Voyez, s'il vous plaît, cette vie : les paroles sont étranges, et, — il écoutait le chant mélancolique de la garde, — et voilà l'air. Les Allemands ont leur *Faust*, les Anglais aussi ont un livre de ce genre; chez nous, chaque paysan sait ces choses-là. C'est un instinct secret qui lui dit ce qu'est la vie.

Qu'est-ce qui donne à ce peuple ce fonds de tristesse? C'est la plaine. Elle s'étend sans bornes comme la mer, le vent l'agite, la fait onduler comme la mer, et, comme dans la mer, le ciel s'y baigne; elle entoure l'homme, silencieuse comme l'infini, froide comme la nature. Il voudrait l'interroger; sa chanson s'élève comme un appel douloureux, elle expire sans trouver de réponse. Il s'y sent étranger... Il regarde les fourmis, qui en longues caravanes, chargées de leurs œufs, vont et viennent sur le sable chaud : voilà son monde à lui. Se presser dans un petit espace, peiner sans trêve, — pour rien. Le sentiment de son abandon l'envahit, il lui semble qu'il oublierait à tout moment qu'il existe. Alors, dans la femme, la nature s'humanise pour lui : « Tu es mon enfant. Tu me crains comme la mort; mais me voici ton semblable. Embrasse-moi! je t'aime, viens, coopère à l'énigme de la vie, qui te trouble. Viens, je t'aime! »

Il se tut pendant quelque temps, puis il reprit : — Moi et Nicolaïa, comme nous fumes heureux ! Quand les parents arrivaient ou les voisins, il fallait la voir donner ses ordres et faire marcher son monde! Les domestiques plongeaient comme les canards sur l'eau aussitôt qu'elle les regardait. Un jour, mon petit Cosaque laisse tomber une pile d'assiettes qu'il portait correctement sous le menton ; ma femme de sauter sur le fouet ; lui, — si la maîtresse doit le fouetter, il cassera volontiers une douzaine par jour ! — Compris ? et ils rient tous les deux.

On voyait maintenant les voisins. Auparavant ils ne venaient que les jours de grande fête, par exemple à Pâques, pour la table bénite (1); on eût dit qu'ils voulaient rattraper le temps perdu. Ils venaient tous, vous dis-je. Il y avait d'abord un ancien lieutenant, Mack : il savait par cœur tout Schiller ; pour le reste, un brave homme. Il est vrai qu'il avait un défaut : il buvait, — pas tellement, vous savez, qu'il aurait glissé sous la table ; mais il se plantait au milieu du salon, le petit rougeaud, et vous récitait d'une haleine la ballade du *Dragon*. Terrible, hein?

Puis venait le baron Schebiçki ; le connaissez-vous? Le Papa s'appelait Schebig, Salomon Schebig, — un Juif, un colporteur, qui achetait et vendait, obtenait des fournitures ; puis un beau jour il achète une terre, et s'appelle Schebigstein. Il y en a, dit-il, qui s'appellent Lichtenstein ; pourquoi ne m'appellerais-je pas Schebigstein? Le fils est devenu baron et s'appelle Raphaël Schebiçki. Il ne fait que rire. Dites-lui : Monsieur, faites-moi l'honneur de dîner chez moi ; il rira, et dites-lui : Monsieur, voici la porte ! *paschol!* il rira de même. Il

---

(1) En Galicie, les jours de Pâques, dans chaque maison, une table ouverte est dressée pour les parents et les amis; elle est chargée de mets nationaux et autres qu'on a fait préalablement bénir à l'église.

ne boit que de l'eau, va tous les jours aux bains de vapeur, porte une grosse chaîne sur un gilet de velours rouge, et ne manque jamais de se signer avant le potage et après le dessert.

Puis un noble, Dombovski, un Polonais haut de six pieds, — des yeux rouges, une moustache mélancolique et des poches vides; quête toujours pour les émigrants. Lorsqu'il voit quelqu'un pour la deuxième fois, il le serre sur son cœur et l'embrasse tendrement. S'il a bu un verre de trop, il pleure comme un veau, chante : *la Pologne n'est point perdue encor*, s'empare de votre bras pour vous confier toute la conjuration, et s'il est gai tout à fait, il porte un toast : *Vivat!* aimons-nous ! — et boit dans les vieux souliers des dames.

Ensuite le révérend M. Mazick, un type de curé de village, qui avait une consolation pour tout ce qui vous arrivait : naissance, mort, mariage. Il vantait surtout ceux qui s'endormaient dans la paix du Seigneur; l'église, disait-il, les a distingués par un tarif plus élevé. Il avait son mot pour appuyer son discours : *purgatoire!* comme d'autres disent, *parbleu* ou *ma parole*.

Puis encore le savant Thaddée Kuternoga, qui depuis onze ans se prépare à passer sa thèse de docteur; enfin un propriétaire, Léon Bodoschkan, un véritable ami, celui-là, et d'autres gentilshommes bons vivants. Tous gais ! gais comme un essaim d'abeilles: mais devant elle ils se contenaient. Les femmes aussi venaient la voir, de bonnes amies qui ne font que jaser, sourire, jurer leurs grands dieux, et puis... enfin on sait ce que c'est. Nous vivions ainsi avec nos voisins, et moi, j'étais fier de ma femme lorsqu'ils buvaient dans ses souliers et faisaient des vers en son honneur ; mais elle avait une manière de regarder les gens : « vous perdez votre peine ! » — Au reste nous préférions être seuls.

Ces grandes propriétés, voyez-vous, on y a ses soucis et l'on a ses joies. Elle voulut se mêler de tout. Nous allons gouverner nous-mêmes, me dit-elle, pas nos ministres ! Les ministres, c'était d'abord le mandataire Kradulinski, un vieux Polonais, drôle d'homme ! Il n'avait pas un cheveu sur la tête et jamais un compte en règle, — puis le forestier Kreidel, un Allemand, comme vous voyez ; un petit homme avec des yeux percés à la vrille et de grandes oreilles transparentes et un grand lévrier également transparent. Ma femme surveillait l'attelage ; je crois qu'au besoin elle n'eût pas craint d'user du fouet. Et nos paysans, il fallait les voir quand nous allions aux champs ! — « Loué soit Jésus-Christ ! — En toute éternité, amen ! » d'un ton si joyeux ! Le jour de la fête des moissonneurs, notre cour était pleine ; ma femme se tenait debout sur l'escalier, ils venaient déposer la couronne d'épis à ses pieds. C'étaient des jubilations ! On lui présentait un verre de brandevin : — A votre santé ! — et elle le vidait. — Ils baisaient le bas de sa robe, monsieur..

Elle montait aussi à cheval. Je lui présentais la main, elle y posait le pied, et était en selle. Elle se coiffait alors d'un bonnet de Cosaque ; la houppe dorée dansait sur sa nuque, le cheval hennissait et piaffait lorsqu'elle lui tapait sur le cou. Je lui appris encore à manier un fusil ; j'en avais un petit avec lequel j'avais tiré les moineaux quand j'étais enfant. Elle le jetait sur l'épaule, allait dans les prés, tirait les cailles, oh ! dans la perfection. Voilà qu'un autour vient de la forêt, ravage la basse-cour, enlève à Nicolaïa justement sa jolie poule noire à huppe blanche. Je le guette longtemps, ah bien oui ! Un jour, je reviens du champ où on lève des pommes de terre, ma badine à la main ; le voilà. Il crie encore, tourne au-dessus de la cour. Je lance une imprécation, — Paf ! Un battement d'ailes, et il roule par terre. Qui avait tiré ? C'était ma femme : — Celui-là ne me volera plus rien, — et elle va le clouer à la porte de la grange.

Ou bien c'est le facteur (1) qui déballe à grand bruit : tout est bon teint, tout est neuf, tout au rabais, et il vend à perte ; il faut voir comme elle sait marchander ! Le Juif ne fait que soupirer : — Une dame bien sévère ! dit-il ; cependant il lui baise le coude. — Puis je vais faire un tour à la ville : j'y rencontre la femme du staroste (2), qui a une robe bleue mouchetée de blanc ; c'est la dernière mode à coup sûr ; je rapporte une robe bleue mouchetée de blanc, et Nicolaïa rougit de plaisir. Une autre fois je pousse jusqu'à Brody, je reviens chargé de velours de toutes les couleurs, de soieries, de fourrures,

---

(1) Toute maison seigneuriale a son agent israélite, son factotum ou juif familier, c'est le « facteur ».

(2) Ancien titre polonais qui est resté au bailli du cercle autrichien.

et quelles fourrures ! toutes de contrebande. Le cœur lui en battait de joie, monsieur.

Comme elle savait s'habiller ! On se serait mis à genoux. Elle avait une *kazabaïka* de drap vert d'olive, garnie de petit-gris de Sibérie, — l'impératrice de Russie n'a rien de plus beau, — large comme la main, et tout l'intérieur doublé de la même fourrure gris d'argent et si douce au toucher !

Le soir, elle se tenait couchée sur son divan, les bras croisés sous la tête, et je lui faisais la lecture. Le feu pétille dans l'âtre, le *samovar* siffle, le cricri chante, le ver frappe dans le bois, la souris grignote, car le chat blanc sommeille sur son coussin. Je lui lis tous les romans ; la ville avait déjà son cabinet de lecture, et puis les voisins, — on emprunte le volume à l'un et à l'autre. Elle m'écoute les yeux fermés, moi je m'étends dans mon fauteuil, et nous dévorons les livres ; plus d'une fois on se couchait fort tard. Nous discutions : l'épousera-t-il, ne l'épousera-t-il pas? Les assauts de générosité la mettaient en colère ; elle vous rougissait jusqu'au petit bout de l'oreille, se soulevait à demi, appuyée sur une main, m'apostrophait comme si c'eût été de ma faute : — Je ne veux pas qu'elle fasse cela, entends-tu ? — et elle en pleurait presque. Dans les romans, vous savez, les femmes se sacrifient pour un oui pour un non... Ou bien encore elle saute en pied, me pousse le livre à la figure et me tire la langue. Nous nous poursuivons et jouons à cache-cache comme les enfants. Une autre fois elle imagine une féerie, se sauve : — Quand je reviendrai, tu

seras mon esclave! — s'habille en sultane : écharpe
de couleur, turban, mon poignard circassien à la
ceinture, un voile blanc par-dessus tout cela, et elle
reparaît triomphante. — Une femme divine, monsieur! Lorsqu'elle dormait, je pouvais passer des
heures à la voir respirer seulement, et si elle poussait
un soupir, la peur me prenait de la perdre : il m'arrivait de l'appeler à haute voix, elle se mettait sur
son séant, me regardait étonnée et éclatait de rire.
— Mais c'est son rôle de sultane qu'elle jouait surtout dans la perfection. Elle gardait son sérieux, et,
si j'essayais de plaisanter, elle fronçait les sourcils
et me lançait un regard, je me croyais déjà sur
le pal.

III

Nous vivions ainsi comme deux hirondelles, toujours ensemble et caquetant. Une douce espérance
vint s'ajouter à nos joies. Et pourtant par quelles
angoisses j'ai passé! Souvent je lui écartais gentiment les cheveux du front, et les larmes me montaient aux yeux ; elle me comprenait, me jetait ses
bras autour du cou et pleurait. — Cela nous prit à
l'improviste comme la fortune. J'avais couru à Kolo-
méa chercher le médecin; comme je rentre, elle me
tend l'enfant. Les vieux parents ne se connaissaient
pas de joie, nos gens poussaient des cris et sautaient,
tout le monde était soûl, et sur la grange la cigogne
faisait le pied de grue. — Dès lors les soucis arrivèrent, chaque heure de tourment ne faisait que serrer
le lien entre nous. Mais cela ne devait pas durer.

Il parlait très-bas ; sa voix était devenue extrêmement douce; elle vibrait à peine dans l'air. — Ces choses-là ne durent jamais ; c'est comme une loi de la nature. J'y ai réfléchi bien souvent. Qu'en pensez-vous? J'ai eu un ami, Léon Bodoschkan ; il lisait trop, il y a perdu la santé. Il m'a dit plus d'une fois,... mais à quoi bon redire ces choses, puisque je les ai là? — Il tira de sa poche quelques feuillets jaunis, les déplia. — C'était un homme obscur, ignoré de tous, mais lui connaissait tout ; il voyait au fond des choses comme dans une eau de source. Il vous démontait les hommes comme une montre de poche et scrutait les rouages ; il trouvait le défaut sans chercher. Il aimait à parler des femmes. Ce sont les femmes et la philosophie qui l'ont tué. Il écrivait souvent ses pensées, puis, lorsqu'il flânait dans la forêt, il jetait tout cela ; le papier le gênait. Qui peut écrire son amour n'aime pas, disait-il. Tenez, j'ai gardé ceci. — Il posa l'un des feuillets sur la table. — Non, je me trompe, c'est une facture. — Il la remit dans sa poche. — C'est celui-là. — Il toussa et se mit à lire.

« Qu'est la vie ? Souffrance, doute, angoisse, désespoir. Qui de nous sait d'où il vient, où il va ? Et nous n'avons aucun pouvoir sur la nature, et nos questions éperdues restent sans réponse ; toute notre sagesse se résume finalement dans le suicide. Mais la nature nous a imposé une souffrance encore plus terrible que la vie : c'est l'amour. Les hommes l'appellent bonheur, volupté ; n'est-ce pas une lutte, un mortel combat ? La femme, c'est l'ennemi ; vaincu, l'homme sent qu'il est à la merci d'un adversaire impitoyable. Il se prosterne : foule-moi sous tes pieds, je serai ton esclave ; mais viens, aie pitié de moi !... Oui, l'amour est une douleur, et la possession une délivrance ; mais vous cessez de vous appartenir.

» La femme que j'aime est mon tourment. Je tressaille, si elle passe, si j'entends le frôlement de sa robe ; un mouvement imprévu m'effare... On voudrait s'unir indissolublement pour l'éternité. L'âme descend dans cette autre âme, se plonge dans la nature étrangère, ennemie, en reçoit le baptême. On s'étonne que l'on n'a pas toujours été ensemble : on tremble de se perdre ; on s'effraye quand l'autre ferme les yeux ou que sa voix change. On voudrait devenir un seul être ; on s'abandonne comme une chose, comme une matière plastique : fais de moi ce que tu es toi-même. C'est un vrai suicide ; puis vient la réaction, la révolte. On ne veut pas se perdre tout à fait, on hait la puissance qui vous domine, vous anéantit ; on tente de secouer la tyrannie de cette vie étrangère, on se cherche soi-même. C'est la résurrection de la nature. »

Il tira de sa liasse un second feuillet. — « L'homme a sa peine, ses projets, ses idées qui l'environnent, le soulèvent, le portent comme sur des ailes d'aigle, l'empêchent d'être submergé. Mais la femme ? qui lui prêtera secours ? Enfin elle sent vivre en elle son image à lui, — elle le tient dans ses bras, le presse sur son cœur ! Est-ce un rêve ? L'enfant lui dit : Je suis toi, et tu vis en moi ; regarde-moi bien, je te sauverai. — Ah ! maintenant elle dorlote dans l'enfant son propre être qui lui était à charge ; elle le voit grandir sur ses genoux, elle s'y attache, s'y cramponne. »

Après m'avoir lu ces fragments, mon compagnon plia ses feuillets et les cacha sur sa poitrine ; puis il se tâta encore pour s'assurer qu'ils étaient en place, et boutonna sa redingote. — Il en fut de même chez moi, dit-il, exactement de même. Je ne saurais en parler aussi bien que Léon Bodoschkan ; cependant, si vous voulez, je vous conterai cela.

— Certainement, je vous en prie.

— Eh bien ! ç'a donc été chez moi la même chose, absolument...

— Oui, interrompis-je pour l'encourager, d'ordinaire on appelle les enfants des gages d'amour.

Il s'arrêta, me regarda d'un air singulier, presque farouche. — Des gages d'amour ! Ah ! oui, s'écria-t-il, des gages d'amour !.. Figurez-vous que je rentre à la maison. — une propriété vous donne bien du tracas ! — que je rentre las comme un chien courant ; j'embrasse ma femme, elle me déride le front de sa petite main, me sourit de son joli sourire, patatras ! c'est le gage de l'amour qui crie à côté, et tout est fini. On passe la matinée à se chamailler avec le mandataire, l'économe et le forestier, enfin on se met à table ; cela ne manque pas : à peine ai-je noué ma serviette, — ancien style, vous savez, — qu'on entend le gage de l'amour qui pleure, parce qu'il ne veut pas manger de la main de sa bonne. Ma femme y va, ne revient plus ; je reste seul à table, libre de siffler pour me distraire, par exemple :

> Minet qui perche sur un mur
> Se plaint de minette au cœur dur.
> Et voilà tout,
> Je suis au bout (1).

On se dit : J'irai à la chasse, — à la chasse aux canards. Toute la journée, on barbote dans l'eau jusqu'aux genoux, mais on a la perspective d'un bon lit bien chaud. On rentre tard, on se glisse près de sa femme ; mais le gage d'amour fait ses dents, il pleure ; la maman vous quitte, on s'endort seul, si l'on peut s'endormir.

Puis vient une de ces années qui ne s'oublient pas : tout le monde est sur le qui-vive; il y a quelque chose dans l'air, chacun le sait, personne ne peut dire ce que c'est. On rencontre des visages inconnus. Les propriétaires polonais se remuent : l'un achète un cheval, l'autre de la poudre. La nuit, on voit une rougeur dans le ciel; les paysans forment des groupes devant les cabarets, et ils disent entre eux : — C'est la guerre, le choléra, ou bien la révolution. — On a le cœur gros ; on se souvient tout à coup qu'on a une patrie dont les bornes sont enfoncées dans la terre slave, dans la terre allemande et dans d'autres terres encore. Que préparent ces Polonais? On s'inquiète pour l'aigle qui décore le bailliage, on s'inquiète pour sa grange. La nuit, on fait la visite autour de sa maison pour s'assurer qu'ils n'y ont pas

(1) Chanson des enfants en Galicie.

mis le feu. On voudrait s'en ouvrir à quelqu'un, vider son cœur : on va chez sa femme, elle est occupée du petit, qui pleurniche parce que les mouches le tourmentent.

Je sors de ma maison. Une lueur rouge s'est élevée à l'horizon ; un paysan passe à cheval, jette dans la cour ce cri : *révolution !* et pique son bidet efflanqué. Dans le village, on sonne le tocsin. Un paysan cloue sa faux droite sur le manche, deux autres arrivent avec leurs fléaux sur l'épaule. Plusieurs entrent dans la cour. — Monsieur, prenons garde, les Polonais arrivent. — Je charge mes pistolets, je fais affiler mon sabre. — Ma femme, donne-moi un ruban pour le coudre à mon bonnet, un chiffon quelconque, pourvu qu'il soit jaune et noir. — Va-t'en, va-t'en, me répond-elle, tu sais bien que le petit pleure, on me le fait mourir ; cours au village, défends-leur de sonner, va-t'en ! — Ah ! pour le coup, je veux faire sonner le tocsin dans toutes les campagnes. Qu'il pleure, le poupard ! le pays est en danger. — Ah ! monsieur...

Enfin un jour, elle est donc assise près de moi sur le divan, j'ai passé mon bras autour de sa taille, je lui parle doucement. Elle écoute si l'enfant ne remue pas. — Qu'est-ce que tu as dit ? me demande-t-elle d'un ton distrait. — Oh ! rien. — Je vois que je perds ma peine, je m'en vais triste, découragé.

— Où est donc ta *kazabaïka*, ma petite Nicolaïa ?

— Est-ce que je vais m'habiller pour la maison ? L'enfant ne me reconnaîtrait plus. Tu devrais comprendre cela.

Oui, je comprends. Mais lorsqu'il nous arrive du monde, l'enfant peut crier : elle y va un instant, puis revient verser le thé, et elle rit, et elle cause, je vois même reparaître la *kazabaïka* verte fourrée de petit-gris ; que ne fait-on pas pour être agréable à ses hôtes ?

Il y avait longtemps que je n'étais pas retourné dans la montagne. Mon garde-forêt avait vu un ours, — pardon, j'allais encore vous raconter une histoire de chasse. Bien ! nous avions donc couru quelque danger, le garde et moi. Un paysan nous avait précédés ; je trouvai la maison en émoi. Ma femme se jette à mon cou ; elle m'apporte mon fils. Le sang me coule par la figure, l'enfant a peur. — Oh ! va-t'en ! me dit-elle. — Il haussa les épaules d'un air de mépris. — Ce n'était pas grand'chose sans doute, quelques gouttes de sang ; d'ailleurs le danger était passé. Bon ! je me lave le front ; le garde, un ancien militaire, me panse. Alors c'est le mouchoir blanc qui fait peur au petit ; on me chasse encore. — Enfin que vous dirai-je ? On se jette sur son lit. Seul, toujours seul, comme autrefois ! Au diable le gage d'amour ! Que Dieu me pardonne le péché ! — Il se signa, cracha avec colère, et voulut continuer.

— Permettez fis-je, vous n'avez donc pas dit à votre femme ?..

— Pardon, m'interrompit-il d'un ton presque violent ; ses narines frémissaient. — Je l'ai fait ; savez-vous ce qu'elle m'a répondu ? « Alors à quoi bon avoir des enfants ? » Elle aurait été capable de tout. On devient l'esclave d'une telle femme. On ne sait quel parti prendre ; on hésite. Lui être infidèle ? Non. Alors vivre en moine ? Quelle existence !... Vous est-il arrivé qu'une horloge s'est arrêtée tout à coup ? Oui ; mais vous êtes impatient ?

— Quelquefois.

— Bon ! Vous êtes donc impatient. Il faut qu'elle marche, là, tout de suite. Vous poussez le balancier ; elle marche. Combien de temps ? La voilà qui s'arrête de nouveau. — Encore, et encore ! — Elle s'arrête une fois de plus ; vous vous emportez, vous la maltraitez ; elle ne marche plus du tout. — C'est par là qu'on passe lorsqu'on veut avoir raison de son cœur. On finit par y renoncer.

D'abord, comprenez-moi bien, je ne voulais que me distraire. Un régiment de hussards était en garnison dans le voisinage ; je me liais avec les officiers. Voilà des hommes ! Ce Banay par exemple ; le connaissez-vous ?

— Non.

— Ou bien le baron Pàl ? Pas davantage ? Mais vous avez connu Nemethy, celui qui portait la moustache en pointe ? Ils venaient chez moi presque tous les jours. On fumait, buvait du thé ; à la fin, on jouait aussi. J'allais souvent chasser avec eux. Ma femme finit par le savoir ; elle devint taciturne, puis me fit des reproches. — Ma chère, lui dis-je, quel agrément ai-je donc ici ? — Le lendemain, Nicolaïa arrive dans ses grands atours, s'asseoit au milieu des hussards, fait l'aimable, plaisante, prend des poses ; pour moi, pas un regard. Je ris dans ma barbe. Mes hussards, d'abord c'étaient d'honnêtes garçons qui n'avaient pas l'air de s'apercevoir de rien ; ensuite aucun d'eux ne se souciait de risquer sa vie, — pourquoi ? — ou d'être estropié. Tant que le cœur ne se met pas de la partie !... Cependant ils me taquinaient. — Qu'en dis-tu frère ? Ta femme se laisse faire la cour de la belle façon. — Faites-lui la cour, ne vous gênez pas ! — Avais-je raison ?

Mais il en vint un autre, — vous ne le connaissez pas sans doute : un homme insupportable, un blond, au visage blanc et rose. C'était un propriétaire. Il se faisait friser tous les jours par son valet de chambre ; il récitait l'*Igor* et les vers de Pouschkine avec les gestes obligés, comme un vrai comédien. Celui-là plut à ma femme. — Sa voix était devenue rauque : plus il s'échauffait, et plus il baissait le ton ; les paroles sortaient péniblement, s'arrachaient de la poitrine. — Attendez. On menait donc une vie joyeuse. L'hiver, les voisins arrivaient avec leurs femmes : des bals, des mascarades, des promenades en traîneaux ! Ma femme s'amusait. Dans l'été, elle eut un second enfant, un garçon, comme le premier. Il y eut entre nous comme un rapprochement. Un jour assis près de son lit, je lui dis : — Je t'en supplie, prends une nourrice ! — Elle secoue la tête. Les larmes me viennent, et je sors.

Une année durant, elle fut donc encore absorbée par son fils. Nous causions rarement ; elle commençait à bâiller quand je lui parlais de mes affaires, puis des querelles à propos de tout, et devant les étrangers. J'avais toujours tort, les autres toujours raison. — Il cracha. — Une fois je la prie en grâce de ne pas me faire cette chose; le lendemain elle ne desserre pas les dents, et lorsqu'on lui demande son opinion : — Je suis de l'avis de mon mari, — dit-elle d'un air pincé. Méchanceté tatare ! Elle se faisait violence pour être de mon avis ! Et je vis encore !

Un jour, je perdis une forte somme. On jouait gros jeu, et le guignon me poursuivait. Je perdis tout ce que j'avais sur moi, les chevaux, la voiture. — Il ne put s'empêcher de rire. — Alors je pris une grande résolution, je me rangeai. Les voisins cessèrent de nous voir; lui seul vint. Je n'en prenais pas ombrage. Mon exploitation m'absorbait; je n'étais pas sans avoir quelques succès ; je trouvais du plaisir à voir pousser en quelque sorte sous ma main ce que je venais de semer moi-même. Au reste l'agriculture est aussi un jeu; ne faut-il pas préparer son plan, le modifier à chaque instant selon les circonstances, et compter avec le hasard ? N'a-t-on pas les orages, la grêle, les froids et les sécheresses, les maladies, les sauterelles?... Quand je rentre pour prendre le thé, que j'ai bourré ma pipe, je me rappelle que le cheval a besoin d'être ferré, ou qu'il serait bon d'aller dans le verger voir qui a été le plus fort de mon garde ou de mon eau-de-vie. Je prends ma casquette et m'en vais, sans penser à ma femme, qui reste avec les enfants.

On en parle chez les voisins : c'est encore un mariage comme les autres ! Même le révérend M. Maziek arrive un jour, tout plein d'onction. Son visage, ses cheveux, tout était onctueux, jusqu'à son collet, à ses bottes, à ses coudes. Il resplendissait, levait sur moi son jonc comme une houlette, et me sermonnait. — Mais, mon révérend, si nous ne nous aimons plus? — Ho! ho! purgatoire! s'écrie-t-il en riant à gorge déployée, et le mariage chrétien? — Mais, mon révérend, notre bienfaiteur, est-ce une vie, cela? — Ho! ho! purgatoire! non, ce n'est pas ainsi qu'on doit vivre. A quoi servirait donc l'église? Savez-vous, pauvre ami égaré, ce que c'est que la religion? Ayez comme cela des rapports avec une fille sans l'aimer autrement, entretenez-la, chacun la méprise, et l'on vous appelle libertin; dans le mariage, c'est différent. De quoi vous parle l'épouse chrétienne? D'amour? Non, purgatoire! de son douaire et de vos devoirs. Ai-je raison? Qui pense à l'amour? Nourris ta femme, habille-la, c'est ton écot. Voilà le mariage chrétien. Purgatoire! je m'entends... Un enfant de l'amour, c'est une honte; ici au contraire, si on a des enfants, qu'est-ce que cela fait qu'on se déteste? c'est la bénédiction du ciel. Est-ce l'amour qui fait le mariage, je vous prie, ou est-ce la consécration par le prêtre? Si c'était l'amour, on se passerait bien du prêtre. Ergo! je m'entends. — Ainsi parla notre curé.

Dès lors je me sens de plus en plus seul à la maison. Je reste maintenant dehors quand on coupe les blés; je m'assieds sous les gerbes amoncelées comme sous une tente, fumant ma pipe, écoutant chanter les moissonneurs. Lorsqu'on abat du bois, je vais dans la forêt, j'y tire un écureuil. Je ne manque pas un seul marché dans tout le district ; on me voit souvent à Lemberg, surtout à l'époque des contrats (1) ; je m'absente des semaines entières. Peu à peu, tacitement, ma femme et moi, nous avons accepté les conditions du... mariage chrétien.

Mon voisin voyait les choses autrement ; il pensait qu'on peut se mettre en frais tous les jours. En effet, il ne se lassait pas de tenir compagnie à ma femme, surtout les jours où j'étais dehors. Il était désolé de ne pas me trouver, — putois, va ! — puis s'installait, et récitait du Pouschkine. Il la plaignait, parlait des maris en général, hochait la tête et reniflait avec compassion ; un jour il me fit une scène parce que, disait-il, je négligeais ma femme. une femme de tête et un cœur d'or ! — C'est facile à dire, mon ami ; tu ne la vois qu'en humeur de fête. — Il lui lit donc des livres ; bientôt elle ne fait plus que soupirer lorsqu'il est question de moi. Au fond, qu'y a-t-il eu entre nous ? — « Nous ne nous comprenons pas », dit-elle. — C'était pris textuellement dans un livre allemand, textuellement, monsieur...

Une fois donc je reviens tard de Dobromil, d'une licitation. Je trouve ma femme sur le divan, un pied relevé, le genou dans les mains, absorbée dans ses réflexions. Mon ami s'y trouvait aussi ; elle avait sa pelisse de petit-gris, et alors il n'est jamais

(1) Époque où les propriétaires galiciens se donnent rendez-vous dans la capitale et dans les chefs-lieux de cercle pour vendre leurs produits, généralement sur pied, aux marchands, qui sont des Juifs pour la plupart.

loin. Je ne me fâche pas : elle me plaît ainsi ; je lui baise la main, je lisse la fourrure. Tout à coup elle me regarde d'un regard étrange ; je n'y comprends rien. — Cela ne peut pas durer, dit-elle d'une voix rauque, avec effort. — Mais qu'as-tu donc ? — Tu ne viens plus ici que la nuit, s'écrie-t-elle. A une maîtresse, on fait la cour au moins. Et moi, moi, je veux être aimée ! — Eh bien ! je ne t'aime donc pas ? — Non ! — Elle sort, monte à cheval, disparaît. Je la cherche toute la nuit, toute la journée. Comme je rentre le soir, elle a fait faire son lit dans la chambre des enfants.

J'aurais dû me montrer alors, c'est vrai ; j'étais trop fier, je croyais que les choses s'arrangeraient, — et puis nos femmes ! on n'en fait pas ce qu'on veut. Il y avait là au bailliage un greffier allemand ; sa femme recevait des lettres d'un capitaine de cavalerie. — Qu'as-tu donc là, ma chère ? — Il prend la lettre, et il n'a pas achevé de lire qu'il commence à la battre ; il l'a si bien battue qu'elle lui a rendu son affection. Voilà un mariage heureux ; mais moi j'ai manqué le bon moment. Maintenant c'est tout un.

On ne se disait plus que *bonjour, bonne nuit*, c'était tout. Je recommençais de chasser ; je passais des jours entiers dans la forêt. J'avais alors un garde-chasse qui s'appelait Irena Wolk, un homme bizarre. Il aimait tout ce qui vit, tremblait lorsqu'il découvrait un animal, et ne l'en tuait pas moins ; ensuite il le tenait dans sa main, le contemplait, et disait d'une voix lamentable : — Il est bien heureux, celui-là, bien heureux ! — La vie à ses yeux était un mal. Drôle d'homme ! Je vous en parlerai une autre fois. Je mettais donc dans ma *torba* (1) un morceau de pain, du fromage, et de l'eau-de-vie dans ma gourde, et je partais. Parfois nous nous couchions sur la lisière de la forêt; Irena allait fouiller dans un champ, rapportait une brassée de pommes de terre, allumait un grand feu et les faisait cuire dans la cendre. On mange ce qu'on a. Lorsqu'on rôde ainsi dans la forêt noire, silencieuse, où l'on rencontre le loup et l'ours, où l'on voit nicher l'aigle, — que l'on respire cet air pesant, froid, humide, chargé d'âpres senteurs, — qu'on a pour s'attabler une souche d'arbre, pour dormir une caverne, pour se baigner un lac aux eaux sombres et sans fond, qui ne se ride jamais et dont la surface lisse et noire boit les rayons du soleil comme la lumière de la lune, alors il n'y a plus de sentiments, on n'éprouve que des besoins : on mange par faim, ou aime par instinct.

Le soleil se couche; Irena s'est mis en quête de champignons. Une paysanne est assise sur le sol; sa jupe bleue fanée ne cache pas ses petits pieds couverts de poussière. La chemise a glissé à moitié de ses épaules; retenue par la ceinture, elle entr'ouvre ses plis. Tout à l'entour, l'air est parfumé des émanations du thym. Accoudée sur ses genoux, elle appuie sa tête dans ses deux mains. Un lampyre s'est posé sur ses cheveux noirs, qui s'échappent de dessous son foulard couleur de feu et lui retombent sur

(1) Espèce de havre-sac.

le dos. Son profil se découpe en noir sur le fond rouge du ciel; le nez est finement arqué ainsi que le bec d'un oiseau de proie, et, quand je l'appelle, elle pousse un cri comme celui du vautour des montagnes, et ses yeux dardent sur moi un regard aigu, qui passe comme la lueur fugitive d'une flamme de naphte. Son cri résonne, les parois du rocher le répercutent, puis la forêt à son tour, puis encore la montagne au loin. Cette femme m'avait presque effrayé.

Elle se penche, arrache du thym, ramène le foulard rouge sur son visage plus rouge encore.

— Qu'as-tu donc? lui dis-je.

Pour toute réponse, elle entonne lentement une *douma* (1) mélancolique comme des larmes.

— Tu as de la peine? Dis?

Elle se tait.

— Eh bien?

Elle me regarde en face, se met à rire, et ses longs cils retombent comme un voile sur ses yeux.

— Alors de quoi rêves-tu?

— D'une fourrure de mouton, me répond-elle tout bas.

Je ris à mon tour. — Attends, je t'en apporterai une de la foire, — elle se cache la figure dans ses mains; — mais le mouton neuf ne sent pas bon. Veux-tu que je te donne une *soukmana* (2) garnie

(1) Forme particulière de la poésie populaire des Petits-Russiens, d'un caractère élégiaque.
(2) Espèce de casaque longue et étroite que portent les femmes du pays.

de lapin noir ou plutôt de lapin blanc, blanc comme le lait?

Elle me regarda d'un petit air à la fois étonné et narquois, fronça légèrement les sourcils, et ses lèvres frémirent sur ses dents blanches; puis des coins de la bouche le rire gagna les joues, et finalement éclata sur tout le visage de la petite friponne.

— Eh bien! pourquoi ris-tu maintenant?
— Ce n'est rien.
— Alors veux-tu d'une *soukmana* doublée de lapin, de lapin blanc? Qu'en dis-tu?

Elle se lève subitement, rabat sa jupe, ramène sa chemise.

— Non, dit-elle. Si vous m'en donnez une, ce sera avec du petit-gris.
— Du petit gris? Comment?
— Mais oui, comme le portent les belles dames...

Je la contemplai. Ce visage-là resplendissait d'égoïsme, d'un égoïsme naïf comme l'innocence. Elle embrassait les désirs de son âme sans penser à rien, comme elle baisait les pieds d'un saint. D'idées, de principe, point; la morale du faucon et les lois de la forêt! Elle était chrétienne à peu près comme un jeune chat qui par aventure fait une croix sur son nez avec sa patte.

Elle eut sa *soukmana*, que je lui rapportai de Lemberg, et, — vous allez vous moquer de moi, — je m'épris d'une belle passion pour cette femme. Ce fut un vrai roman. Au premier coup de fusil, elle accourait. Je peignais ses longs cheveux avec mes doigts, je lavais ses pieds dans le torrent, et elle me jetait l'eau à la figure. C'était une créature étrange. Sa coquetterie avait une nuance de cruauté ; elle me tourmentait dans son humilité profonde comme jamais orgueil de grande dame ne m'a tourmenté depuis. — Mais ayez donc pitié de moi, mon bon seigneur, que voulez-vous que je fasse de vous ? — Elle savait qu'elle faisait de moi tout ce qu'elle voulait....

IV

Mon boyard fit une pause; nous nous tûmes tous les deux pendant quelque temps. Les paysans, ainsi que le chantre, étaient partis. Le Juif avait mis son fronteau et s'était assoupi avec dans un coin; il nasillait en rêve quelque prière et s'accompagnait d'un hochement régulier. Sa femme était assise devant le buffet, la tête dans ses mains; elle avait glissé ses doigts minces entre ses dents, ses paupières somnolentes étaient à demi fermées, mais son regard restait obstinément attaché sur l'étranger.

Celui-ci déposa sa pipe et respira profondément. — Faut-il que je vous raconte la scène que j'eus avec ma femme ? Vous m'en dispensez. Elle fut languissante pendant quelque temps; je restais à la maison, je lisais. Une fois elle traverse la chambre, me dit à mi-voix : Bonne nuit ! Je me lève, elle a disparu, je l'entends fermer sa porte. C'était fini encore une fois.

A cette époque, j'avais un procès avec le domaine d'Osnovian. Avant d'atteler la justice et de remettre les rênes à l'avocat, me dis-je, tu feras mieux d'atteler tes deux chevaux et d'y aller de ta personne. Qu'est-ce que je trouve? Une femme séparée, qui s'est retirée dans ses terres parce qu'elle a le monde en horreur, une philosophe moderne. Elle s'appelait elle-même Satana, et c'était un amour de petit démon, des yeux comme des feux follets! Je perdis naturellement mon procès, mais j'y gagnai ses bonnes grâces.

Malgré tout, je n'avais pas cessé d'aimer ma femme. Souvent dans les bras d'une autre je fermais les yeux et me persuadais que c'étaient ses longs cheveux humides et sa lèvre ardente, enfiévrée.

Nicolaïa, pendant ce temps, délirait entre sa haine et son amour. Son cœur était comme ces fleurs qui ne s'épanouissent qu'à l'ombre, il débordait maintenant de tendresse sauvage. Elle trouvait mille moyens de se trahir en voulant trop se cacher. Un jour, elle pose sur mon bureau une lettre que venait d'apporter pour moi le cosaque de ma belle, et elle rit tout haut, mais le rire s'arrête dans sa gorge; c'était triste à voir. Trop d'amour m'avait éloigné d'elle, et elle maintenant avait soif de vengeance parce que son amour était dédaigné. Elle ne marchait qu'avec une précipitation nerveuse, criait en rêve, s'emportait à tout propos contre les domestiques et les enfants.

Puis tout d'un coup elle parut changée; on eût dit qu'elle se résignait. Son regard, lorsqu'il se posait sur moi, avait quelque chose d'étrangement saturé, et pourtant à ses éclats de rire se mêlait comme une note douloureuse.

— C'est dommage, me dit un jour mon garde-chasse, monsieur ne va plus du tout à la forêt. J'ai découvert un renard pas bien loin d'ici, et des bécasses, — il faut vous dire que c'était ma chasse préférée, — puis *elle* est là, qui vous attend près de la pierre. N'aurez-vous point pitié de la pauvre femme?

Je prends mon fusil et je l'accompagne jusqu'à la dernière clôture du village. Là, une inquiétude incompréhensible s'empare de moi; je plante là le garde-chasse, et je rentre à la maison presque en courant. Je suis tout honteux, mais je marche sur la pointe des pieds, j'écoute, — il écarta à plusieurs reprises les cheveux de son front, — comment vous dire? J'ouvre brusquement, et je vois ma femme... — Je vous dérange? dis-je, et je referme la porte.

Qu'aurais-je fait? Nous ne sommes pas les maîtres. L'Allemand, lui, considère la femme comme sa vassale, mais nous autres, nous traitons avec elle de puissance à puissance. Ici le mari n'a aucun privilège; il n'y a qu'un droit pour l'homme et pour la femme. Si tu fais la cour aux filles, tu souffriras que ta femme se laisse conter fleurette par le premier venu. Tant pis pour toi.

Je me retirai donc, et j'arpentai l'antichambre. Le sentiment était éteint en moi; c'était comme une paralysie morale. Je me répétais toujours : N'as-tu pas fait la même chose? tu n'as aucun droit, aucun droit.

Enfin il sortit. Je lui dis : — Mon ami, je n'ai pas

voulu vous déranger; mais ne sais-tu pas que ceci est ma maison?

Il tremblait, sa voix tremblait aussi. — Fais de moi ce que tu voudras, me répondit-il.

— Qu'est-ce que tu veux que je fasse de toi? Mais as-tu quelque notion de l'honneur? Il nous faudra échanger une couple de balles.

Je l'éclairai encore jusqu'au bas de l'escalier, puis je montai à cheval, et je courus chez Léon Bodoschkan pour le prier de me servir de témoin. Il m'écouta en souriant tristement. — Au fond, c'est une sottise, me dit-il; mais sois tranquille, avant demain matin tout sera réglé. Fais-moi seulement l'amitié de lire ces feuillets cette nuit. — Il me donna ces papiers que je vous ai montrés, et qui ne m'ont plus quitté depuis. Un homme étrange!

Je me mis donc à les lire; je n'en avais pas besoin. Je venais de provoquer l'amant de ma femme, c'était pour la forme. Je savais très-bien que j'étais dans mon tort; mais l'honneur!... vous comprenez. J'étais sûr qu'il me manquerait : à quinze pas, il ne distinguait pas un moineau d'une meule de foin; moi, je tire bien. Je pouvais donc me venger, le tuer, personne n'aurait eu un mot à dire; je ne m'en reconnaissais pas le droit, et je tirai en l'air. J'étais aussi coupable à mes yeux que lui ou elle.

Je songeais d'abord à me séparer de ma femme; mais il y avait les enfants. C'est là ce qui nous rive ensemble par couples pour l'éternité et nous pousse dans l'ouragan, comme les damnés de l'*Enfer* du Dante... Avez-vous remarqué, monsieur, comment, par le moyen de l'amour, nous sommes les éternelles dupes de la nature? En principe, l'homme et la femme sont créés pour être ennemis, — vous comprenez ce que je veux dire, — et la nature, elle, ne songe uniquement qu'à la propagation de l'espèce; nous, dans notre vanité crédule, nous nous persuadons qu'elle a en vue notre bonheur, — bernique! Dès que l'enfant est là, presque toujours il n'y a plus ni bonheur ni amour, et l'on se regarde comme deux marchands qui ont fait une mauvaise affaire; tous les deux sont volés, et aucun n'a trompé l'autre. Et l'on s'obstine à croire qu'il s'agit d'être heureux, et l'on se fait des reproches, au lieu d'accuser la nature, qui à côté de l'amour, sentiment passager, a placé un sentiment tenace, l'affection pour les enfants.

Nous ne nous quittâmes donc pas. Il ne vint plus à la maison; mais ils continuèrent de se voir chez une amie : on trouve de ces bonnes âmes serviables. Moi, je me remis à tirer mes bécasses. Je commençai alors à envisager les femmes comme un gibier dont la chasse est à la fois plus difficile et plus productive. — Vous savez comment l'on tire la bécasse? Non? Eh bien! il faut d'abord connaître son vol. Elle s'élève, fait trois crochets en zigzag comme un follet, puis file tout droit. C'est le bon moment : j'épaule, je vise, et j'ai ma bécasse. Ainsi les femmes; si l'on se hâte trop, c'est fini; mais une fois qu'on sait prendre son temps, on peut les avoir toutes.

A la maison, j'avais la paix. Les enfants marchaient déjà, et, croyez-vous! maintenant je les aimais. Je les aimais parce que Nicolaïa les aimait.

Souvent je me figurais que notre amour s'était incarné en eux : il courait là devant moi, gambadait, riait; c'était comme un rêve. Puis je veux qu'ils m'aiment plus que leur mère, qu'ils n'aiment que moi. Je les fais sauter sur mes genoux près du feu, leur apprends des contes de fées, leur chante les refrains des rues, leur raconte des histoires de chasseur.

C'était vraiment singulier. Je ne vous ai pas dit qu'il était venu un troisième enfant, une fille, le portrait vivant de sa mère. On dit ordinairement que les filles tiennent du père, les fils de la mère; eh bien! ce n'est pas ce que j'ai observé. L'aîné, c'est le grand-père; le cadet, je ne sais qu'en faire : ma femme l'aura pris dans un roman. Ni l'un ni l'autre n'a rien de la mère; c'est sa fille qui lui ressemble. Peut-être qu'alors elle ne songeait qu'à elle-même, à sa vengeance... Donc la petite s'attache à moi avec une tendresse, — elle savait pourtant que je la détestais. Quand je racontais une histoire, elle s'approchait timidement, se mettait sur un petit banc dans le coin obscur, écoutait, et l'on ne voyait que ses yeux qui brillaient. Parfois je la rudoyais, et elle tremblait. Quand je partais, elle me suivait du regard, immobile; quand j'arrivais, elle courait au-devant de moi, puis s'effrayait de ce qu'elle avait osé. Un jour mon aîné dit : — L'ours finira par dévorer le père; — la petite bondit, elle avait les yeux pleins de larmes. Je m'imaginais alors que c'était ma femme qui venait à moi, qui me demandait pardon et qui pleurait. — Une fois j'appelai la petite, elle devint pourpre et s'enfuit. Peu à peu cependant nous devînmes une paire d'amis.

Mes garçons ne tenaient guère de moi. — Voudrais-tu tirer le renard? — Oui, papa, si le fusil ne faisait pas tant de tapage. — Ou bien, à propos d'une rencontre avec l'ours : — Il venait droit à moi; que penses-tu que j'ai fait alors? — Tu as couru tant que tu as pu? — La petite, elle, en riait. Quelquefois elle se drapait dans une peau de loup et faisait peur aux deux garçons, qui se cachaient derrière les jupes de leur mère. — Vous ne connaissez donc pas votre sœur? — Maman, répondaient les gamins, elle est alors un loup pour de vrai; ses yeux étincellent, et elle hurle que c'est un plaisir.

Les jours où je m'absentais, l'enfant errait dans la maison comme une âme en peine. — Pourvu que papa ne verse pas. — Pourquoi donc verserait-il? — Oh! je connais les deux noirs, ce sont des bêtes fougueuses. Ou s'il rencontrait un ours... — Papa le visera au milieu de la poitrine, là où est la tache blanche, dit mon fils d'un air compétent. — Et s'il le manque? — Il ne le manquera pas.

Comme elle grandit, elle veut m'accompagner, se roule par terre en pleurant; je finis par l'emmener. J'avais le petit fusil dont s'était servi ma femme. Je lui achète une gibecière, et elle part avec moi. La gamine était courageuse comme un homme, que dis-je? comme pas un homme. Comment vous expliquer cela? Lorsque j'entendais craquer les branches : — S'il allait nous arriver quelque chose? disais-je. — Elle ne faisait qu'en rire : — Puisque je suis avec toi ! — Ce n'est qu'à moi qu'elle songeait.

À la maison, elle avait la fièvre ; en face du loup, elle était calme comme devant une poule. Et comme nous nous comprenions ! Je n'avais pour ainsi dire pas besoin de parler ; elle avait étudié mes yeux, chaque trait de mon visage, chacun de mes mouvements. Néanmoins nous aimions à causer. Quand le gibier était à terre et qu'Irena s'agenouillait pour le vider, nous restions assis côte à côte, et le monde était comme un livre à images que je feuilletais sous les yeux de l'enfant..., de *son* enfant. Je l'aimais vraiment, et ma femme, elle, l'adorait, — l'adorait d'autant plus que la petite s'attachait davantage à moi. Lorsque je l'emmenais, ma femme se mettait à genoux, l'embrassait, et lui disait tout bas : — Reste avec moi ; — mais l'enfant secouait la tête. Je riais, et quand j'étais déjà loin de la maison, en pleine forêt, ce souvenir m'égayait : j'étais content d'avoir la petite près de moi et de penser que sa mère se morfondait à la maison.

Si ma femme lui donnait une couture à faire, elle s'y mettait pour la forme, puis tout à coup jetait son ouvrage et courait fourbir mon fusil. Ou bien ma femme la charge d'une commission ; elle me regarde et ne bouge pas. Un jour, Nicolaïa s'emporte : — Il n'est pas ton père !

— Alors tu n'es point ma mère, dit l'enfant tranquillement.

Elle pâlit ; depuis, elle se tut et ne fit que pleurer parfois... Quelle sottise, pleurer ! La vie est si gaie !

Il vida d'un trait son dernier verre de tokaï. — Si gai! Vous rappelez-vous les vers de... de qui donc? du grand Karamsine. Il est vrai que c'est un Grand-Russien, mais cela n'y fait rien, je maintiens l'épithète, — il passa la main dans ses cheveux; — j'y suis.

« Voici le fond de la sagesse — que la vie m'a enseignée : — L'amour est mortel, — rien ne peut l'empêcher de mourir.

» Sois fidèle, elles riront de toi; — elles varient comme la mode. — Change, et c'est l'envie — que tu déchaîneras.

» Évite le piège de l'hymen; — ne te flatte pas d'avoir une femme à toi. — Aime-les et trompe-les toutes, — pour n'être point trompé. »

C'est bien cela..., il faut tromper pour n'être point trompé....

Je pourrais maintenant vous raconter mes exploits amoureux. Toutes les femmes sont à moi : paysannes, juives, bourgeoises, grandes dames, toutes! la blonde et la brune, la rousse aussi... Des aventures tous les jours! Tenez, en ce moment, j'ai une jeune femme mariée, — une femme qui a le diable au corps... J'ai la tête un peu lourde... Puis encore une autre, la veuve d'un brigand; elle ne sait pas lire, mais elle sait aimer... Dix femmes à la fois! pourtant le cœur n'est jamais pris. — Il se mit à rire d'un rire aimable en montrant ses magnifiques dents blanches comme l'ivoire. — A quoi bon d'ailleurs le cœur? Il faut que l'homme ait un cœur pour ses enfants, pour ses amis, pour la patrie, mais pour une femme? Ah! ah! aucune ne m'a plus trompé depuis que je les trompe toutes. Drôle de comédie! Comme on vous adore quand vous les faites pleurer!

V

— Et sur quel pied êtes-vous à présent avec votre femme? lui demandai-je après un long silence,

— Nous sommes polis l'un pour l'autre... Parfois, lorsqu'il m'arrive de me souvenir..., alors... j'ai la migraine;... mais à cette heure nous sommes gais, gais! houssah!

Il lança la bouteille contre le mur; le Juif se réveilla en sursaut et tira son fronteau, qui lui glissa sur le nez.

— Ah! maintenant je suis bien. — Il déboutonna son vêtement, — Toujours gai! voilà la vie... voilà le bonheur.

Il se leva, vint au milieu de la salle, les bras coquettement appuyés sur les hanches, et commença à danser la cosaque, en se chantant à lui-même un de ces airs bizarres, pleins d'une fougue enfantine et d'une sauvage mélancolie. Tantôt il était presque assis par terre et lançait les pieds comme on jette une chose qui vous gêne, tantôt je le voyais bondir et tourner sur lui-même dans l'air. Enfin il s'arrêta, les bras croisés sur la poitrine, et branla tristement la tête; puis il la prit dans ses deux mains comme pour l'arracher, et cria comme l'aigle crie lorsqu'il s'élance vers le soleil.

A ce moment, la porte s'ouvrit, et je vis entrer un vieillard vénérable, vêtu d'un *sierak* (1) brun, avec

(1) Espèce de long caban de bure à capuchon que portent les paysans.

de longs cheveux blancs, une moustache pendante et des yeux madrés. C'était Siméon Ostrov, le juge. Un sourire mélancolique glissa sur sa face terreuse lorsqu'il nous aperçut.

— Il y a longtemps que vous êtes là, messieurs? dit-il. Ce n'est point de ma faute, je vous assure.

— Alors nous sommes libres de partir? demanda le boyard.

— Certainement, répondit Siméon le juge.

— Il est vrai que c'est trop tard maintenant, reprit l'autre : je veux dire pour moi; mais vous, dit-il en se tournant vers moi, vous en profiterez? Que Dieu vous conduise. Bonne santé !

La Juive s'était approchée ; il la regarda en souriant, lui prit le menton; elle devint cramoisie. Il fit mine de sortir, revint, et, me serrant la main :

— Eh quoi ! s'écria-t-il, l'eau rejoint l'eau, et l'homme retrouve l'homme (1).

J'étais debout sur le seuil pour le voir partir; il salua encore une fois de la main, puis la voiture disparut. Je me retournai vers le Juif. — Aïe, c'est un homme jovial, gémit ce dernier, un homme bien dangereux ! On l'appelle Don Juan de Kolomea.

(1) Dicton petit-russien : *voda s vodolu sidiatsia a tcholovik s tcholovikom.*

FRINKO BALABAN

I.

Celui qui, porté par un frêle esquif, glisse sur la mer calme et sereine, laissant l'élément liquide jouer avec lui, pendant que les contours diffus des côtes s'évanouissent peu à peu dans un voile de brume et que son regard rêveur sonde l'océan aérien au-dessus de lui, celui-là me comprendra peut-être quand je parle de la plaine galicienne, de cet océan de neige à travers lequel vous emporte en hiver le traîneau fugitif. Comme l'onde, la plaine attire l'âme et la pénètre d'une mélancolique langueur. Pourtant l'allure du traîneau est vive et leste comme le vol de l'aigle, tandis que la barque roule dans l'eau comme le canard qui s'enlève pesamment. La couleur aussi de la plaine sans bornes est plus sombre, et son langage plus morne, plus menaçant ; c'est la nature implacable qui s'y montre sans voiles, et la mort y semble plus près de vous, elle vous effleure du bout de son aile, on entend frémir dans l'air ses mille voix.

La clarté transparente d'une après-midi d'hiver m'avait séduit; ma résolution était prise d'en profiter. Tous les chevaux ne sont pas bons pour trotter dans la neige; mon alezan était malade, je fis donc venir Moscho Leb-Kattoun, un grand cocher devant le Seigneur, dont les deux noirs sont connus pour avoir le pied sûr. Le temps était magnifique, l'air semblait immobile et la lumière aussi, les ondes dorées du soleil ne tremblaient point dans la légère vapeur terrestre; air et lumière ne formaient ensemble qu'un seul élément. Le village était silencieux, aucun bruit ne trahissait les habitants des chaumières, les moineaux seuls voletaient le long des haies en piaillant. A quelque distance était arrêté un petit traîneau attelé d'un petit cheval boiteux, pas plus haut qu'un poulain; c'était un paysan qui avait été chercher du bois dans la forêt; sa fillette l'interpellait, et elle courait pieds nus dans la neige profonde pour ramasser une bûche qu'il avait perdue.

Comme nous descendions la pente de la montagne dénudée en faisant joyeusement tinter nos clochettes, la plaine s'étendait devant nous sans limites, majestueuse sous le manteau d'hermine dont la couvrait l'hiver; les troncs des saules rabougris, dépouillés de leurs feuilles, dans le lointain quelques cabanes enfumées, quelques puits à levier, étaient les seules taches noires sur cette fourrure blanche. Moscho Leb-Kattoun se secoua en poussant un cri. La première vue de ce désert de neige avait agi sur lui comme un poison rapide; son imagination orientale commençait à parler en phrases bibliques, un coup d'aile l'avait transportée de la région des ours dans celle des palmiers et des cèdres. Il s'agitait sur son siége comme un fiévreux ; il creusait sa cervelle, cherchant des images pour exprimer cette chose inexprimable qui l'obsédait, il crachait les similitudes par douzaines jusqu'au moment où je lui dis de se taire. Alors il ne fit plus que marmotter dans sa barbe. Continuait-il son monologue ? priait-il ? avait-il enfin trouvé sa comparaison ? C'était comme un papier blanc sans fin où il alignait ses chiffres interminables, comptant, comptant toujours.

Nous glissions sur le chemin durci. Voici une ferme, et plus loin un village. La neige argente tous les objets ; elle a couvert d'argent les misérables toits de chaume, brodé des fleurs d'argent sur les vitres exiguës, accroché des houppes argentées à chaque gouttière, à chaque puits, à chaque arbre dans les jardins. Des remparts de neige entourent les habitations ; l'homme y a pratiqué des galeries comme le blaireau ou le renard. La légère fumée qui monte du toit semble se figer dans l'air. Autour de la ferme sont rangés des peupliers en argent massif. De ci, de là, des poussières de givre se soulèvent et voltigent, semblables à des essaims de moucherons diamantés, et passent lentement en lançant mille éclairs comme des orages en miniature. Sur la place devant le village, des gamins aux joues vermeilles, à la toison blanche, se pourchassent dans la neige, à peine vêtus. Ils en forment un bonhomme, et lui mettent dans la bouche béante une longue pipe comme celle où fume le seigneur. Un jeune paysan fait une course échevelée dans un léger traîneau tiré par deux jolies filles aux longues tresses brunes, au corsage rebondi sous la chemise bouffante. Les ris partent et montent vers le ciel comme des alouettes en allégresse. Elles pouffent de rire, lui rit plus fort, et il perd son bonnet de fourrure.

Nous côtoyons la forêt. Qu'est devenu son langage mélodieux ? Abois rauques du renard, croassements des choucas! Le feuillage mort laisse entrevoir ses tons rouges sous une couche uniforme de neige. Une vapeur rose, humide, enveloppe la forêt et le ciel. Devant nous, plus rien que des collines neigeuses, semblables aux vagues figées d'une mer blanche. Là où cette nappe éblouissante se soude au ciel blanchâtre, l'éclat est tel, qu'il faut, pour le supporter, des yeux qui peuvent impunément regarder le soleil. Derrière nous disparaissent et le village et la rouge forêt ; les cimes lointaines des montagnes dégarnies s'éclairent une dernière fois, puis s'évanouissent ainsi que les collines et les arbres isolés. Nous sommes entrés dans la plaine indéfinie. De la neige devant nous et derrière nous, un ciel blanc sur nos têtes, — et autour de nous la solitude absolue, la mort, le silence.

Nous sommes emportés comme dans un rêve. Les chevaux nagent pour ainsi dire dans la neige, le traîneau les suit sans bruit. Une petite souris grise court sur la neige durcie ; pourtant l'œil ne découvre nulle part ni cheminée, ni arbre creux, ni taupinière, et elle trotte là d'un petit air affairé et déterminé. Où donc va-t-elle ? Déjà ce n'est plus qu'un petit point noir, puis nous sommes seuls de nouveau. On dirait que nous n'avançons plus ; rien ne change autour de nous, pas même le ciel, qui demeure complétement fixe, sans nuages, d'une teinte uniforme comme s'il était blanchi à la chaux, immobile et sans éclat. On s'aperçoit seulement que le froid devient plus aigu, plus pénétrant ; c'est un froid qui cingle. Mosche Leb-Kattoun a senti une douleur ; il ramasse, effrayé, une poignée de neige pour s'en frictionner l'oreille, puis rabat avec soin les oreillettes de son bonnet fourré. Est-ce donc que notre traîneau serait arrêté comme un navire au milieu d'un calme plat, qui s'agite sans changer de place ? Peut-être croyons-nous seulement avancer, — de même que nous croyons vivre ; car au fond vivons-nous réellement ? Vivre, n'est-ce pas être ? Or cesser d'être, c'est n'avoir jamais été.

Voici un corbeau qui arrive ; il fend l'air de ses ailes sinistres, le bec ouvert et silencieux. Il s'approche, il voltige autour d'une butte de neige. Est-ce un monceau de gravois, est-ce une meule de foin oubliée, perdue, où il devine des souris ? Il en fait le tour en sautillant et en voletant, puis, l'inspection terminée, se perche dessus et joue du bec. C'est une charogne. Il ne reste pas seul longtemps ; c'est maître loup qui montre déjà sa nuque velue ; il lève le museau, prend le vent et accourt au trot. Arrivé au but, il flaire, il regarde l'oiseau, gémit et frétille de la queue comme un chien qui retrouve son maître. Le corbeau est debout, sa voix rauque est joyeuse, il bat de l'aile. « Viens, frère, il y en a pour nous deux ! » Comme ils se comprennent, les deux filous !

A mesure qu'il descend, le soleil devient visible à l'horizon sous la forme d'une boule vaporeuse et brillante. Il ne se couche pas, il se dissout dans la neige ; il fond comme de l'or liquide, des ondes dorées coulent jusqu'à nous, des traînées de lumière irisée se jouent sur la nappe blanche, qui semble aspergée d'argent fondu. Enfin tout disparaît ; les jets de lumière rentrent, pâlissent ; un moment, une légère vapeur rose plane encore dans l'atmosphère, puis elle s'évanouit à son tour, et tout retombe dans une morne et froide immobilité.

Cela ne dura qu'un instant. Soudain du côté de l'est une bise glacée nous fouetta le visage. Un traîneau passait au loin, le vent nous apportait le tintement plaintif de ses clochettes ; mais bientôt tout fut englouti dans un brouillard cendré qui surgit à l'horizon, s'agglomèra et se mit à onduler. L'obscurité augmentait rapidement. Des nuées grises, informes, envahissaient le ciel, redoutable *armada* aux mille voiles. Déjà le vent les saisit, les gonfle ; elles viennent au-devant de nous, et nous y entrons en plein. Le Juif arrête ses chevaux. — C'est une tempête qui se lève, dit-il d'un air soucieux. Nous pourrions nous perdre dans la tourmente. Toulava n'est pas bien loin d'ici ; ce serait moins long que de retourner chez nous. Qu'en pensez-vous, monsieur ?

— Allons à Toulava.

Il fit claquer son fouet sur les têtes de ses deux noirs, et la course reprit. Des traînées de brouillard flottaient dans l'air comme des oiseaux monstrueux. Voici la sainte image sur son piédestal de pierre ; c'est là que le chemin de Toulava tourne à droite. Déjà je commence à sentir dans la nuque les coups de poing de l'ouragan, j'entends ses mille voix furieuses et ses plaintes lamentables ; de ses hauteurs, il plonge dans la neige, la fouille et la disperse, il brise les nuages, les jette à terre par lambeaux floconneux, et menace de nous y ensevelir. Les chevaux baissent la tête et s'ébrouent. La neige remonte vers le ciel en immenses tourbillons ; l'ouragan balaye la plaine avec des balais blancs, et sous ses balayures il enterre les hommes, les animaux, des villages entiers. L'air semble brûlant au contact : on dirait qu'il s'est vitrifié ; le vent le pulvérise, et les fragments pénètrent dans nos poumons comme des éclats de verre.

Les chevaux n'avancent plus qu'à grand'peine, en coupant l'air et la neige. Cette neige est devenue un élément dans lequel nous nageons avec effort pour ne pas nous noyer, que nous respirons, et qui menace de nous brûler. Au milieu de la plus formidable agitation, la nature se glace et s'engourdit ; on fait soi-même partie de cet engourdissement universel. On conçoit que la glace puisse devenir le tombeau d'un monde, que l'on puisse cesser de vivre sans mourir, sans tomber en pourriture. Des mammouths monstrueux y gisent intacts depuis des millions d'années, et attendent le jour où ils alimenteront le pot-au-feu d'un paléontologue. Cela fait songer à certain dîner antédiluvien, et l'on ne peut s'empêcher de rire. Malgré tout, on a envie de rire; le froid vous chatouille avec une persistance cruelle.

Tout se gèle. Les pensées se suspendent en glaçons sous le crâne, l'âme se fige, le sang tombe comme la colonne de mercure. On ne raisonne plus, on n'a plus de sentiments humains, la morale n'est plus qu'un frimas dans vos cheveux, les forces élémentaires se réveillent en vous. Comme on s'emporte lorsqu'un clou indocile ne veut pas entrer dans un mur, comme on lui écrase la tête d'un grand coup de marteau en l'accablant d'injures! Ici la lutte est muette, sérieuse, patiente, presque résignée. Cette vie que nous aimons et qu'il s'agit de disputer à l'ennemi est engourdie, on est devenue pierre, glaçon, quelque chose qui résiste par sa force d'inertie.

Un rideau blanc nous cache nos chevaux. Le traîneau nous emporte comme une barque sans rames et sans voiles; il semble par moments immobile. L'ouragan hurle toujours, la tourmente nous enveloppe; le temps et l'espace ont cessé d'exister pour nous. Avançons-nous? restons-nous en place? fait-il nuit? fait-il jour?

Lentement les nuages glissent du côté du couchant. Les chevaux ronflent, ils redeviennent visibles, on aperçoit leurs dos chargés de neige. Cela tombe à flocons pressés et s'amoncelle devant nous en couche épaisse, mais au moins on y voit de nouveau, et l'on peut avancer. L'ouragan ne fait plus que râler et se roule sur le sol en gémissant, les brouillards sont tombés à terre comme des tas de gravois. Où sommes-nous?

Autour de nous, tout a été enseveli; nul vestige de la route, nulle croix de bois pour nous l'indiquer. Les chevaux enfoncent jusqu'au poitrail; la voix de la tempête expire au loin. Nous arrêtons, avançons de nouveau; le Juif balaye le dos de ses bêtes avec le manche de son fouet. Deux corbeaux passent, silencieux, remuant à peine leurs ailes noires; ils disparaissent dans la chute de neige. Les chevaux se secouent, et ils vont plus vite. Il ne tombe plus que des flocons légers, fondants; mais au loin tout est encore ténèbres. Nous arrêtons de nouveau pour tenir conseil.

La nuit approche; nous sommes enveloppés dans un crépuscule sombre et brumeux qui s'étend sur le pays. Le Juif fouette ses chevaux, qui jouent des jambes. Enfin voici une bande d'un rouge ardent qui se montre à l'horizon; nous y courons tout droit. On dirait que la lune est tombée dans la neige et qu'elle s'y éteint; une grande flamme monte tout à coup, éclairant vivement des ombres noires.

— C'est le bivac de la garde rurale, près du petit bois de bouleaux, dit le Juif; derrière le bois est Toulava.

A mesure que nous nous rapprochions, les arbres se dressaient en face de nous comme un mur sombre où se projetaient les lueurs fugitives de l'immense brasier que la garde avait disposé en demi-cercle sur la lisière du bois et qu'elle entretenait avec soin. La fumée montait lentement vers les bouleaux, et s'y suspendait en voiles grisâtres qui se dissolvaient peu à peu; une vapeur chaude et lumineuse flottait autour de la fournaise. Les paysans qui étaient couchés auprès du feu se dressèrent tout à coup comme des démons noirs. Le Juif les interpella : aussitôt ils se replongèrent dans l'ombre; un seul se détacha et vint à nous.

— C'est Balaban, me dit Leb-Kattoun. Ne le connaissez-vous pas? C'est le *capitulant* (1).

C'était un ancien troupier, le garde champêtre de la commune de Toulava; il jouissait d'une grande considération, car on le savait esclave de la consigne. J'avais entendu parler de lui plus d'une fois déjà, mais je n'avais pas encore eu l'occasion de faire sa connaissance. Je l'examinai avec intérêt. Sa taille élevée, son port droit, sa tête, ses allures à la fois aisées et réservées, indiquaient très-nettement un caractère ferme, déterminé. Son salut fut poli, mais rien de plus.

— Est-ce que la tempête vous a causé beaucoup d'ennui? demanda-t-il en regardant les chevaux. J'espère que le cocher a fait son devoir? — Il parlait comme un gentilhomme qui reçoit son hôte, il y avait de la grâce et de la dignité dans ses façons. D'un signe de la main, il m'invita à venir près du feu. — Les chevaux sont fatigués et en sueur, reprit-il, et il est nuit noire; il vous faudra faire une halte.

(1) Vétéran de l'armée autrichienne qui a fait deux congés ou même trois; reprendre service s'appelle en Autriche *capituler*.

— C'est bien là notre intention, répondis-je.

La société de ces paysans, surtout celle du capitulant, n'était pas sans attrait pour moi. Comme il me précédait pour me conduire, un petit gars accourut au-devant de lui. Il lui passe doucement la main sur ses cheveux d'un blond de filasse; ce n'était déjà plus le même homme. Je vis bien que celui-là n'était pas de ceux que l'on connaît tout de suite dès le premier mot.

Les paysans se levèrent. — Que faites-vous donc là? leur demandai-je.

Tous les yeux se tournèrent vers le capitulant.

— Les propriétaires du voisinage, répondit-il d'un ton grave, et peut-être encore d'autres Polonais se rendent aujourd'hui chez le seigneur de Toulava. Ils y trouveront probablement des émissaires et des correspondances, et se concerteront entre eux. Beaucoup viennent sans passeport; c'est à nous d'ouvrir les yeux. Peut-être qu'il se découvrira quelque chose. Voilà tout.

— Oui, nous faisons bonne garde, dit le petit.

— Par un temps pareil!

— Dame! on fait ce qu'on peut, repartit le capitulant. S'ils nous échappent dans la tourmente, au moins on aura été à son poste. — Il n'avait pas compris que le mauvais temps aurait pu l'empêcher d'être là.

Il saisit les chevaux par la crinière du front, amena le traîneau tout près du feu, en tira une couverture et l'étala pour moi sur le sol. — La terre est sèche, dit-il. Nous sommes là depuis le matin, et nous avons allumé un bûcher qui suffirait à rôtir un bœuf entier. — La cendre chaude était en effet répandue autour du feu jusqu'à une distance de deux ou trois pas. Les flammes s'élançaient droites, ou bien se penchaient hors du cercle qui nous enfermait, chassées par les rafales que nous renvoyait le bois. Les flocons arrivaient semblables à des papillons d'argent, et disparaissaient dans la flamme, qui les dévorait.

— Ceux de Zavale en sont, fit observer le petit gars.

— Nécessairement, dis-je, les jolies femmes aiment à tremper dans les complots.

— Doit-elle venir aussi, la dame? demanda le Juif en tambourinant avec ses doigts sur l'épaule de Balaban.

— Est-ce que je sais? répliqua celui-ci, et il secoua la tête comme un cheval qui veut chasser une mouche importune. — Je surpris dans ses yeux un éclair, tandis que ses traits restaient immobiles et impassibles. Il se prit à considérer la fumée qui montait vers les bouleaux.

II

Le silence était profond; on n'entendait que le souffle léger du vent qui attisait le feu. Je m'étendis de mon long, et me mis à examiner mes compagnons. Je connaissais le paysan qui était en faction au coin du bois avec sa faux, et qui venait montrer son nez de temps en temps, moins pour se chauffer que pour écouter la conversation. Il s'appelait Mrak, et il avait cet air sérieux, déterminé, qui est habituel à nos paysans. Près de moi était accroupi un bonhomme maussade, vêtu d'un *sierak* (1) gris de souris à long poil, dont la tête ressemblait à un parachute, pointue par le haut, large par le bas, et coiffée d'un petit bonnet en peau de mouton d'un blanc sale. Vu de profil, on eût dit qu'il avait été découpé grossièrement dans un vieux morceau de mauvais carton : un nez long, mince, pointu, feutré ; la bouche avait été oubliée, le menton se perdait dans le cou. Même les plis de son visage incolore étaient gauches : tout dans sa pauvre personne semblait raté, manqué ; sa silhouette, que le feu dessinait, avait quelque chose d'irrésistiblement grotesque.

A côté de lui était couché à plat ventre un gaillard que le petit Your aux cheveux de filasse appelait le compère Mongol. Tout près de là est un ancien champ de bataille où une horde tartare a éprouvé une sanglante défaite, il y a plus de deux siècles : les prisonniers furent employés à repeupler des villages dévastés ; je parierais que notre Mongol est un de leurs descendants. Il est de moitié moins long que l'homme de carton complètement développé, mais ce nabot est solide sur ses jambes comme un pot de fer. Il montre un cou de taureau, couché comme il est dans son pantalon de toile et sa vieille blouse, la poitrine nue dans la cendre chaude,

(1) Vêtement de bure à capuchon.

les jambes nues dans la neige. — Toi aussi, mon camarade, tu es de l'ouvrage bousillé. Comment a-t-on fait pour tasser ainsi tes reins puissants! Et ton visage, ou ce qui t'en tient lieu! Deux trous percés à la vrille pour tes yeux noirs, tandis que la peau trop ample fait de vilains plis autour de ta bouche; les coins des yeux descendent, et le nez trop petit se retrousse, avec deux trous dont un seul suffirait pour tes deux yeux. Aussi tu es jaune comme l'envie, et tu enfonces ta *tchapka* de tricot par-dessus tes crins noirs jusqu'à tes oreilles longues et pointues.

Le personnage principal était sans conteste Frinko Balaban. Son âge, qui eût pu le dire? mais c'était un homme. En quel lieu qu'on le rencontrât, dans les rangs, dans sa commune, ici dans ce bivac, on ne pouvait ne pas le voir. Sa taille svelte était serrée dans une redingote de couleur chamois par une ceinture de cuir noir verni. Il était boutonné jusqu'en haut, et lui seul avait un vieux foulard autour du cou, et son pantalon militaire, en drap bleu déjà usé, retombant sur la botte selon la mode de la ville. A la ceinture étaient accrochés un long couteau et une blague à tabac qui lui servait à bourrer sa pipe courte. Les autres étaient tous armés de faux ou de fléaux; Frinko tenait sur ses genoux un fusil à un seul coup. Outre deux médailles de service, il en avait une troisième sur la poitrine. Un bonnet pointu de peau d'agneau donnait à sa tête fine la dignité d'un rabbin et l'air féroce d'un janissaire; ce bonnet concourait avec les cheveux bruns taillés en brosse à encadrer un visage remarquable, aux lignes douces, au nez droit, à la bouche fine, que la vie militaire avait couvert de cette belle teinte de bronze qui, avec les deux plis mélancoliques de la bouche et les moustaches pendantes, donne à nos soldats un cachet si particulier. Sous l'arc rigide des sourcils, ses yeux honnêtes et profonds semblaient mouillés de larmes ; leur regard calme, expressif, allait au cœur. C'était cela, — puis sa voix. A le voir d'abord, cet homme paraissait si solide, si entier ; puis, à l'écouter, on devinait une fêlure. Sa parole était grave, monotone, il y vibrait comme une sourde douleur.

Les paysans avaient avec eux un chien ; c'était un chien de berger ordinaire, de couleur indéterminée, avec un collier de poils noirs et une jolie tête de renard. Il dormait dans la cendre, le museau pointu appuyé sur les pattes de devant, et il remuait la queue chaque fois que la voix triste du capitulant frappait son oreille.

Tout le monde parlait bas et sur un ton sérieux, le Juif seul plaisantait tout haut. — J'ai trouvé une femme pour vous, Balaban, — une veuve, très-jolie, je sais que vous y tenez, et qui a du bien au soleil, ce qui ne gâte rien. Qu'en pensez-vous ? Elle m'a déjà parlé de vous. — Il regarda successivement tous les assistants, mais personne ne fit attention à lui. Leb-Kattoun se préparait évidemment à devenir tout à fait communicatif. — Juste Dieu ! dit-il à Balaban en lui passant la main sur le dos, j'oublie que vous avez renoncé aux femmes. — Il cligna l'œil gauche en s'adressant aux paysans d'un air d'intelligence. — Il l'a juré cet homme, il l'a juré : il ne se mariera point.

Le capitulant lui lança un regard par-dessus l'épaule, à la suite duquel le Juif se retira en toussant et alla se jucher sur son siége, où il tournait le dos à la société. Pendant quelque temps, on le vit brandiller les jambes en comptant à haute voix, puis il fit sa prière et finit par s'endormir. Le bruit de ses talons, qui frappaient contre le bois, avait éveillé le chien, qui vint me sentir en étirant paresseusement ses jambes de derrière ; il alla ensuite examiner le traîneau, flaira les chevaux, et, comme ils penchèchèrent leurs têtes vers lui, il se mit à lécher le givre de leurs bouches en remuant la queue avec un petit gémissement amical. Ensuite il leva le nez, s'approcha du Juif, le sentit, se retourna immédiatement et leva la patte, puis il revint, éternua en reniflant l'air froid, et se recoucha près du feu, le nez dans la cendre.

— Attention ! cria tout à coup le paysan qui montait la garde au coin du bois, voici quelqu'un qui court dans la neige.

Tout le monde regarda dans la direction qu'il nous indiquait, le capitulant seul ne bougea point.

— Ce n'est pas la peine de vous déranger, dit-il avec un sourire ; c'est une vieille connaissance.

— Ah ! c'est Kolanko ; dit l'homme de carton d'un ton larmoyant et en se grattant l'oreille.

— Celui-là nous manquait encore ! s'écria ce petit effronté de Your, les bras croisés sur la poitrine.

Le capitulant fit un geste d'impatience. — Il faut vous dire, monsieur, reprit-il gravement, que c'est un vieillard de plus de cent ans, un homme bien étrange, bien expérimenté, d'un bien grand esprit, seulement un peu bavard maintenant, comme on l'est quand on vit trop vieux; il rit sans motif, il lui arrive même de pleurer sans motif; il est tombé en enfance.

Là-dessus, le centenaire était déjà au milieu de nous: un petit homme agile avec des jambes branlantes, une poitrine étriquée, un cou jaune desséché, qui n'avait de vivant dans sa figure racornie que ses petits yeux gris, enfoncés dans leurs orbites, d'où ils semblaient tout guetter et tout aspirer avec avidité. Il avait de bonnes bottes, un pantalon bien épais, une ample fourrure de mouton assez sale et un bonnet en peau de chat de trois couleurs; il serrait dans ses bras un traversin rayé de rouge, et parlait si vite avec sa bouche édentée qu'on ne le comprenait pas toujours. — Ah! je vous tiens, mes petites anguilles! s'écria-t-il avec un petit rire; — puis je l'entendis se plaindre de quelque chose que je ne pus saisir; enfin il vint s'asseoir à côté du capitulant. Ses yeux firent le tour de la société, s'arrêtant successivement sur chacun de nous; lorsqu'il fut arrivé à moi, il avança son cou ridé, haussa les sourcils, se leva, s'inclina trois fois, et se rassit.

— Monsieur se demande peut-être qui est ce bonhomme, murmura-t-il d'une voix à peine intelligible. Je suis un homme très-vieux, qui a perdu tous les siens. Tel que vous me voyez, je suis seul sur la terre.

L'année dernière, il me restait encore un corbeau : celui-ci, me disais-je, ira jusqu'au bout avec moi ; mais un jour ça l'a pris au collet, lui aussi. Maintenant il n'y a plus personne dans ma cabane que moi. Qui voudrait rester avec un vieillard ?.. Et puis je ne dors pas. Quand on est vieux, hélas ! il vous vient tant de choses à l'esprit ; j'ai peur d'être seul la nuit, oui, oui, — il eut un accès de rire, — le brouillard a tout à coup des pieds, et la neige a des mains, et ils viennent frapper aux fenêtres, à la porte, et la lune ouvre de grands yeux et me fait la grimace et me pose des questions auxquelles je ne puis pas répondre. — Il cracha énergiquement. — Alors je me sauve de chez moi, mon bon monsieur, et je cours où il y a du monde.

Le bonhomme m'amusait. — Ainsi, lui demandai-je, vous vous sentez à l'aise dans la société des hommes ?

— Au fond, répondit-il, je m'y ennuie souvent.

L'homme de carton le regarda indigné.

— Ne vous fâchez pas, reprit Kolanko ; il n'y a rien que je n'aie déjà entendu. Je connais tout, tout. Et s'il y a du nouveau une fois par hasard,... qu'est-ce que cela me fait par exemple que Basile s'y soit pris un peu plus bêtement qu'Ivan lorsqu'il a tenté de séduire la femme de son ami ? Belles nouveautés, cela ! Le capitulant est encore le seul qui vaille la peine d'être écouté ; c'est pour cela que je suis venu m'asseoir à votre feu.

— La vie vous ennuie donc ?

— Sans doute.

— Et vous souhaitez la mort?

— La vraie mort? Oui.

— Qu'est-ce que vous appelez la vraie mort?

— Une mort, monsieur, qui serait la fin des fins, par laquelle un homme vivant mourrait pour toujours, et non pour rester quelque temps en terre, après quoi il peut ramasser ses quatre membres et recommencer sur nouveaux frais !

— Il a peur de la vie éternelle, dit l'homme de carton en se penchant vers moi.

Tous les yeux s'étaient portés sur le vieillard. J'étais curieux de l'entendre, car nos paysans, qui n'ouvrent jamais un livre, sont des politiques et des philosophes nés; il y a de la sagesse orientale en eux, comme dans les pauvres pêcheurs, pâtres et mendiants des *Mille et une Nuits* auxquels Haroun al Raschid demande l'hospitalité.

— Au fond que vaut donc cette vie? reprit le centenaire d'une voix basse, mais distincte. Vous autres, béjaunes, vous ne demandez pas mieux que de continuer. Celui qui a tout vu, tout vécu, tout souffert, celui-là... Il s'abandonna quelque temps à ses réfléxions. — La vie éternelle, dit-il enfin, serait peut-être terriblement ennuyeuse ; mais je sais quelque chose qui m'inspirerait encore plus d'effroi.

— Et ce serait ?

— Ce serait de naître une seconde fois. — Il se mit à rire.

— Cette idée ne m'était jamais venue, dit l'homme de carton en pesant sur les mots; le vieux a raison.

Le capitulant regardait dans la flamme avec des

yeux vitreux. Kolanko le poussa du coude. — Eh bien ! ton avis là-dessus?

— Que Dieu m'en préserve, repartit gravement Frinko Balaban, je ne voudrais pas naître une seconde fois !

— Voici ce que je me dis, mon bon monsieur, poursuivit le vieillard. Je me dis : Tu t'ennuies assez de traîner le fardeau de tes cent ans; cependant ceci aura une fin, mais, si tu commences à t'ennuyer dans la vie éternelle, tu es un homme perdu. Supposons, mes amis, que tout ce qu'on nous dit par rapport au ciel soit vrai. Bien. D'abord ça ne manque pas de charme, on a des conversations agréables qui vous amusent. Saint Sébastien me raconte comment les Turcs ont tiré sur lui avec des flèches et l'ont cloué comme un hibou, mais sans le tuer tout à fait, comment il a été sauvé par une veuve qui l'a pris dans sa maison, puis comment il est retourné chez l'empereur des païens pour l'appeler *vile engeance* et se faire tuer cette fois pour de bon. Ou le saint évêque Polycarpe me raconte la fameuse réponse qu'il a faite à un maréchal romain et pour laquelle il fut rôti sur un bûcher, ou saint Vincent me décrit comment il fut couché sur des tessons aigus; mais saint Sébastien vous reparle de ses flèches pour la millième fois, et saint Vincent pour la millième fois de ses tessons, — et puis ne pouvoir pas dormir !

— Vous êtes encore assez vert, lui dis-je ; croyez-vous que vous dépasserez de beaucoup la centaine?

— Malheureusement oui, répondit-il. Mon bon monsieur, quand on a vu pendant cent ans ce qui se passe sur cette terre, on en a assez, et l'on ne désire plus qu'une chose, c'est de pouvoir s'endormir d'un long sommeil ! — Il s'absorba dans ses rêveries. — La vie céleste, monsieur, je pense que c'est une plaisanterie. Ici-bas tout ce qui respire doit faire les cent coups pour sustenter sa pauvre existence, et l'on me fera croire que là-haut seront nourris tant de fainéants ! S'il y a une vie au delà du tombeau, c'est que nous recommencerons de peiner et de souffrir.

— Est-ce que vous ne croyez pas à une autre vie? demanda doucement le capitulant, et sa voix tremblait.

— Moi, je n'affirme rien, répliqua Kolanko en se grattant le nez. Le *diak* (1) doit savoir ce qui en est, il a étudié les saintes Écritures. Et il est écrit : « C'est pourquoi les hommes meurent comme les bêtes, et leur sort est égal. Et tout tend en un même lieu. Ils ont tous été tirés de la terre, et ils retournent tous dans la terre. Qui connaît si l'âme des enfants des hommes monte en haut, et si l'âme des bêtes descend en bas? Et j'ai reconnu qu'il n'y avait rien de meilleur à l'homme que de se réjouir dans ses œuvres, et que c'est là son partage. Car, qui le pourra mettre en état de connaître ce qui doit arriver après lui? » C'est mot pour mot dans la Bible.

— Le meilleur pour l'homme, c'est de se réjouir

---

(1) Chantre d'église, sacristain et maître d'école à la fois, le *diak* joue un rôle important dans la paroisse.

dans ses œuvres ! s'écria le capitulant. Faire son devoir, il n'y a que cela.

— Ainsi, repris-je en m'adressant au vieillard, vous voudriez bien mourir pour toujours, et la mort ne vous effraye point ?

— Si, si, mon bon monsieur, — il hocha la tête en ricanant, — j'ai une peur atroce de la mort.

— Comment cela ?

— Eh bien ! tant que je vis, je puis espérer qu'il y aura une fin à tout ceci, n'est-il pas vrai ? — ses petits yeux gris semblaient pénétrer jusqu'au fond de mon âme ; — mais, si la mort vient, la mort que j'attends depuis plus de cent ans, et si alors je n'ai pas cessé d'exister,... tout est perdu ! — Les assistants éclatèrent de rire. — Je vous en prie, monsieur, continua-t-il avec volubilité, regardez-moi : je ne suis pas un malheureux à bout de ressources, un paysan ruiné ou un scribe sans ouvrage ; je suis fatigué de vivre, oh ! bien fatigué ! Et les gens s'étonnent lorsqu'ils trouvent un homme qui s'est pendu !

Il se tut pendant quelques instants. Le feu pétillait, la fumée montait lentement vers les bouleaux. Le vent était tombé tout à fait. Le centenaire regarda Balaban en dessous. — En voilà encore un qui en a, dit-il tout bas. Pas vrai ?

Le menton de l'ancien troupier touchait sa poitrine, et il se taisait. — Raconte-nous quelque chose, Balaban !

— Vous devriez en effet nous faire un récit, dis-je

à mon tour. On prétend que vous racontez bien.

— Voulez-vous un conte de fées? répondit-il avec un empressement poli.

— Non, des choses qui vous sont arrivées à vous-même.

Le centenaire approuvait de la tête. — Il en sait plus long que bien des gens, dit-il de sa voix éraillée.

Le capitulant se passa la main sur le front. — Que pourrais-je vous raconter?..

— Mais qu'est-ce donc que le Juif voulait dire tout à l'heure? demanda l'homme de carton en avançant le cou et en clignant ses yeux moroses.

— Ah! mon Dieu! c'est toute une histoire, repartit le capitulant d'un ton bas; ses regards se fixèrent sur le feu, une expression de tristesse navrante se répandit sur ses traits.

— Une histoire? dit avidement Kolanko.

— Une histoire comme il y en a beaucoup; tout cela est bien vieux, et nullement intéressant.

— C'est une histoire d'amour, ajouta l'homme de carton à mi-voix, d'un air pudique, avec un regard de côté sur l'ancien soldat.

— Ça doit être curieux, s'écria Kolanko.

— Point curieux du tout, répondit le capitulant; des choses qui arrivent tous les jours. J'aime autant vous parler de la guerre de Hongrie... Mon régiment s'était donc mis en marche...

— J'espère que tu ne vas pas nous faire marcher encore une fois de Doukla à Kaschau (1) interrompit

(1) La première marche du corps du général Schlick dans la campagne d'hiver.

le vieillard avec humeur. Ce serait la septième fois, si j'ai bonne mémoire. J'aimerais mieux autre chose.

— Dis-moi plutôt ton histoire, insista l'homme de carton.

— Quelle histoire ?

— Eh bien ! celle de la Catherine qui demeure là-bas, de la comtesse enfin, reprit l'homme de carton à voix basse, mais avec une nuance d'amertume méprisante, et dans ses yeux brilla un éclair où se lisait la haine invétérée de nos paysans pour les nobles.

—L'avez-vous connue? demanda Frinko Balaban sans lever les yeux. — Personne n'osa prendre la parole. — Eh bien ! moi, je l'ai connue.

Sa voix vibrait, douce et triste comme la dernière note de nos chants populaires. Lentement il levait la tête, il était pâle, ses yeux s'ouvraient grands et fixes comme ceux d'un visionnaire.

— A présent il va raconter, chuchota le Mongol en poussant du coude l'homme de carton.

Tous se mirent à leur aise pour écouter, Mrak, qui montait la garde comme une vraie sentinelle, interrompit sa promenade et s'arrêta derrière nous, appuyé sur sa faux.

III

— Où donc l'ai-je vue pour la première fois? commença le capitulant. Ah ! oui, j'y suis, c'était dans les aulnaies de Toulava ; elle cueillait des noisettes, et il lui était entré une épine dans le pied, une longue épine; elle était assise sur la lisière du bois et pleurait. Comme je vis cette jolie fille tout en larmes, je fus pris de pitié; je m'arrêtai et lui demandai ce qu'elle avait. Elle ne me répondit pas; elle n'était occupée qu'à tirer cette épine qu'elle avait dans le pied, et sanglotait de plus belle. Alors je vis ce que c'était; je m'assis à côté d'elle et lui dis : « Attends, laisse-moi faire ! » Elle cessa de pleurer, m'abandonna son pied de bonne grâce, me regarda seulement en dessous. Ça ne fut pas long, j'eus tout de suite cette épine, et comme je la retirai, elle siffla un petit cri entre ses dents, puis elle rabattit son foulard sur sa figure, bondit et s'en fut sans me dire merci.

A partir de ce jour, quand elle m'apercevait de loin, elle se sauvait comme devant un monstre ou un *haïdamak* (1). Et moi, j'étais content de la rencontrer. Un jour, je reviens de la ville avec ma voiture chargée lourdement, et marchant à côté de mes chevaux; elle est debout derrière une clôture. Comme je l'aperçois, elle fait le plongeon, et je vois ses yeux noirs briller à travers la claie d'osier comme ceux d'un petit chat.

Pourquoi te cacher, Kassya (2)? lui criai-je; je ne te ferai pas de mal. — En même temps j'arrêtai les chevaux. La fille ne soufflait mot. — Quelle idée as-tu donc, lui dis-je encore, de te sauver ainsi chaque fois? Je ne cours pas après toi.

(1) Brigand ou plutôt rebelle.
(2) Diminutif de Catherine.

Elle reparut, se couvrant la figure avec son bras et riant de bon cœur, la friponne. Ah! ce bec mignon, et ces dents, du corail blanc!

— Vous venez de la foire, Balaban? me dit-elle d'un petit air timide.

— C'est la vérité, Catherine.

— Ah! si je pouvais courir le monde comme vous?

— Et où iriez-vous bien, Catherine?

— Mais à la foire donc! Et je verrais toutes les villes, et la mer Noire, et tout d'abord Kolomea, dit-elle.

— Vous n'avez pas encore été à Kolomea?

— Jamais.

— Jamais?

— Je n'ai encore vu aucune ville, continua-t-elle, et elle me regardait maintenant en face. Est-il vrai qu'on y voit des deux et trois maisons posées les unes sur les autres, que les nobles s'y font voiturer dans des bottes à quatre roues, et qu'il y a une maison toute remplie de soldats?

Je lui expliquai tout cela, et elle me fit une foule de questions bien plaisantes, Dieu sait! La pauvre fille ne connaissait rien alors. Je ne pus m'empêcher de rire de ses drôleries: ça l'effraya; elle cacha de nouveau sa tête sous son bras comme une poulette. Le soleil se couchait à ce moment; je revois tout cela comme si c'était d'aujourd'hui, la route, la clôture et la jolie fille. Le ciel était tendu derrière elle comme un immense drap couleur de feu dont l'éclat me faisait baisser les yeux, et je restais là, une main appuyée sur ma voiture, et de l'autre frôlant le sable avec le manche de mon fouet.

Le dimanche suivant, je rencontre ma Catherine... pardonnez-moi si je dis *ma* Catherine, c'est une bête d'habitude,... je la rencontre donc à l'église ; je fais ma prière en conscience, la regarde seulement en dessous de temps en temps. Après la messe, au moment où la foule va sortir, il y a une presse extraordinaire autour du bénitier ; j'y arrive en jouant des coudes, et j'apporte à la jolie Catherine l'eau bénite dans le creux de ma main. Elle sourit, trempe ses doigts, se signe, m'asperge ensuite, la petite coquine, et se sauve en courant.

Depuis lors, je ne pus la chasser de ma pensée ; voilà mon malheur. Je m'étudiais à trouver des occasions de la rencontrer sans avoir l'air de le faire exprès. Mon Dieu, une histoire d'amour comme tant d'autres ! Un jour, j'avais été appelé au château pour la *robot* (1) ; je la vis qui sortait de la grande porte. Le seigneur était à sa fenêtre, en robe de chambre, et il fumait son *tchibouk*. Catherine vint se faire une occupation à côté de moi ; je ne fis pas attention. Au bout de quelques minutes : — Je m'en vais maintenant, Balaban, me dit-elle.

— Tant mieux, répondis-je à mi-voix. Que venez-vous chercher au château ? Ce n'est pas la place d'une jolie fille comme vous.

Elle rougit, je ne sais si ce fut de dépit ou de honte. — Qu'est-ce que cela peut vous faire ? reprit-elle d'un ton dégagé.

(1) Corvée ; abolie depuis 1848.

Je me troublai. — Ce que cela peut me faire ? lui dis-je sévèrement. Le diable est toujours à la porte, et je regrette toute âme que perd le bon Dieu.

— Je suis une fille pauvre, dit-elle. Qui s'intéresse à moi ? qui voudra m'épouser ? Il faut pourtant que je vive, et ce qui plaît aux autres femmes me plaît aussi. Au château je puis gagner de belles nippes, un foulard neuf, un collier de corail, voire une pelisse...

— Qu'as-tu besoin de collier, m'écriai-je, ou d'autres parures ?

— Telle que je suis, je ne plais à personne ! répondit-elle.

— Celui-là ment qui ose dire cela ! — Et le feu me monta au visage. J'étais déjà épris d'amour ; je savais maintenant ce qui me restait à faire. Je me rappelai les vieilles légendes et les chansons, où le tsar aborde la tsarevna et le pauvre pêcheur la pêcheuse, les mains pleines de beaux présents, et je mis sou sur sou en attendant le jour des Rois.

Ce soir-là, je fus le premier à me barbouiller de noir. Le *diak* m'avait prêté une nappe d'autel rouge qui me fit un beau manteau, et je me coiffai d'une immense couronne de papier doré à pointes ; je représentais le roi more, et j'avais avec moi deux bons camarades, Ivan Stepnouk et Pazorek, qui étaient les deux rois blancs, très-bien attifés aussi, puis mon cousin Yousef, celui qui est mort de la petite vérole, et qui faisait notre valet, un vrai moricaud. C'est lui qui portait les présents des rois mages.

Nous nous mîmes donc en route, entonnant à tue-tête notre chanson, et Pazorek nous précédant avec l'étoile au bout d'une longue perche. Comme nous entrâmes chez la Catherine, ce furent des cris! Les filles se dispersèrent comme une bande de perdrix; mais le père, le vieux, riait, et il prit sur la planche la bouteille d'eau-de-vie pour nous régaler. Pendant que les autres trinquaient avec lui comme il convient, je pris Catherine poliment par la main, lui fis ma révérence, et débitai mon discours. « Je te bénis, fleur d'Occident. Nous, les rois d'Orient, suivant l'étoile qui nous conduit vers notre Sauveur, nous sommes venus dans ce pays, où nous avons entendu parler de ta beauté et de ta vertu, et nous sommes entrés dans ta chaumière pour te saluer et t'offrir nos dons. » A ces mots, je fis signe à notre moricaud d'approcher, et je tirai de sa *torba* (1) un large et beau foulard rouge que je présentai à Catherine, puis j'en tirai encore trois magnifiques fils de corail rouge, que je lui présentai également. J'avais acheté tout cela de mes deniers comptants à Kolomea.

Ma Catherine baissait la tête en rougissant jusqu'à la racine des cheveux, et d'un air embarrassé serrait les deux mains entre ses genoux; mais elle dévorait le foulard et le collier des yeux. Je l'attirai près de moi sur la banquette du poêle, je déposai gentiment mes présents sur son tablier, et nous échangeâmes de beaux discours. « Belle tsarevna, lui disais-je, l'année

(1) Besace.

prochaine je vous apporte une pelisse de zibeline ou d'hermine blanche, comme vous l'ordonnerez. » Et elle répondait : « Grand roi des Mores, je ne suis pas une fille de tsar, je ne suis qu'une pauvre paysanne, et je me contenterai d'une fourrure de mouton. » Puis moi : « Tu es belle comme une fille de roi, voilà la vérité vraie. Chez nous là-bas, c'est un autre monde, un autre peuple : chaque homme a cent femmes et tout roi en a mille ; mais moi, je ne connais qu'une seule femme dont je voudrais pour toute ma vie ! »

Les autres s'étaient mis en gaieté, ils sautaient et criaient. Pazorek vint bravement arracher Catherine de son banc, et la fit tourner en rond ; mais moi, je les regardais faire sans dire un mot, et ce fut comme une souffrance étrange qui alors pour la première fois me serra le cœur. Le monde revêtit pour moi un autre aspect, tout bizarre. De même qu'il y a des gens qui perdent la vue pendant la nuit, moi je devins pour ainsi dire aveugle en plein jour. Le monde que je voyais n'était pas celui qui nous entoure ; je regardais en quelque sorte en dedans de moi-même, et la nuit je retrouvais mes yeux et voyais des visions étranges dans les champs et les bois. Dans l'air et dans l'eau, au clair de lune, je voyais des choses que personne autre ne voyait, j'entendais ce que personne n'entendait, et ce que j'éprouvais..., bien des années se sont écoulées depuis, et je n'ai pu encore trouver les mots qu'il faudrait pour vous expliquer ce que j'éprouvais alors. Mon cœur se dilatait si étrangement, se serrait tout à coup, palpitait à éclater, puis s'arrêtait... Sottises que tout cela ! — Un sourire mélancolique vint sur ses lèvres, et il balança lentement la tête pendant quelques instants.

Le surlendemain, je rencontrai Catherine sur la route. — Ah! cria-t-elle du plus loin qu'elle m'aperçut, le More a été mis à la lessive ! — Je courus pour l'attraper, mais elle m'échappa cette fois.

Nous avions toujours maintenant de longues conversations ensemble quand le hasard nous mit en présence, et j'allais aussi la voir chez elle. Les voisins commençaient à jaser. — Sais-tu ce que disent les gens? demandai-je un jour à Catherine.

— Comment le saurais-je?

— Ils disent que tu es ma maîtresse.

— Eh bien ! ne le suis-je point? dit la pauvre petite en ouvrant de grands yeux étonnés. Ne m'as-tu pas donné un foulard et un collier de corail?

Je ne répondis pas. Les voisins étaient en effet convaincus que nous en étions là, et l'on acceptait la situation... Ce fut d'ailleurs bientôt la vérité, ajouta le capitulant tout bas, en baissant les yeux et en regardant la braise à ses pieds; son visage était comme illuminé, ses prunelles semblaient transparentes, on eût dit qu'elles étaient éclairées en dedans.

IV

Les paysans avaient écouté en silence. Kolarko, les sourcils froncés et les lèvres serrées, ne perdait pas un mot; l'homme de carton et le petit Your, qui étaient assis derrière son dos, s'appuyaient l'un contre l'autre comme deux gerbes de blé; le Mongol était couché dans la cendre comme un poisson sur la plage, tellement absorbé qu'il oubliait de respirer et ne faisait que pousser de temps à autre un grand soupir.

— C'était une jolie fille, et très-bonne, cette Catherine, dit l'homme de carton en se tournant vers moi, et quelle grande dame maintenant! Des façons de tsarine, monsieur, et la beauté du diable!

— Encore à présent?

— Mais sans doute.

— Je lui ai une fois baisé la main, s'écria le petit gars, dont les yeux brillèrent; elle ôta son gant pour me présenter la main nue,... oh! une main de princesse, si blanche, si douce, une petite main comme on n'en voit pas!

— C'était une fille jolie et très-bonne, reprit à son tour le capitulant, travailleuse, gaie; elle chantait pendant qu'elle faisait son ouvrage, et elle dansait, vous auriez dit une *maïka* (1). Toujours prête à la riposte, elle avait parfois des idées bizarres comme une devineresse (2)!... Elle était plutôt grande que petite, — des cheveux bruns avec des yeux bleus, des yeux si doux, un peu endormis, et en même temps étonnés, timides, comme ceux d'un chevreuil. Lorsqu'elle me regardait, son regard me pénétrait jusqu'à la plante des pieds. Sa tête avait

---

(1) La sylphide des Karpathes.
(2) Une *vidma*, *celle qui sait*, la sorcière des Petit-Russiens.

quelque chose de... comment dirai-je? de si noble!
Dans le parc du château, il y avait une femme de
marbre, une déesse des anciens temps : c'était la
même tête, c'étaient les mêmes traits sévères,... ah!
une femme belle et gaie comme les eaux de la Czer-
nahora (1) pendant l'été. Il était difficile de ne pas
l'aimer. Elle était vraiment l'être que j'aimais le
plus au monde. Je pouvais lui parler comme j'eusse
parlé à ma mère, lui dire tout, lui confier tout; avec
elle, je n'avais ni crainte, ni honte, ni orgueil. Parfois, la voyant à l'église, immobile comme une sainte,
calme et recueillie, une ferveur inconnue s'emparait
de moi, j'aurais voulu prier, je me confessais à elle
de tout ce que j'avais sur le cœur. Elle connaissait
chaque repli de mon âme; à Catherine et à Dieu,
aucune de mes pensées n'était cachée. Et elle, elle
était pour moi comme mon enfant, comme un
oisillon que j'aurais pris dans son nid pour l'élever.
Je n'avais qu'à la regarder, elle lisait dans mes yeux
ma pensée, ma volonté... Catherine m'embrassait
comme si ma mère m'eût eu baigné dans le miel,
et plus d'une fois elle me mordit, le petit serpent...
J'étais heureux alors. — Il se mit à sourire. — Je
veux dire que, si j'y pense maintenant, j'étais alors
un homme heureux; mais je n'en avais point conscience. Il m'était impossible de me figurer que
jamais il pût en être autrement.

L'hiver se passa ainsi, et le printemps approchait.

(1) Montagne Noire, le plus haut sommet des Karpathes, situé dans le pays des Houçoules.

Depuis quelque temps déjà je sentais que Catherine n'était plus la même; elle le prenait sur un ton un peu haut. Un soir, je conduis mes chevaux à l'abreuvoir, là-bas, vous savez, près du puits, derrière les saules. Elle se fit attendre; c'était la première fois que cela lui arrivait. Puis tout à coup je la vois traverser la prairie, gentille comme une bergeronnette, balançant les cruches sur ses épaules, et fredonnant une chanson frivole (1) :

> Ce n'est point pour prier que je vais à l'église,
> Je n'y vais, s'il vous plaît, que pour voir mon amant;
> Aux pieds du saint patron modestement assise,
> Je regarde le pope une fois seulement,
> Et trois fois mon amant.

Elle chantait d'une voix franche, faisait des trilles comme une alouette, et moi, j'eus le cœur gros. Je l'embrasse, je lui parle sans amertume; elle ne trouve pas une bonne parole à me donner. Elle se dépêche de remplir ses cruches, je les lui présente, et elle les accroche à sa perche, puis les dépose de nouveau à terre.

— Bah! dit-elle enfin en jouant avec le bout du pied dans l'eau, autant que tu le saches tout de suite! Le seigneur me fait la cour.

— Le seigneur du village? — Je me sentis pâlir.

Elle inclina légèrement la tête. — Il m'appelle sa petite Kassya, il me prend la taille... et une fois il m'a déjà embrassée...

La colère me saisit; je frappai du pied.

— Ne me battez pas! s'écria-t-elle. Il me promet

---

(1) Chanson populaire du pays des Houçoules.

de belles robes, des pierres fines; à cette heure au contraire, bien souvent je n'ai pas de quoi m'acheter un ruban. Je pourrais rouler carrosse, si je voulais, à quatre chevaux comme une princesse; mais je ne veux pas... — Elle n'osait pas encore lever les yeux.

— Regarde-moi! lui dis-je.

Elle m'obéit, mais son regard était froid, craintif, incertain. — Je ne l'écoute pas lorsqu'il me parle, reprit-elle avec volubilité; je l'ai aussi menacé de le frapper, s'il m'embrasse.

— Il ne t'en a pas moins embrassée, répondis-je, et tu ne l'as point frappé.

— Je ne veux pas de lui, s'écria-t-elle; il le sait, et il s'en venge. Maintenant mon père ne peut plus le contenter en rien; il finira par lui retirer son bail, et par nous chasser du village comme des mendiants, comme des voleurs.

— Il n'en a point le droit. — Je lui expliquai ce qui en était. — Ne perds pas courage, lui dis-je. Si le bon Dieu nous donne la bénédiction, peu importe que le diable serve la messe. N'aie pas peur, ma mignonne, ma chère âme, ma petite caille! M'aimes-tu toujours? Tiens bon, reste ferme!

Alors elle fondit en larmes, et se mit à sangloter si éperdûment que le cœur me fendait de pitié. — Je ne pourrai pas, s'écria-t-elle. — Une alouette s'éleva du champ voisin. — Vois-tu l'alouette? me dit-elle tristement : elle monte au ciel; hélas! si je pouvais la suivre!

— Je t'en prie, ma petite Kassya, répondis-je, ne me dis pas ces choses-là, reste avec moi.

— Ce n'est guère possible, dit-elle avec un soupir et en s'essuyant les yeux, je ne pourrai jamais résister!

Mon cheval me tirait par le pan de mon habit comme s'il eût quelque chose à me dire; je le caressai, pauvre bête! et les larmes me vinrent aux yeux. — Au fait, pourquoi te forcer? lui dis-je. Personne ne peut rien contre sa nature.

Catherine, pendant ce temps, avait contemplé son image dans l'eau. Ah! qu'elle était belle en ce moment! C'était une *roussalka* (1) qui me guettait dans ce miroir mouvant. — Me resteras-tu fidèle? — lui demandai-je tout bas. Une peur terrible de la perdre s'emparait de moi; j'aurais voulu la supplier à genoux de ne pas me quitter... Que Dieu lui pardonne!

— Je ne t'abandonnerai pas! s'écria-t-elle en se jetant à mon cou. Ah! si j'étais belle comme l'aurore, je me lèverais sur ces champs pour éblouir tous les yeux; mais, telle que je suis, je ne sais ce qui peut lui plaire en moi. Nous nous convenons mieux, nous deux, n'est-ce pas, Balaban?

J'inclinai la tête en signe d'approbation, et j'emmenai mes chevaux sans répondre un mot.

Balaban s'arrêta. Pendant qu'il parlait, sa pipe s'était éteinte; il souleva le couvercle, déblaya les cendres avec son couteau, ajouta une pincée de tabac frais; ensuite il plaça un fragment d'amadou sur la pierre qu'il portait à la ceinture, et se mit à

---

(1) Undine des Slavons.

battre le briquet avec le dos du couteau. Les étincelles jaillirent sur l'amadou, qui prit feu en dégageant une agréable odeur âcre ; il l'introduisit dans la pipe, et en tira deux ou trois bouffées légères. — Je revis Catherine quelques jours après chez elle. Le vieux père était absent pour la *robot*, nous étions seuls. Pendant que je la serrais dans mes bras, elle tremblait, et elle m'embrassait à me faire saigner les lèvres. Tout à coup elle sourit.

— Songe un peu, dit-elle ; si je tenais là devant moi un haut et puissant seigneur comme je te tiens en ce moment, et s'il soupirait en roulant les yeux comme tu fais !

Lorsqu'elle parlait ainsi, elle joignait ses deux mains sur sa nuque, se penchait en arrière et regardait le plafond, comme en rêve. — Il y a de quoi être fière, murmurait-elle,..., un tel seigneur ! Pour les autres, le fouet,... mais moi, il me baise les mains. Tu ne me crois pas, peut-être?

Oh ! je la crus sans peine. Elle vit que les larmes m'étouffaient, et elle fut touchée sans doute ; elle m'écarta doucement les cheveux du front, et essaya de sourire. Voyant que je me taisais toujours, elle se leva enfin, et se mit à peigner sa longue chevelure. — Qu'as-tu donc ? s'écria-t-elle. Prends garde de me fâcher... — Ses yeux étincelaient de colère.

— Catherine, lui dis-je, pense à l'éternité.

A ces mots, le vieux Kolanko s'agita sur son siége improvisé, et jeta sur le capitulant un regard de pitié.

— J'y pense justement, répondit-elle. Ici-bas, la

vie est courte, là-haut nous aurons du temps devant nous.

— Et tu crois à ces choses? interrompit le centenaire.

Elle vint s'asseoir près de moi, continua le capitulant. — Que dirais-tu, Balaban, commença-t-elle, si j'étais au seigneur ici-bas, et là-haut à toi, rien qu'à toi? Là-haut nous serons tous des esprits purs, mais ici-bas je ne suis qu'une femme. — Ses yeux s'étaient contractés, et sur ses lèvres rouges errait un sourire méchant qui me donna le frisson. — Si tu avais un château, si tu pouvais me donner des servantes et des valets, une voiture avec quatre chevaux, me rapporter de la ville des pierreries et de la zibeline, comme en portent les femmes des nobles, ou même si tu étais seulement un paysan aisé, eh bien! je ne voudrais être qu'à toi seul... Tu es l'homme que j'aime le plus au monde. — Elle se pendit à mon cou, m'embrassa en pleurant.

J'étais anéanti par la douleur; je songeais comme un malheureux qui est dans les fers, qui va être exécuté, et qui ne voit de salut nulle part. — Sais-tu ce que je vais faire? lui dis-je à la fin, j'irai parmi les *haïdamaks*, je me ferai brigand, et tu auras des pierreries, de l'or, de l'argent, des fourrures de zibeline et d'hermine, tout ce que tu voudras...

— A quoi bon? reprit-elle en hochant la tête. Tu finiras par être pris et pendu. Le seigneur au contraire peut tout me donner sans courir aucun risque. Est-ce que cela ne vaut pas mieux, dis?

— Tu es bonne, Catherine! lui répondis-je.

— Certes je suis bonne; je ne veux pas que tu meures à cause de moi. — Elle me saisit par le cou et m'embrassa doucement sur les yeux, qui étaient gonflés de larmes.

A ce moment, son père rentra; il nous regarda, déposa son fléau dans un coin. J'échangeai avec lui quelques paroles de politesse, et je sortis. La soirée était belle, les étoiles brillaient au ciel; Catherine marchait à mes côtés silencieuse. A la fin, je doublai le pas : elle resta en arrière; je me mis à siffler, mais ce n'était pas de bon cœur.

Tout ceci se passa longtemps avant 1848; les servitudes et la corvée existaient encore, et le paysan souffrait beaucoup des caprices du seigneur. Il arriva une fois que je fus chargé de conduire une voiture de sel, et le voyage me prit plusieurs jours. C'était contraire à la patente impériale (1), contraire à tout droit : je ne l'ignorais pas; cependant je me soumis, et j'eus tort. Ce fut mon malheur, l'origine de mes maux. On ne doit rien faire par faiblesse; celui qui cède malgré sa raison, en dépit de sa volonté, de ses sentiments, devient insouciant de son devoir, n'est plus bon à rien. Dieu soit loué! je me suis corrigé à temps. Il faut faire son devoir : tout est là.

— Mais qu'est-ce donc que tu aurais voulu faire? dit d'un ton maussade l'homme de carton en haussant les épaules.

(1) Patente de Joseph II sur la *robot*, qui restreignit beaucoup les droits seigneuriaux.

— Ah! que ces temps étaient durs! gémit le vieux Kolanko. Lorsqu'on parlait de ses droits, le seigneur répondait en levant le bâton. Des temps terribles! Vous autres jeunes gens, vous n'en savez pas grand'chose.

— Eh bien! dis-je à mon tour, qu'advint-il pendant que vous étiez dehors avec la voiture de sel? — Je crus nécessaire d'intervenir, car je savais que nos paysans, une fois qu'on les a mis sur ce chapitre de la *robot*, ne s'arrêtent plus.

V

— Je fis donc une absence assez longue, continua Balaban. Quand je fus de retour, le mandataire (1) m'accabla de besogne, et Catherine évita de me rencontrer. Je me doutai de quoi il retournait. A la fin, le hasard nous mit un jour en face l'un de l'autre à l'église. Elle avait un foulard de soie sur la tête, à son cou un triple collier de corail, et une fourrure de mouton toute neuve, que l'on sentait à vingt pas. Elle n'osait lever les yeux sur moi, et elle était blanche comme un fourniment qu'on vient d'astiquer.

— En voilà de belles! lui dis-je. Où donc est mon foulard?

— Cherche-le! répliqua-t-elle, moitié en colère, moitié effrayée.

(1) Le mandataire ou régisseur remplace le seigneur dans l'administration de ses propriétés et dans les affaires qui ressortissent à sa juridiction.

Je la regardai dans le blanc des yeux.

— Est-ce que tu oserais me toucher? s'écria-t-elle en éclatant.

— Oh non! répondis-je; va-t-en au diable.

Parfois aussi je fus envoyé à la forêt pour abattre du bois. Là j'étais à mon aise. Quand le souffle du vent secouait les cimes et faisait ployer les herbes, que les pics frappaient sur l'écorce en mesure, qu'un milan planait sur ma tête, remuant à peine l'aile de loin en loin et poussant un cri rauque, alors je restais couché sur le dos, regardant le ciel, et n'avais plus de chagrin. Il y eut pourtant des jours où je broyais du noir; j'avais creusé un trou sous les racines d'un chêne, j'y enterrais mes économies, sou par sou, afin d'acheter un fusil. Il m'aurait fallu attendre longtemps!

Une fois dans la forêt, je fis la rencontre d'une vieille *baba* (1), la Brigitte de Toulava, qui venait cueillir du thym. Lorsqu'elle m'aperçut, elle joignit les mains. — Comment? vous êtes là, Balaban, à couper les arbres, pendant que le seigneur fait de votre Catherine sa *mentresse?*

— Ah çà! répondis-je, est-ce qu'il l'aurait prise chez lui par hasard?

— Sans doute, reprit-elle. Mon doux Jésus, quelle histoire! La femme de charge a dû quitter la maison dès le premier jour, le seigneur l'a chassée. C'est cette Catherine qui commande à présent. La semaine dernière, j'apporte des champignons à la cuisine,

---

(1) Vieille sorcière, — gâteau de Pâques.

quand je la vois entrer avec des papillotes plein la tête comme une belle dame, et une robe à traîne, et une cigarette à la bouche. Je la regarde, et ne lui baise point la main. — Est-ce qu'elle t'écorche les lèvres? crie-t-elle aussitôt, et elle me frappe du revers sur la bouche, par deux fois. — Voilà ce que me raconta la vieille, et bien d'autres choses encore : que la Catherine était logée comme une princesse, qu'elle portait des robes splendides, mangeait dans de la vaisselle d'argent, montait à cheval, et faisait fouetter les gens à cœur-joie. — Tout cela ne l'empêche pas d'être une *mentresse*, dis-je.

A cette époque, quand je me trouvais tout seul dans la forêt, je songeais plus d'une fois à me faire brigand, Dieu me pardonne le péché! à devenir un *haïdamak* qui met le feu aux châteaux et cloue les nobles par les pieds et les mains aux portes de leurs granges, comme des oiseaux de proie. Ma conscience ne voulut pas se soumettre; une voix intérieure me répétait nuit et jour: A quoi prétends-tu, toi, paysan, fils de paysan? Qu'as-tu besoin d'un fusil? Voudrais-tu seul déclarer la guerre aux hommes?... Je finis par m'apaiser, et je restai au village; mais je pris une résolution, celle de faire mon devoir strictement, et de ne rien souffrir de contraire à mon droit.

Bien, voilà qu'un jour je rencontre Kolanko, qui se traîne dans la neige comme un chien blessé. Ma Catherine l'avait fait fouetter, parce qu'il ne l'avait pas saluée avec le respect qu'elle exigeait. Je m'arrêtai, et il m'apprit...

— Figurez-vous, interrompit le centenaire, impatient de placer son mot, figurez-vous qu'elle régnait déjà en maîtresse absolue. Le seigneur avait fait venir pour elle deux professeurs; l'un était un Français. Elle apprenait tout ce que peut apprendre un scribe ou même un curé. Chaque semaine, la poste apportait un paquet de livres, et elle lisait tout, jusqu'aux gazettes, et il y en avait! Dans sa chambre était une grande boîte en bois fin, là-dessus elle apprenait à jouer de la musique; le soir, les gens s'arrêtaient sous ses fenêtres pour écouter.

Le Mongol se mit à ricaner en tisonnant avec une bûche qu'il tenait à la main. — Et dire que ces gens oublient qu'il y a une justice divine! murmura-t-il entre ses dents.

Kolanko eut un accès de toux, et on l'entendit grogner en dedans comme un chat furieux. Le capitulant regardait devant lui, son visage demeurait toujours impassible, morne, désolé. Le petit Your aux cheveux de filasse dévisageait le Mongol d'un air insolemment étonné.

— Eh bien! qu'est-ce que tu as donc à me regarder ainsi? dit celui-ci d'un ton de méfiance, en plissant sa face jaune et levant son nez fendu.

— Je me demande comment tu peux faire, compère Mongol, qu'il ne te pleuve pas dans le nez? répliqua le gars.

Toute la bande éclata de rire. Le Mongol attrapa le petit Your par l'oreille, l'attira lentement à lui, puis le lâcha de même.

— L'avez-vous regrettée, votre Catherine? demandai-je à Balaban. Avez-vous beaucoup souffert?

— Pas trop, répondit-il en tirant quelques bouffées de sa pipe. Je ne songeais guère non plus à me venger ; seulement, chaque fois que j'eus affaire aux gens du château, ma tête s'échauffait... Je voulus m'élever au-dessus de ma condition ; j'appris à lire, à écrire, à compter. Me trouvant trop vieux pour aller à l'école, je me fis donner des leçons par le *diak;* en retour, je lui apportais, soit un poulet, soit une oie grasse, ou encore du tabac de contrebande de Szigeth (1). J'avais toujours le nez dans les livres, je lisais l'Écriture, la légende des saints, la vie du tsar Ivan le Terrible, les patentes de l'impératrice Marie-Thérèse et celles de l'empereur Joseph et de l'empereur Frantsichek (2); je lisais aussi une foule de lois, et je rédigeais pour les paysans les plaintes qu'ils allaient déposer au bailliage. Oh! personne ne savait alors comme moi exciter le peuple contre les nobles, contre ces Polonais! Dans la Galicie entière, il n'y eut pas autant de procès que dans notre seul village, et tout cela me passait par les mains. Quand M. le *starosta* (3) faisait sa tournée, les gens étaient déjà postés sur la route avec leurs requêtes. Je ne perdais pas une occasion de nuire aux seigneurs ; c'était ma joie. A la fin, il est vrai, on m'appelait *gratte-papier;* mais l'on me craignait, personne n'osait s'attaquer à moi.

(1) A cette époque, la douane existait encore à la frontière de Hongrie, et la contrebande allait son train.
(2) François.
(3) Bailli de cercle.

— Il rossait les Cosaques (1) du château ! s'écria le Mongol en riant aux éclats. Il les rossait sans aucun motif, à tout propos, au cabaret, sur la grande route. — C'est parce que vous êtes de la misérable valetaille ! leur disait-il. — Voyons, Balaban,... — Êtes-vous du château, oui ou non ? — Cependant... — Le niez-vous ? — Non. — Eh bien ! alors vous méritez des coups. — Permettez, criaient les Cosaques, s'il fallait donner des coups à tous ceux qui les méritent, avant la fin du mois il ne resterait plus un coudrier dans l'empire.

Le capitulant ne put s'empêcher de sourire. — A la fin pourtant, le mandataire me fit venir ; il me reprocha d'exciter les paysans, m'appela gribouilleur, rebelle, *haïdamak*. « Qu'on l'étende sur le banc ! hurla-t-il, le visage gonflé de sang, et en se retirant derrière ses gens. — Nous serons bien avancés, répondirent les Cosaques, quand il aura assommé un de nous ! » Et personne n'osait me toucher. Alors le mandataire se précipite, soufflant de rage, les cheveux hérissés, les yeux tout blancs, et lève lui-même le bâton sur moi. Je l'attrape encore à temps, et lui tords le bras, qui craque comme une tête de pipe que l'on retire pour faire écouler le jus ; je lui enlève le bâton, le dépose dans un coin, tout cela poliment, bien entendu, car enfin c'était mon supérieur.

On me laissa maintenant tranquille pendant quelque temps, jusqu'à ce que le diable me fit rencon-

(1) Les anciens seigneurs polonais avaient leur garde armée généralement des Cosaques ; encore aujourd'hui l'uniforme des Cosaques est porté par quelques-uns des serviteurs de la maison.

trer sur la route sa grâce madame la *maîtresse*. Sa voiture était embourbée, le cocher, du haut de son siége, fouettait inutilement ses chevaux. Lorsqu'elle m'aperçut, elle se blottit dans un coin comme une chatte, et je vis qu'elle tremblait. Je regardais sans rien dire.

— Viens donner un coup de main ! me cria le cocher.

Je m'approchai, soulevai le train de derrière, poussai à la roue, puis je saisis le fouet du cocher et lui administrai une raclée pour avoir si mal conduit la dame. — A partir de ce jour, elle n'eut de repos, je l'ai su plus tard, qu'elle ne m'eût fait enrôler.

— Elle rougissait de l'avoir toujours devant les yeux, ajouta Kolanko ; alors elle le fit partir pour l'armée.

— En ce temps, c'étaient les propriétaires qui fournissaient les recrues, continua le capitulant. Je fus donc empoigné par les Cosaques et traîné dans la cour, où il y avait un piquet de bois ; on me fit mettre nu comme un ver, on me toisa ; le médecin me tapota sur la poitrine, me regarda dans la bouche, puis je fus inscrit ; c'en était fait de moi ! Ma mère se tordait aux pieds du mandataire, mon père dévorait ses larmes, et elle, elle était là-haut à sa fenêtre, et d'un œil sec me voyait debout dans sa cour, en ma misère, tel que Dieu m'a fait. Je pleurais de rage : cela ne servait de rien ; il aurait fallu de l'argent, et je n'en avais pas. On m'assermenta séance tenante, et l'on me mit sur la tête un bonnet de police. J'étais soldat. Au départ, tout le monde pleurait après nous ;

et les recrues pleuraient aussi. Chacun avait une croix suspendue sur la poitrine et un sachet rempli de terre qu'il avait prise sous le seuil de sa maison. Le tambour battit aux champs, le caporal dit : « En avant, marche ! » et nous partîmes comme des chiens couplés. Ils chantaient tous en chœur une chanson bien triste. Moi, je me taisais. Quand nous fûmes déjà loin, que le village, la forêt, le clocher, eurent disparu à l'horizon, mon parti était pris ; je me disais : Eh bien ! tu serviras l'empereur ; c'est un métier comme un autre.

— Et la vie de soldat, vous convenait-elle ? lui demandai-je.

— Je n'ai pas eu à me plaindre, monsieur, me répondit-il avec un regard d'une douceur infinie. On ne me demandait que de faire mon devoir, rien de plus ; c'était tout ce qu'il me fallait. Je fus d'abord envoyé à Kolomea, où j'appris l'exercice. Quand je sus manier le fusil, je n'avais plus qu'un désir, c'était qu'on se battît quelque part. Enfin je compris maintenant que l'ordre n'est pas absent des affaires de ce monde ; nous étions traités avec sévérité, mais avec justice. Et quand je montais la garde devant le bailliage, et que j'entendais causer entre eux les paysans qui trouvaient là aide et protection contre les Polonais, je levais les yeux sur l'aigle qui était au-dessus de la porte, et je pensais : tu n'es qu'un chétif oiseau, et tes ailes ne sont pas bien grandes ; elles suffisent cependant pour abriter tout un peuple ! Puis, les jours de parade, quand je voyais flotter sur nos têtes le drapeau jaune avec l'aigle noir au milieu, je n'avais qu'à le regarder pour me sentir tout fier.

Au régiment, comme chez nous au village, nous tenons ferme ensemble : tous pour chacun, et chacun pour tous ! On aide les braves gens, et les gredins sont punis, mais cela se passe en famille. La nuit, quand les officiers sont couchés dans leurs quartiers et messieurs les sergents auprès de leurs femmes, on s'assemble en *catimini* pour juger les voleurs, les filous, les grecs, les ivrognes, qui déshonorent la compagnie, et je vous jure que cette justice est plus efficace que les fers du prévôt.

Une année se passa ainsi ; alors il fallut un beau jour faire nos havre-sacs et nous rendre en Hongrie, puis de Hongrie en Bohême, et de Bohême en Styrie. Sous les drapeaux, on finit par voir de la sorte une foule de pays, qui tous sont à notre empereur, et des hommes très-divers ; on devient modeste en découvrant que tout n'est pas parfait à la maison. Je trouvai là plus de bien-être, plus de justice et d'humanité, plus de civilisation (1) que chez nous. J'appris à connaître l'allemand et le tchèque, dont le langage ressemble au nôtre. Je vis saint Népomucène couché dans son cercueil d'argent, et le rocher où le roi l'avait tenu enfermé, et le pont de pierre d'où il fut précipité dans l'eau : on dit qu'au-dessus de sa tête on vit nager cinq étoiles flamboyantes. En Styrie, j'ai rencontré des hommes qui ont deux cous...

Je ne pus m'empêcher de rire à ce détail : Balaban s'en aperçut, et devint silencieux.

(1) Ce mot est familier aux paysans de la Galicie ; à la diète de 1861, il revenait souvent dans la bouche de leurs députés.

— Je me rappelle encore le jour où vous êtes revenu pour la première fois au village en congé, dit Kolanko. La veste blanche à parements bleus vous allait diablement bien ; les femmes vous suivaient des yeux et chuchotaient... Mais ce Balaban ne se souciait pas des femmes !

— Vous savez, monsieur, dit le capitulant en s'adressant à moi, qu'en ce temps-là nos soldats pleuraient lorsqu'ils partaient en congé. Au régiment, on les avait habitués à l'ordre, à la justice, au point d'honneur ; à la maison, ils retrouvaient la servitude, la *robot*, l'arbitraire. Le jour de la distribution des congés, personne ne répondit à l'appel ; moi seul, je ne sais ce qui me prit, je sortis des rangs : tout le monde me regarda. Enfin je partis donc pour mon village.

Lorsque j'entrai chez mon père avec mon manteau gris et mon bonnet de police, il leva les yeux et approcha sa main tremblante de ses cheveux de neige. Je lui baisai la main.

— Je suis content que tu sois venu, me dit-il.

Puis vint la mère, qui poussa un cri, riant et pleurant tout à la fois. Je leur parlai du régiment et des pays où j'avais été en garnison ; ils me donnèrent des nouvelles du village. Les voisins arrivèrent ; on but beaucoup d'eau-de-vie ce jour-là.

Tout m'était indifférent ; je me promenais comme un homme malade. Personne ne me dit rien ; de mon côté je n'osais pas questionner. Ce silence me disait que le comte devait avoir chassé Catherine ; en tout cas, il ne tarderait pas à le faire. Je le souhaitais presque. J'aurais voulu la voir dans la détresse, accablée de misère et de honte, et alors, malgré tout, je lui aurais tendu la main.

Le dimanche, pendant la grand'messe, je lève par hasard les yeux vers le chœur, — j'y aperçois Catherine en toilette. Elle était toujours belle, plus belle même qu'autrefois, mais pâle, maladive, fatiguée, avec des cercles noirs autour des yeux comme une mourante. — La figure du capitulant s'était étrangement illuminée d'un éclat tranquille. — Le sang s'arrêta dans mes veines, continua-t-il. « Qui est cette belle dame? » demandai-je à un jeune homme qui ne me connaissait pas. Il me regarda d'un air hébété. « C'est la dame du château, la femme de notre seigneur », me répondit-il. C'était la vérité : le comte l'avait épousée en bonne forme, à l'église; il avait raison, ma foi! — Il eut un sourire. — Je pouvais la rencontrer à chaque instant; à quoi bon? J'allai donc travailler dans un autre village. Tout n'était-il pas fini entre nous?

VI

Il se tut. Ses bras pendaient inertes, sa tête s'était penchée en avant, et il regardait fixement le brasier; ses traits de bronze avaient repris leur expression de sévérité impassible, dans ses yeux brûlait un feu contenu. Le silence était profond autour de nous ; la nuit couvrait le paysage de son voile mystérieux. — Est-ce que votre histoire se termine là? demandai-je après une pause.

— Oui, répondit timidement le capitulant.

— Et vous n'avez jamais cherché à vous venger?

— Pourquoi? dit-il à demi-voix. Cela devait arriver. A qui voulez-vous que je m'en prenne, si je suis un homme et si elle est femme?

— Alors vous n'avez jamais eu votre revanche?

— Si, dit-il après avoir réfléchi un peu. Ce fut en 46, au mois de février, l'année où notre pays a tant souffert par suite de la révolution polonaise. Je me trouvais encore en congé. L'hiver était rude; dans la nuit, il était tombé beaucoup de neige, et il n'y avait plus de route... Attendez! cela vient plus tard. Il faut d'abord remonter un peu plus haut. Depuis longtemps, le pays était en émoi; les propriétaires allaient et venaient dans leurs voitures, on parlait d'armes cachées. Un jour, il y avait pas mal de paysans réunis au cabaret de Toulava, parmi eux le juge, lorsqu'on voit entrer le seigneur, qui leur dit : « Voulez-vous prendre parti pour nous autres, ou de quel bord êtes-vous? Si vous êtes pour nous, réunissez-vous tous cette nuit derrière l'église; je vous amènerai des tireurs avec des carabines, et je marcherai à votre tête. » — Le juge répondit : « Nous ne sommes pas pour vous; nous sommes avec Dieu et avec notre empereur! » Là-dessus, le seigneur s'en va, et le juge dit aux paysans : « Mes enfants, j'espère que personne de vous n'ira soutenir ces bourreaux, ces nobles! »

Notre seigneur, — le même qui avait épousé ma Catherine, — avait aussi laissé un papier sur la table du cabaret. Tous l'examinèrent, mais personne ne savait lire. Alors le juge leur dit : « Allez chercher Balaban ; c'est un vieux troupier, il n'ignore pas sans doute de quoi il retourne là-dedans. » J'arrivai donc, et je leur en fis la lecture. En tête, il y avait : *A tous les Polonais qui savent lire* (1). Cela me fit rire aux éclats, car d'abord il n'y avait pas un Polonais parmi nous, et ensuite pas un qui sût lire, moi excepté. Vous vous rappelez sans doute ces comédies. — « La servitude et la *robot*, nous disait-on, avaient eu pour origine la violence et l'injustice, car autrefois tous les hommes avaient été égaux, et les nobles avaient été des cultivateurs comme nous ; ils nous avaient assujettis et avaient fini par vendre la terre au Moscovite, au Prussien et à l'empereur, dont les fonctionnaires allemands, de concert avec les nobles, écorchaient et pressuraient le paysan. L'empereur ne connaissait point le paysan polonais, et lui vendait fort cher le sel et le tabac, afin de vivre grassement à Vienne. Il n'y avait plus d'espoir qu'en Dieu, mais il fallait que tout le monde prît les armes. Les nobles reconnaissaient leurs torts, ils étaient prêts à marcher avec les campagnes contre l'empereur pour chasser tous ses fonctionnaires. »

Il y avait du vrai dans ces raisonnements, et cela nous plut ; cependant, nous disions-nous, qui est-ce qui nous opprime, sinon les nobles, et qui nous protége tant bien que mal, si ce n'est les fonctionnaires et notre empereur ? Et personne ne voulut avoir affaire aux Polonais. — Si vous écoutez les nobles,

(1) Titre d'un manifeste du comité national de 1846.

leur disais-je, viendront-ils labourer avec vous comme vous labourez maintenant avec vos bœufs? A tout hasard, prenons rendez-vous pour ce soir au cabaret.

La nuit arriva. J'ai déjà dit que l'hiver était rude, à peu près comme cette année, et qu'il était tombé beaucoup de neige depuis quelques jours. Plus de routes, plus de chemins, les forêts seules se détachaient comme des murailles noires dans la nuit blanche et claire. Nous étions réunis à l'auberge, et chacun avait apporté son fléau ou sa faux redressée. Sur le minuit, je pris avec moi une troupe de paysans pour faire la patrouille. « Tenons ferme, leur disais-je pour les rassurer, et nous n'aurons rien à craindre de ces rebelles. » Là-dessus arrivaient déjà plusieurs traîneaux avec des nobles et des fermiers et d'autres gredins qui se rendaient tous au château. En nous apercevant, ils arrêtent, et l'un d'eux nous crie de faire cause commune avec eux, que la révolution a éclaté, que le paysan est libre et la *robot* abolie, enfin qu'on nous livre les caisses impériales et les Juifs. « Il n'y a point de traître ici, répliquai-je d'une voix éclatante; nous restons fidèles à Dieu et à l'empereur. » Je n'avais pas fini que déjà les Polonais tirèrent sur nous; je reçus plusieurs grains de plomb dans le corps, un paysan eut une balle dans le pied. « Hardi! criai-je, hardi, camarades! en avant! » Nous courons sus aux Polonais, nous les arrachons de leurs traîneaux et les faisons tous prisonniers; un seul d'entre eux, qui voulut résister, reçut de moi un coup sur la tête, il n'y eut pas d'autres blessés. On entendait aussi une fusillade du côté de l'auberge. J'y courus en toute hâte, mais, lorsque j'arrivai, tout était déjà terminé. Un noble, du nom de Bobroski, gisait dans la neige ensanglanté ; notre seigneur était debout au milieu des paysans, qui tapaient sur lui à bras raccourcis : sans moi, ils l'auraient assommé, le sang lui coulait déjà par la figure. Je le sauvai.

— Vous?

— Moi, monsieur. J'avoue que je regrettais que les paysans ne l'eussent pas tué ; mais, une fois là, je ne pouvais pas le permettre. Les Polonais auraient dit que c'était une vengeance ; c'eût été une vilaine tache pour notre cause. On se contenta de lui lier les pieds et les mains comme aux autres, puis on les jeta dans leurs traîneaux, et l'on transporta toute la noble racaille au bailliage de Kolomea, où je livrai une vingtaine de prisonniers, ainsi que leur argent, leurs montres et leurs bijoux... Ah! monsieur, quels souvenirs! La guerre du pauvre contre ses oppresseurs, mais partout l'ordre et la discipline ; nous gardions tous les carrefours ; au bailliage, on voyait entrer des paysans en sarrau troué, qui tiraient de leur poche des billets de mille et les déposaient fidèlement. On essuyait les coups de feu et l'on se bornait à désarmer les seigneurs. Chacun de nous eût volontiers donné son sang, chacun croyait qu'à l'avenir il n'y aurait plus de distinctions, que tous les hommes allaient être égaux !... Puis, dans l'ouest, les paysans polonais commencèrent à assassiner, et il vint beaucoup de troupes dans le pays ;

tout tourna autrement que nous ne l'avions pensé. Deux ans plus tard cependant la servitude a été abolie, et à cette heure le paysan est un homme libre.

— Et votre seigneur, qu'est-il devenu? demandai-je.

— Il fut enfermé dans une forteresse, répondit Kolanko; sa femme se consola pendant son absence avec un voisin, puis en 1848 il fut relâché avec les autres rebelles polonais.

— C'est vers ce temps que je pris ma seconde capitulation (1), dit Balaban. Je fis la guerre de Hongrie; au cœur de l'hiver, nous passâmes les monts Krapacks; on se battit à Kaschau, à Tarczal; puis nous gagnâmes la grande bataille de Kapolna et celle d'Iszeszeg. Ensuite il fallut nous replier; l'hiver fut terrible, beaucoup de nos hommes restèrent sur le bord des chemins, engourdis par le froid, et s'y endormirent, le sourire aux lèvres. Enfin nous donnâmes encore une fois la chasse aux Magyars, jusqu'à ce que Kossuth s'échappât de la Hongrie comme un écureuil s'échappe de la forêt..... Des temps mémorables, monsieur! Les camarades tombèrent les uns après les autres, celui-ci par la balle, celui-là sous un coup de sabre; tel autre s'est noyé ou est mort sur la route après avoir embrassé son sachet de terre natale. Les survivants se félicitaient, moi seul je ne tenais point à la vie, et je me pris à douter de tout. Où donc y avait-il une justice?...

(1) Que je repris du service après avoir fait deux congés.

Puis je revins au village avec mon congé quand mon père était mort.

— Ce n'est pas pour elle que vous êtes revenu?

— Comment? dit-il en haussant les épaules. Moi, un soldat licencié, et elle, une grande dame!.. J'avais donc perdu mon père, et ma mère aussi; j'étais seul. La terre était libre; mais tout était vendu, il me restait la chaumière et quelques arbres fruitiers. Bel héritage, hein? Qu'y faire pourtant!

J'avais toujours eu un faible pour l'éducation des bêtes. Je me mis à étudier les abeilles, et j'eus un beau rucher derrière ma maison, — vous le connaissez; puis j'élevai deux superbes chiens, de vrais loups, — le père d'ailleurs est un loup véritable, je l'ai connu, — deux beaux crocottes gris avec des yeux d'où sortent des flammes la nuit, et j'acceptai le poste de garde champêtre de ma commune. J'ai aussi un beau chat, — il se mit à sourire, comme fait tout paysan galicien lorsqu'il parle des chats, — je l'ai sauvé de l'eau; vous le connaissez bien, mon Matchek.

— C'est ces chiens-là qu'il faut voir, monsieur! dit l'homme de carton d'un air d'admiration où perçait l'envie.

— Il les mérite bien, le capitulant! s'écria Kolanko. Jamais la commune n'avait encore eu un garde comme lui!

— Je vous en prie, interrompit Balaban, n'importunez pas monsieur avec ces choses-là.

— Mais non, m'écriai-je, tout ce qui vous concerne m'intéresse beaucoup.

— C'est trop d'honneur.

— En voilà un qui sait faire son devoir, dit gravement l'homme de carton ; je ne flatte personne, mais ce qui est vrai est vrai. Les voleurs le craignent comme le feu, les ivrognes sont dégrisés s'ils le rencontrent la nuit. Lorsqu'il se présente pour faire rentrer l'impôt, il obtient plus que ne ferait un exécuteur avec vingt hommes.

— Aux élections pour la diète, c'est lui qu'on écoute plutôt que le juge ou le commissaire, appuya le Mongol. Si vous voulez être député du cercle, monsieur, adressez-vous au capitulant ; il fait des paysans ce qu'il veut.

— Je vous en prie, mes amis, interrompit encore Balaban avec humilité ; faire notre devoir, n'est-ce pas la seule chose qui nous reste finalement ?

— Moi, je ne dis rien, glapit Kolanko ; mais il faut voir les femmes ! Oh ! io ! io ! Par malheur, Balaban est un *mouraliste*. Nous avons au village une rousse, belle comme l'étoile du matin, qui pourrait facilement passer pour une comtesse, mais un peu légère. Un soir donc, il la rencontre qui s'échappe du village au clair de lune. « Tu cours encore après quelqu'un, lui dit-il en l'abordant ; où cela te mènera-t-il ? S'il arrive un malheur, il te lâchera. Tu ferais bien mieux de te marier. » — Elle de rire : elle ne prendra pas le premier venu ; mais si lui, Balaban, veut l'avoir pour femme, il n'a qu'à dire un mot.

— Et lui ?

— Il hoche la tête et continue son sermon.

— Puisqu'il ne veut pas se marier ! dit Mrak, qui avait jusque-là écouté en silence, et qui reprit maintenant sa faction.

— Aïe ! aïe ! il aime encore *l'autre*, — s'écria tout à coup le Juif, qui avait fini par s'éveiller et s'était approché en sourdine. Sa face bêtement astucieuse grimaçait un vilain sourire.

— Mon cher, répliqua le capitulant, ta tête est un bain de vapeur où ta langue sue des sottises.

Tout le monde riait ; mon Juif me jeta un regard de reproche, tira ses manches, passa la main sur ses genoux, puis, contre son habitude, alla tarabuster ses chevaux, qui n'en pouvaient mais.

— Est-ce vrai ? dit gravement Kolanko à Balaban en le touchant du coude.

— Est-ce vrai que tu ne peux pas l'oublier ? répéta l'homme de carton d'une voix hésitante.

Le capitulant ne répondit pas. Un voile de tristesse était sur sa douce et honnête figure ; ses yeux avaient de nouveau ce regard humide, profond, qui vous remuait étrangement. Il y eut une pause, pendant laquelle on n'entendait que le pétillement de la flamme.

— Bêtises que tout cela ! s'écria enfin le Mongol.

— Tu devrais lui cracher au visage, à cette jolie comtesse de Zavale, éclata l'homme de carton.

— Qu'est-ce qui vous prend donc ? dit froidement le capitulant. — Il était très pâle, et l'émotion avait contracté ses sourcils. — Tout cela n'a rien que de naturel... La pauvre fille avait trop de mal ; elle vit qu'elle pouvait tout à coup passer grande dame,...

et puis notre seigneur était un bel homme. Je n'étais qu'un pis-aller. Il ne faut pas prendre ces choses du côté du cœur : entre l'homme et la femme, le cœur ne vient qu'en seconde ligne. Raisonnons un peu. Lorsqu'une femme vous plaît, que préférez-vous ? Qu'elle soit à vous, même en résistant un peu ? ou posséder son cœur pendant qu'elle se donne à un autre ? Allez ! j'ai eu le temps de méditer sur toutes ces questions. Ce n'est pas le cœur qui parle le plus haut. Ensuite, dites-moi, entre l'homme et la femme, comme partout, de quoi s'agit-il au fond ? Tout uniment de la vie ! comprenez-vous ?

— Non.

— Eh bien ! voyez-vous, la seule chose que m'ait apprise ma carrière de soldat, c'est de mépriser la mort ; mieux vaudrait encore apprendre à l'aimer, à la souhaiter. C'est l'amour de la vie qui est la source de tous nos malheurs ; si misérable que soit cette vie, pour vivre on fait tout. Fusillez-moi, si un mot de ce que je dis n'est pas vrai. Or la femme ne vit que de l'amour de l'homme.

Kolanko approuvait de la tête. — Laissez-moi dire un mot à mon tour, s'écria-t-il en brandissant son traversin rayé ; vous parlez toujours, vous autres. Laissez-moi aussi placer mon mot.

— Eh bien ! parle.

— Ah ça ! qu'est-ce que je voulais déjà ?..

— A présent, il ne sait plus ce qu'il veut dire.

— Je disais donc... — Le bonhomme resta court encore une fois. On riait. — Oui, oui, riez toujours ! J'y suis maintenant, reprit-il avec une visible satisfaction. C'est cela. Il faut que la femme vive, elle aussi ; comment faire ? La nature ne l'a pas douée pour le travail ; alors elle cherche à vivre à nos dépens. Que ne faut-il pas qu'un homme fasse pour arriver ! Une jeune fille n'a qu'à montrer son minois et le reste, et petite paysanne devient grande dame. Est-ce la vérité ?

— Oui, oui, c'est la vérité !

— La femme est notre perdition, reprit le capitulant. Ce n'est pas elle qui cherche l'homme, c'est l'homme qui cherche la femme ; voilà l'avantage qu'elle a sur lui, car ce sera elle qui dressera le compte. Si quelqu'un est dans l'eau jusqu'au cou, en train de se noyer, et vous pouvez le sauver, il a sur lui une bourse garnie d'or, il vous la jettera bien volontiers. Une femme avisée ne se contente pas de la bourse, elle traîne l'homme devant l'autel. Y êtes-vous ? Voilà pourquoi deux femmes ne s'entendent pas mieux que deux tailleurs ou deux vanniers ; chacune voudrait placer sa petite marchandise le plus avantageusement possible, — et elle n'a pas tort. Est-ce que la femme n'est pas estimée selon le mari qu'elle a ? Une paysanne qui épouse un comte ne devient-elle pas comtesse ? Comprenez-vous maintenant ?

— Tout cela ne m'explique pas, dit Mrak d'un air maussade, comment tu peux toujours aimer la dame de Zavale, cette Catherine qui t'a si lâchement trahi.

— Tu ne le comprendras jamais, répondit le capitulant d'un ton sec.

— Pourtant, dis-je à mi-voix, aucune femme ne vaut ce qu'un homme souffre pour elle!

— Sans doute, monsieur; aucune femme ne mérite le sentiment qu'elle inspire, — excepté une mère; mais, pour revenir à l'autre, — quel est donc son crime? Je ne suis pas né sous une heureuse étoile, voilà tout. Et puis d'ailleurs tant d'autres, qui ont aimé et ont pu se marier, où en sont-ils à présent? Si elle était devenue ma femme, j'aurais peut-être fini par la battre... L'un vaut l'autre...

Je hochai la tête.

— Qu'est-ce qui vous étonne, monsieur?

— Que vous ne parliez que de cet amour matériel, tandis que vous donnez vous-même l'exemple d'un sentiment bien différent.

— Je n'ai rien dit contre l'amour désintéressé; ce n'est point moi qui le blâmerai. Un homme peut bien donner son cœur, si cela lui fait plaisir; pourquoi pas? Une femme ne le peut pas. Mon cheval aussi me regarde avec des yeux presque humains, comme s'il voulait me parler, mais il ne peut que me caresser; il en semble tout attristé, et pourtant demain il portera tout aussi galment un autre cavalier. Faut-il leur en faire un crime? Celui qui a un pareil amour au cœur doit se résigner à temps, ou bien s'attendre à être dupé de la belle façon, car la femme traite l'amour comme le Juif son commerce.

— Qu'est-ce que vous dites là des Juifs? chevrota mon cocher.

Balaban le regarda et cracha. — Toute notre sagesse, dit-il enfin, se résume dans ces mots : renoncer, souffrir, se taire. Et ne vous étonnez pas si je n'ai pu oublier cette Catherine. L'amour ne se raisonne pas : il supporte tout et il résiste à tout, à la raillerie, aux coups, à la cruauté et à l'indifférence ; le temps, qui détruit tout, ne peut pas le détruire.

— Vous auriez fait un excellent mari, dit le centenaire après une pause. Pourquoi ne vous décidez-vous pas à prendre femme? Chacun serait heureux de vous donner sa fille avec du bien au soleil et des deniers comptants.

— Comment pourrais-je me marier? repartit Balaban. Pour la première fois, je viens de vous parler à cœur ouvert ; vous me connaissez à présent : puis-je aimer une autre femme? et, si je ne l'aime pas, à quoi bon une femme?

— A y regarder de plus près, tu as raison, ajouta Kolanko ; d'autant que tout passe avec le temps!

— Tout ne passe pas ! dit le capitulant avec un beau regard lumineux... Et pourtant, ajouta-t-il un moment après en soupirant, vous avez dit vrai. Même nos sentiments s'affaiblissent ; ce qui d'abord nous a fait de la peine nous réjouit presque plus tard. C'est une triste découverte lorsqu'on se dit enfin : Ce que tu éprouves ne doit pas durer. Ai-je assez pleuré quand j'ai enterré mes parents ! Et maintenant il m'arrive de rêver que je bois de l'eau-de-vie avec mon père, et qu'il est gris... Qu'en pensez-vous?... Ou bien savoir d'avance que ce qui est aujourd'hui ne sera peut-être plus l'année prochaine ! Tout passe, comme ces nuages qui disparaissent au couchant,...

et nos maux aussi. La volonté peut tout, mais elle ne peut rien contre la maladie et la mort. Quand le samedi, après le rapport, le sergent-major effaçait une semaine du calendrier, cela m'attristait toujours, et pourtant plus triste que la vanité de la vie et la fuite du temps est le changement qui se fait en nous-mêmes; n'est-ce pas mourir en détail? Tout change autour de nous : les yeux de l'enfant voient un autre monde que celui que verra l'homme fait; comment pourrions-nous rester toujours les mêmes? et de quel droit reprocher aux autres de changer?

Il se tut. Un moment, le silence fut complet; puis on entendit tout au loin le tintement faible et plaintif d'une clochette. — C'est quelqu'un qui se meurt, dit le vieillard, et il se signa.

— Où avez-vous l'esprit? s'écria Mrak; c'est la *szlachta* (1) qui revient de Toulava, où ils ont encore conspiré. Attention!

Le capitulant se leva, éteignit sa pipe et la cacha dans sa botte, ensuite il s'éloigna de quelques pas, s'arrêta, ôta son bonnet, aspira l'air frais, étendit la main. La clochette se rapprochait de plus en plus. Il remit son bonnet. — Le temps s'adoucit, dit-il, le vent a tourné.

Il revint vers le feu, saisit son fusil. — Eh bien! mes amis, faisons notre devoir!

Tous furent debout en un clin d'œil et se groupèrent autour du capitulant avec leurs fléaux et leurs faux.

(1) Noblesse.

— Un traîneau ! Garde à vous ! cria Mrak, qui était à son poste.

Le tintement désolé résonnait tout près de nous, on entendait claquer le fouet du cocher et hennir les chevaux. — Halte-là ! cria la sentinelle.

— Halte-là ! répétèrent les autres, et ils arrivèrent en courant.

Le traîneau s'était arrêté. Écartant les peaux d'ours qui la couvraient, une femme vêtue d'une riche pelisse se dressa sur ses pieds. Lorsqu'elle eut soulevé la voilette de son capuchon, je pus voir qu'elle était très-belle, mais horriblement pâle. Ses yeux bleus étincelaient de colère. — Que me voulez-vous ? s'écria-t-elle d'une voix étouffée.

— Passeport !
— Je n'en ai pas.
— Légitimation !
— Je n'en ai pas.
— Alors je vous arrête, dit Mrak, et il saisit les chevaux par la bride.

A ce moment, le capitulant s'avança, le fusil sur l'épaule, et tira Mrak à l'écart. On l'entoura, les têtes se rapprochèrent. — Laissons-la partir ! dit à mi-voix Balaban.

— La laisser... sans passeport... pourquoi ?
— Je la connais, reprit-il ; laissez-la partir.
— Je crois sans peine que tu la connais ! dit alors le vieux Kolanko avec un regard singulier. Vous pouvez la laisser partir, mes enfants.

Le capitulant était retourné près du feu, et tisonnait dans la braise. Les autres le suivirent un à un.

— Allez! dit d'un ton railleur la sentinelle.

La dame retomba dans ses fourrures, le cocher fit claquer son fouet, le traîneau s'envola sur la nappe de neige. Mon Juif riait dans sa barbe.

— Qui était-ce? demandai-je à voix basse à mes voisins.

— Elle.

— Elle?

L'homme de carton répondit oui par un signe de tête en tourmentant une bûche.

— C'était la femme du seigneur de Zavale, murmura Kolanko, celle qu'il a aimée et qu'il aime encore.

Il y eut un long silence; puis, l'homme de carton dit : — On prétend qu'elle n'est pas heureuse avec lui; elle est toujours entourée de courtisans. Avez-vous vu comme elle était pâle?

— Regardez-moi son traîneau, et l'attelage! dit le capitulant. N'a-t-elle pas ses krakouses (1) et ses Cosaques? Les grands seigneurs lui baisent la main. Pourquoi ne serait-elle pas heureuse?

(1) Chez les propriétaires polonais, le cocher et le palefrenier portent généralement le coquet costume des paysans de Cracovie.

CLAIR DE LUNE

I

C'était par une claire et tiède nuit d'août : je revenais de la montagne, le fusil sur l'épaule ; mon grand chien noir, de race anglaise, me suivait fatigué, tirant la langue. Nous avions perdu la route. Plus d'une fois, je m'arrêtai pour m'orienter ; le chien alors s'asseyait et me regardait.

Devant nous s'étendait un pays doucement ondulé de collines boisées. Au-dessus des arbres noirs se montrait le disque rouge de feu de la lune dans son plein. D'orient en occident, tranquille et majestueux, coulait le fleuve scintillant des étoiles ; au nord, la Grande-Ourse brillait tout près de l'horizon. De légères vapeurs montaient d'un petit marais bordé de saules, où tremblait une lumière verdâtre ; dans les roseaux se faisait entendre la voix plaintive du butor. A mesure que nous avancions, le paysage s'éclairait de plus en plus ; les rideaux d'arbres s'effaçaient des deux côtés, et la plaine s'étalait sous nos yeux comme une mer verte au sein de laquelle flottait, semblable à un navire avec ses voiles dehors, une maison blanche entourée de hauts peupliers. De temps à autre, la brise m'apportait un son chargé d'une pénétrante mélancolie. Je reconnus bientôt des fragments de la sonate du *Clair de lune* de Beethoven. C'étaient des larmes qui se répandaient en sons ; tout à coup une dissonance désespérée, puis l'instrument se tut. Une centaine de pas me séparaient encore de la petite maison solitaire, dont les peupliers bruissaient tristement. Un chien agitait sa chaîne ; au loin, un ruisseau murmurait sa mélancolique chanson.

Je vis paraître une femme sur le perron. Elle vint s'accouder sur la balustrade, et ses regards sondèrent l'obscurité de la nuit. Elle était grande et svelte ; son visage pâle semblait devenir phosphorescent sous les rayons de la lune ; des cheveux noirs ramassés en un nœud magnifique retombaient sur ses épaules blanches. Le bruit de mes pas ayant frappé son oreille, elle se redressa, et comme je m'arrêtai au pied du perron, elle fixa sur moi deux grands yeux noirs humides. J'exposai mon cas ; il me fallait un gîte pour la nuit.

— Tout ce qui est à nous, monsieur, répondit une voix douce et profonde, est à votre disposition. Nous n'avons pas souvent le plaisir de recevoir un hôte chez nous. Montez.

Je gravis les marches de bois vermoulu, je pressai la petite main tremblante qui me fut tendue, et je suivis mon guide dans l'intérieur de la maison.

Elle me conduisit dans une vaste pièce carrée

dont les murs étaient blanchis à la chaux, et qui avait pour tout ameublement une vieille table de jeu et cinq chaises de bois. La table était boiteuse; une des chaises, chargée d'une pile de moellons, soutenait le coin défectueux. Quatre personnes, assises autour de cette table, jouaient aux tarots. Le propriétaire, un bonhomme trapu, aux traits fermes et obtus, avec des yeux bleus, petits et enfoncés, une moustache courte et sèche et des cheveux blonds taillés en brosse, se leva pour me saluer, et, gardant sa pipe entre ses dents, me tendit la main. Pendant que je répétais mon histoire et ma requête, il assembla son jeu en faisant de la tête un signe d'assentiment, puis se rassit et ne fit plus attention à moi.

Sa femme avait été dans la pièce voisine chercher un siège qu'elle plaça près du coin dangereux; elle nous quitta ensuite pour donner des ordres, et j'eus tout loisir pour examiner la société.

Il y avait là d'abord le pope du village voisin, véritable athlète à cou de taureau, à face idiote, que l'eau-de-vie avait colorée de toutes les nuances possibles de rouge. Un sourire de pitié y était comme incrusté; de temps en temps il prenait du tabac dans une tabatière ovale en écorce, et en bourrait son large nez retroussé, puis il tirait de sa poche un mouchoir bleu à ramages fantastiques, et s'essuyait la bouche. Il avait à côté de lui un voisin de notre hôte, un fermier bon vivant, en polonaise noire, qui ne cessait de chantonner du nez et fumait des cigares de contrebande très-forts.

9

Le troisième personnage était un officier de hussards, aux cheveux clair-semés, à la moustache noire et roide. Il semblait là en quartier, et s'était mis à son aise : il avait ôté sa cravate et déboutonné son veston d'été aux parements déteints. Il jouait avec un sérieux impassible ; seulement, lorsqu'il perdait, il tirait de formidables bouffées, et sa main droite battait le rappel sur la table. On m'invita à prendre part au jeu ; je m'excusai, prétextant ma fatigue. Bientôt on nous apporta des viandes froides et du vin.

La barina revint, prit place dans un petit fauteuil brun que le Cosaque roula dans la salle, et alluma une cigarette. Elle trempa ses lèvres dans mon verre, et me l'offrit avec un sourire engageant. Nous causâmes ; je lui parlai de la sonate qu'elle venait de jouer avec tant d'expression, du dernier roman de Tourguénef, de la troupe russe qui avait donné quelques représentations à Kolomea, de la récolte, des élections communales, de nos paysans qui commencent à boire du café, de l'augmentation du nombre des charrues dans le village depuis l'abolition de la corvée. Elle se prit à rire et se retourna sur son fauteuil. La lune l'éclairait en plein. Tout à coup elle se tut, ferma les yeux ; au bout de quelques minutes, elle se plaignit d'un accès de migraine, et se retira. Je sifflai mon chien, et pris congé de mon hôte.

Le Cosaque me fit traverser la cour. Après quelques pas, il s'arrêta, et se mit à regarder la lune avec un sourire niais. — Quelle puissance ça vous a sur les hommes et sur les bêtes! dit-il. Notre Betyar hurle toute la nuit, et le chat fait du vacarme sur le toit, et quand notre cuisinière a la lune dans la figure, elle parle en rêve et prédit l'avenir, — aussi vrai que j'aime ma mère.

Ma chambre, située en arrière, donnait sur le jardin, d'où une rampe étroite montait jusque sous ma fenêtre. J'ouvris la croisée, et m'y installai pour contempler le paysage. La lune, du haut d'un ciel noir que ne voilait pas la moindre vapeur, versait des torrents de clarté; le monde mystérieux de sa surface estompait ses contours sur le disque argenté, comme on voit les dessins d'un globe de cristal illuminé en dedans. Les étoiles ne se montraient que par éclairs, comme de petites étincelles qui s'éteignent aussitôt. La plaine somnolente s'étendait sans bornes du côté du levant. Par-dessus le mur du jardin se penchaient de gros panouils de maïs d'un blanc de lait, et au loin se déroulait un vaste échiquier où le blé doré alternait avec le sarrasin noir et avec des prés d'un vert sombre. Çà et là des gerbes s'entassaient comme les chaumières d'un village. A l'horizon se détachait un feu solitaire dont la fumée montait lentement vers le ciel; parfois j'y voyais glisser des ombres, puis j'entendais plus près de moi un faible tintement de clochettes, et je distinguais les silhouettes étranges de chevaux qui paissaient et qui avaient les pieds de devant liés par une corde. Sur d'autres points résonnait la faux, et d'énormes meules de foin brillaient dans une moite vapeur; sur les prairies humides, des puits à levier dessinaient leurs maigres charpentes, et la petite rivière y cheminait avec un cortége de mares qui étincelaient dans la nuit.

Un beau chat blanc traversa le jardin, franchit le mur, et alla se promener avec de petits miaulements sur le bord de l'étang, que des lentilles d'eau couvraient d'une nappe de dentelle verte où flamboyaient des nénufars blancs et jaunes; puis, le long des roseaux, il s'achemina vers la forêt, qui semblait enveloppée dans une gaze d'argent. Dans les buissons, les rossignols chantaient; il y en avait un dans le jardin, tout près de moi, dont les sanglots avaient une pénétrante douceur. Malgré le feuillage touffu qui arrêtait les rayons au passage, l'herbe semblait lumineuse, et les fleurs du jardin brillaient comme des feux de couleur; chaque fois que la brise agitait les feuilles, des traînées d'argent fondu couraient sur le gazon, sur les sentiers, sur la haie de framboisiers sous ma fenêtre. Les coquelicots prenaient feu, les melons luisaient comme des boules d'or dans leurs parterres, le lilas se transformait en buisson ardent, et des noctiluques en jaillissaient comme des étincelles; un parfum enivrant se mêlait à l'odeur du foin que la brise apportait des prés.

La nature sommeillait sous les chastes rayons de l'astre des nuits et semblait chercher son expression. L'eau murmurait toujours, l'air agitait les feuilles, les rossignols continuaient de sangloter, le cri-cri bruissait dans l'herbe, le ver faisait toc-toc dans le bois, sur ma tête les hirondelles jasaient dans leurs nids.

Tout à coup le clair de lune trouva sa voix, la lumière et la vapeur devenaient mélodie : la barina avait recommencé la sonate de Beethoven. Tout en moi s'apaisa comme par magie ; lorsqu'elle eut fini, les arbres et les rossignols se turent, seul le ver continuait son ouvrage. Pendant quelque temps, le paysage resta silencieux ; puis il s'éleva un vent frais qui m'apporta des lambeaux du chant mélancolique des moissonneurs. Voulant profiter de la fraîcheur d'une belle nuit d'été, ils travaillaient avec ardeur ; je les voyais aller et venir comme des fourmis au milieu de leurs blés.

Tout dort ; l'homme seul dans sa misère veille, et se remue pour cette triste et pitoyable existence qu'il aime autant qu'il la méprise. Depuis l'aube du matin jusqu'à la nuit, toutes ses pensées s'y concentrent avec une aveugle obstination ; son cœur se serre, sa pauvre tête s'échauffe dès que cette existence lui semble menacée, ou qu'il craint d'être privé de ce qui en fait selon lui le charme. Encore pendant le sommeil sa cervelle inquiète continue de travailler pour le lendemain, et les images de la vie viennent troubler ses rêves. Qu'il pioche la terre, qu'il sillonne l'océan, qu'il explore la marche des astres ou qu'avec un zèle puéril il enregistre le passé de sa race, — il n'étudie et n'invente qu'à seule fin d'entretenir sa triste machine, et donne à toute heure ses meilleures pensées pour un morceau de pain. Ne faut-il pas vivre avant tout, vivre, alimenter la misérable lampe qui à tout moment menace de s'éteindre pour toujours ?

Voilà pourquoi il a tant de souci de se continuer par d'autres créatures auxquelles il lègue ses joies, et qui n'héritent que de ses luttes et de sa misère. Comme il les chérit et les soigne, ses héritiers ! Et autant il est ingénieux pour assurer et prolonger son existence à lui, autant il est peu scrupuleux à piller, à mettre en question celle des autres. C'est un combat éternel, tantôt sans bruit, de foyer à foyer, tantôt terrible dans le fracas des batailles, toujours sous quelque drapeau trompeur, toujours sans pitié et sans fin.

Et pourtant c'est toi, austère renoncement, c'est ta paisible sécurité qui est le seul bonheur donné à l'homme : le calme, le sommeil, la mort ! Pourquoi néanmoins redoutons-nous tant l'instant qui met fin à toutes nos douleurs ? Pourquoi la petite lampe tremble-t-elle follement chaque fois que l'effleure le souffle glacé du néant ? Ne plus vivre, ne plus se souvenir ! horrible cauchemar d'une nuit sans sommeil ! Toutefois cette peur n'est pas sans remède : elle cède quand les clartés froides, mais non pas mornes de la pensée nous éclairent la nuit et l'abîme. La nature ne nous est point hostile ; elle nous montre toujours le même visage froid, sévère, maternel, et tend ses mamelles au fils ingrat qui l'a reniée, à ce fils qui est maintenant suspendu entre la terre et le ciel comme le Faust polonais (1).

Je me déshabillai lentement, et, après avoir exa-

(1) Twardofki. Enlevé par Satan, au moment où il passa au-dessus de Cracovie, il entendit sonner l'*Angelus*, et entonna une hymne en l'honneur de la sainte Vierge que lui avait autrefois en-

miné mon fusil, que je déposai ensuite dans le coin du mur à portée de ma main, je m'étendis sur la couchette d'une simplicité claustrale. Mon chien se coucha comme d'habitude à mes pieds, puis, m'ayant lancé un dernier regard de ses yeux doux et intelligents et battu le plancher de sa queue, il appuya sa tête sur ses pattes de devant et finit par s'endormir. La fenêtre resta ouverte.

II

Je rêvassai pendant quelques minutes les yeux ouverts, puis le sommeil me gagna aussi. Je ne sais combien de temps j'étais resté ainsi quand mon oreille fut frappée par un bruit assez étrange. Le chien remua, leva sa belle tête aux yeux vigilants, renifla et fit un appel sec et rauque comme devant un fauve. J'étais complétement réveillé, et ma main avait instinctivement saisi le canon de mon fusil. Un silence profond régnait au dehors, la nature semblait respirer lourdement ; puis de nouveau ce bruit mystérieux, un bruit comme d'un long vêtement qui traîne sur le sol. Puis soudain apparut dans la croisée une silhouette blanche ; c'était une femme de taille royale, légèrement drapée dans une étoffe ondoyante.

Je ne pus voir sa figure : baignée par la clarté de la pleine lune, elle semblait transparente ; de sa

seignée sa mère. Alors le diable le lâcha, et il resta suspendu entre le ciel et la terre ; il y est encore. De temps en temps, une araignée monte jusqu'à lui, et lui apporte des nouvelles de la terre.

main droite étendue émanait une lueur rougeâtre.
Le chien hérissa son poil, se recula lentement avec
un gémissement plaintif. J'eus froid dans le dos;
je soulevai mon fusil et l'armai machinalement,
sans savoir pourquoi. Elle tourna la tête; c'était
la femme de mon hôte. Ses cheveux noirs flottaient librement sur ses épaules; son visage était
encore plus pâle et semblait illuminé d'une lueur
sidérale. Elle sourit et me fit un signe de la main;
je m'aperçus alors que ses yeux étaient fermés.
Je frissonnai. Elle semblait voir à travers ses paupières closes, et elle hésitait. Comme je me dressai
sur mon lit, elle me fit signe de rester, posa un
doigt sur ses lèvres, regarda encore une fois en arrière sans ouvrir les yeux, puis entra dans la
chambre. Elle traversa la pièce d'un pas assuré, et
se laissa tomber à genoux au pied du lit. La main
droite appuyée, elle s'y affaissa et pressa le front
contre le bois grossier. Elle resta ainsi quelques
secondes, puis se mit à pleurer silencieusement.

Les larmes d'une femme ne m'ont jamais beaucoup ému; cependant celle-ci pleurait avec une
désolation si amère que je me penchai vers elle tout
navré.

— Il est mort, je le sais, commença-t-elle, à voix
très-basse, mais dont l'accent était déchirant; ils
l'ont enterré hors du cimetière comme un suicidé...
et moi, je voudrais le rejoindre. — Elle appuya la
tête sur une main, soupira. — Mais c'est si loin, si
loin, répéta-t-elle d'une voix étouffée. Alors je viens
le chercher ici. — Elle se leva, fit quelques pas le

long du mur en se guidant avec la main gauche; puis tout à coup elle se retourna, eut l'air de me regarder longuement, et secoua la tête. — Non, dit-elle, il n'est pas ici, il est mort. — Elle fut saisie d'un tremblement nerveux, grinça des dents, et tomba sur le plancher avec un cri sourd, la face contre terre.

Elle resta ainsi, les mains enfoncées dans ses cheveux, sanglotant. Peu à peu elle se calma, se tut. Je fis un mouvement pour venir à son aide : alors elle se redressa, ses traits s'étaient détendus et semblaient illuminés par un sourire intérieur. Elle se leva sans effort et s'avança jusqu'au milieu de la pièce ; elle planait plutôt qu'elle ne marchait, on eût dit que ses pieds ne touchaient pas le sol ; la lune, qui l'éclairait en plein visage, l'entourait d'un nimbe de rayons bleus. — Que pensera-t-il de moi? murmura-t-elle tristement.

J'avais oublié que je tenais toujours un fusil armé. La somnambule s'approcha et étendit la main pour le prendre. Comme je reculai effrayé, elle eut un sourire.

— Il n'y a pas de danger, dit-elle ; Olga y voit très-bien. — Puis, impatientée de mon hésitation et fronçant les sourcils, d'un mouvement brusque elle m'arracha l'arme, mit le chien au repos, et déposa le fusil dans le coin où je l'avais pris. Je respirai.

— Il ne faut pas qu'il pense du mal de la pauvre Olga, reprit-elle en regardant de nouveau l'astre qui la baignait de ses rayons. Je l'en supplie, ajouta-t-elle d'une voix triste, et elle se mit à genoux. Il promettra de n'en parler à personne, pas même à Olga... elle en mourrait de honte.

— A personne ! répondis-je très-ému.

Je me penchai pour la relever ; elle secoua la tête, puis, la laissant retomber sur la poitrine : — Il faut qu'il sache tout maintenant, murmura-t-elle ; mais il me jurera de ne rien révéler. Y consent-il ?

— Oui, répondis-je.

A ce moment, le chien sortit de sa retraite, la flaira et poussa un aboiement sourd en montrant les dents. Elle se pencha et se mit à le caresser ; il se retira sous le lit tout tremblant.

— Il le faut, reprit-elle en soupirant, je ne puis me taire. — Elle avait croisé les bras sur la poitrine dans l'attitude humble d'une pénitente. — Il me comprendra, poursuivit-elle d'un ton confidentiel pendant qu'un frisson parcourut mes membres. Il ne sera pas question de crimes : Olga n'a voulu faire de mal à personne ; l'histoire qu'elle va raconter est bien triste, voilà tout...

III

...Je vois à travers les choses, rien ne m'est caché ; je lis au fond des âmes. Olga elle-même m'apparaît comme une personne étrangère, pour laquelle je n'éprouve ni haine ni amour. — Elle eut un sourire plein de mélancolie. — La voici toute petite encore. C'est une enfant gracieuse, avec ses bras ronds brunis par le soleil, ses boucles noires, ses grands yeux qui vous interrogent. Ivan, le vieux valet de ferme, ne passe jamais sans la prendre sur son bras pour la caresser.

Un jour, debout sur le perron, elle entend par la fenêtre ouverte sa mère qui cause avec un visiteur, un jeune propriétaire des environs, fort élégant et bien vu des femmes. « Elle est vraiment jolie, la petite, disait le jeune homme; elle fera tourner toutes les têtes. » Olga comprit qu'il était question d'elle. Rouge de plaisir, elle s'enfuit dans le jardin, cueillit des fleurs qu'elle piqua dans ses cheveux, et alla se mirer dans l'eau d'un petit bassin, se promettant de ne pas faire mentir le prophète.

Les soirs d'hiver, entre chien et loup, on se groupait autour du grand poêle vert, et la bonne nourrice Kaïetanovna faisait des contes, enfoncée dans le vieux fauteuil noir où les enfants avaient vu mourir leur grand-père, et qui leur inspirait depuis lors une vénération mêlée de terreur. A mesure que la nuit se faisait, le visage de la nourrice disparaissait, on ne distinguait plus que ses yeux bleus qui brillaient dans l'obscurité; les enfants se serraient alors contre son fauteuil, n'osant parler; Olga posait la tête sur les genoux de la nourrice, fermait les yeux, et les contes se changeaient pour elle en réalité. C'était toujours elle, la belle tzarevna qui traversait la mer Noire sur un cygne, ou qu'un cheval ailé portait dans les nuages, et nul autre que le tsarevitch n'avait le droit d'aspirer à sa main. Un jour qu'elle entendit raconter comment le lourdaud Ivass avait épousé la fille du roi, elle se redressa tout d'un coup pour protester : — Tu sais, Kaïetanovna, ce n'est pas moi, la fille du roi !

L'été, la marmaille du château s'assemblait le soir sous les peupliers, et quand Olga s'y trouvait, on jouait au mariage. L'un des garçons faisait le curé ; Olga, parée d'une couronne de feuilles de chêne, était la fiancée. — Tu dois être au moins un comte, disait-elle à son petit mari ; sans cela je ne puis t'épouser ; je suis trop belle pour un simple *szlachcic* (1).

Elle grandit vite et devint une svelte jeune fille, ayant quelque peine à se tenir droite et toussant un peu. Sa mère s'en inquiétait. — Olga, disait-elle parfois, prends garde de devenir bossue, on ne pourra plus te marier, et il faudra te faire couturière. — Elle apprit à danser, à monter à cheval, à chanter, on lui enseigna le dessin et le français. Elle passait pour la plus jolie héritière du cercle, et dès son premier bal sa réputation de beauté fut établie sans conteste. Chaque fois qu'on sortait pour une visite, on la pomponnait comme les chevaux que l'on mène au marché. Partout elle entendait sur son passage des murmures d'admiration. C'est ainsi qu'une couche de glace se forma peu à peu sur son jeune cœur.

L'instituteur lui donnait des leçons. Il lui faisait écrire des exemples, supputer des comptes, lire à haute voix. Tout cela était fort nécessaire, car, lorsqu'elle reçut sa première lettre d'amour, elle ne savait pas encore l'orthographe, et elle ne l'a jamais bien

---

(1) Hobereau de petite noblesse.

suc. L'instituteur était logé dans un pavillon du jardin et il mangeait à la table de famille. Il s'appelait Toubal. C'était un jeune homme timide avec de grands yeux ronds très-myopes, des mains longues et minces : il portait un gilet rouge trop large que lui avait cédé le valet de chambre d'un comte ; mais sous le gilet rouge battait un cœur généreux, il eût facilement donné sa vie pour empêcher un petit chat de se noyer.

Quand Olga venait dans son pavillon, elle le trouvait accroupi sur une table, occupé à repriser son linge ou à raccommoder ses souliers ; il rougissait alors, balbutiait, se donnait l'air de chercher quelque chose dans la chambre. D'ordinaire il était d'une pâleur verte avec des taches de rousseur. Une fois assis à côté de son élève, c'était un autre homme : il tenait la règle au poing, appuyée sur la hanche comme un sabre de cavalerie ; sa voix vibrait, et dans ses yeux brillait un feu tranquille dont Olga sentait, sans le savoir, la chaleur. Parfois, à l'heure du crépuscule, Toubal tirait de dessous son oreiller un vieux cahier usé, et lui récitait des vers qu'il avait choisis dans les meilleurs auteurs ; son visage flétri semblait alors transfiguré, et sa voix avait une douceur pénétrante qui allait à l'âme.

Un jour, — c'était la fête d'Olga, — ses parents avaient invité quelques voisins à un bal de famille. Vers midi, Olga descendit au jardin afin d'y faire son bouquet pour la table. Tout à coup elle se vit en face de Toubal en pantalon et gilet blancs, cravate blanche et habit noir qui montrait la corde. Il était peigné et parfumé ; après avoir balbutié quelques vers, il tira de son sein un petit paquet qu'il tendit en tremblant à son élève. Olga n'osa le regarder ; elle prit l'offrande, remercia et s'enfuit vers la maison, où elle se jeta au cou de sa mère en riant de plaisir.

— Toubal m'a souhaité ma fête, maman, dit-elle. Il m'a fait un cadeau, le pauvre garçon !

— Qu'a-t-il bien pu te donner ? repartit la mère en fronçant les sourcils ; j'espère que ce sont des dragées ou quelque chose de semblable ?

— Des dragées sans doute, répéta timidement Olga en tenant le petit paquet à distance.

Sa mère le prit, l'ouvrit ; l'innocent papier renfermait deux paires de gants. — Des gants ! s'écria la mère.

— C'est vrai, des gants ! répéta Olga, qui rougit beaucoup.

— Il faut les lui renvoyer sur l'heure avec une lettre...

— Moi, lui écrire ? dit Olga en relevant orgueilleusement la tête.

— Tu as raison. Renvoie-lui ses gants sans un mot... Où a-t-il pu trouver l'audace ?... Voilà une journée qui commence mal.

Les gants, ficelés et cachetés, furent renvoyés à Toubal, qui ne parut pas à dîner, et fit dire qu'il était malade. Il l'était depuis longtemps, malade de la poitrine. Pendant qu'il toussait sur son lit et que ses larmes coulaient, Olga, toute à la joie, tourbillonnait dans les bras de ses danseurs...

Ici la somnambule, qui était restée immobile jusqu'alors et avait parlé d'une voix basse et monotone, fit un mouvement. — Je ne puis raconter avec ordre, dit-elle, je vois trop de choses à la fois. Les images passent comme les nues chassées par le vent ; je vois tout, chaque ombre, chaque couleur, j'entends chaque son...

Une troupe de comédiens ambulants qui venait de la Moldavie et allait en Pologne était de passage à Kolomea, et y donnait des représentations. La grande nouvelle avait couru de village à village, et le dimanche où ils devaient jouer pour la première fois tout propriétaire qui se respectait fit atteler ses petits chevaux à sa *britchka* pour y conduire sa femme et ses filles. Le théâtre était établi dans la salle assez vaste, mais un peu basse, de l'auberge, et avec leurs panaches les acteurs touchaient le ciel : leur public n'y regardait pas de si près. On jouait une tragédie, *Barbara Radzivilovna*. Avant le lever du rideau, les jeunes gens s'étaient groupés autour d'un propriétaire qui était assis sur l'appui d'une fenêtre où il laissait pendiller ses jambes.

— Eh bien ! disait-il, où est donc cette beauté dont vous parlez tant ? Je ne vois rien de pareil jusqu'à présent. — Les autres se mettaient sur la pointe des pieds pour épier la porte.

Enfin Olga entra dans la salle. — C'est elle, dit Mihaël après une pause.

Il alla tout droit aux parents de la jeune fille, et se présenta lui-même. Son nom était fort connu ; il fut bien reçu. La mère eut pour lui un sourire des plus avenants, et Olga l'écoutait parler avec intérêt. Son aplomb, son sang-froid, l'avaient étonnée ; elle ne songeait nullement qu'elle pourrait l'aimer ou devenir sa femme. C'est cependant ce qui arriva cinq semaines après.

Au fond, il ne la charmait pas ; mais il lui imposait, et c'est beaucoup. Mihaël avait fait ses études, puis voyagé, et il revenait à son pays natal avec une résignation enjouée. Il parlait de tout sans façon, des acteurs, de la pièce, et pouvait sourire quand elle avait envie de pleurer. — C'est encore heureux disait-il, que vous ne soyez pas fardée : voyez comme ces demoiselles pleurent des larmes de sang. — En effet, sur les joues des dames le rouge coulait avec leurs larmes ; c'était triste et comique à la fois.

Il avait obtenu la permission de venir nous voir, et il en profita. Chaque fois qu'il vint, la mère d'Olga trouvait un prétexte pour les laisser seuls. Il parlait alors de ses voyages ; il avait parcouru l'Allemagne et l'Italie, et il savait raconter ce qu'il avait vu. Il était d'ailleurs plein d'attention ; en général, les femmes ne vantaient pas sa politesse, mais, lorsqu'il était avec Olga, il épiait ses moindres désirs. Il était souvent question de lui ; il avait la réputation d'un homme dur, sévère, orgueilleux ; néanmoins son esprit fin et cultivé, ses connaissances variées et plus d'une preuve de courage lui avaient valu dans son cercle une grande considération. On savait que ses propriétés étaient franches de dettes, et qu'il les exploitait d'après le nouveau système ; c'était, à dix lieues à la ronde, le meilleur parti.

Plus elle le voyait redouté des autres, plus Olga éprouvait de plaisir à voir cet homme énergique et actif occupé d'elle et à le faire souffrir. Elle assouvissait sur lui sa cruauté de vierge. Elle n'était satisfaite que lorsqu'elle voyait des larmes dans ses yeux ; alors elle lui tendait la main en disant : — Baisez-la, je vous le permets. — Dans la cour, il y avait un chien hargneux qui l'agaçait toujours pour jouer avec elle et la tirait par sa robe. Elle le poussait du pied et le battait partout où elle le rencontrait, si bien qu'elle finit par l'aimer. Ainsi de son futur. Elle le maltraita tant qu'un beau jour elle se trouva dans ses bras, et reçut de lui le premier baiser.

Le lendemain, Mihaël arriva en calèche à quatre chevaux ; il avait son habit noir, et il était un peu pâle. En dix minutes, on avait tout arrangé : Olga était sa fiancée. Elle ne comprenait pas qu'il en pût être autrement ; elle faisait un bon parti, on l'enviait, c'était tout ce qu'il fallait.

Un soir, elle était assise avec Mihaël près d'une fenêtre ouverte, occupée à coudre pendant qu'il discourait sur l'avenir de la race slave. Tout d'un coup elle aperçut Toubal, pâle comme un mort, vomissant un flot de sang qui coulait de sa bouche sur ses vêtements. Il étouffait : — Du sel, du sel ! disait-il ; — c'était tout ce qu'il put articuler. Olga s'élança au buffet, et revint avec la salière ; Mihaël avait sauté par la fenêtre, soutenait le pauvre garçon dans ses bras, et se mit à lui introduire le sel dans la bouche par poignées. Toubal l'avalait avec effort, avidement ;

on le déposa sur un banc, Olga alla chercher de l'eau ; peu à peu l'hémorrhagie s'arrêta.

— Il faudra le coucher, dit Mihaël. Moi, je vais monter à cheval quérir le docteur.

Il revint dans la nuit avec le médecin. Toubal avait été transporté dans son pavillon, où il mourut peu de jours après. Lorsqu'il sentit sa dernière heure venir, il demanda Olga. Elle vint, mais il n'avait déjà plus la force de parler ; il ne put que remuer les lèvres. Le jardinier, qui l'avait soigné, était assis en dehors sur les marches de bois et examinait avec satisfaction le pantalon blanc dont il allait hériter. Toubal était seul, personne ne pouvait les voir ; elle se pencha sur lui et le baisa au front. Alors les yeux du mourant s'illuminèrent, et un sourire céleste éclaira son visage émacié ; c'est ainsi qu'il expira. Sous son oreiller on trouva le cahier jaune et deux paires de gants de femme enveloppés dans du papier. Olga les prit pour les garder ; elle en a porté une paire le jour de ses noces.

Toubal fut enterré, regretté, oublié. Peu de temps après, Olga quitta la maison paternelle comme femme de Mihaël, qui l'amena ici fièrement dans une voiture à quatre chevaux.

Elle fut d'abord très-heureuse : on le disait du moins, et elle le croyait elle-même. Ainsi que toutes les femmes, elle se figurait le monde comme un lieu de plaisir : la table, la toilette, les chevaux, — puis s'étendre sur un canapé pour fumer des cigarettes et lire des romans, que faut-il de plus ? Les hommes ensuite, ils sont là pour payer nos plaisirs, pour nous amuser et nous adorer au besoin. C'est ainsi que sa vie s'écoulait sans nuage. Puis elle eut des enfants; c'était une occupation. Son cœur n'avait jamais parlé; parfois seulement, lorsqu'elle lisait des poëtes, elle eut comme une intuition d'une autre existence, comme un vague désir qui la troublait et qui faisait courir le sang plus vite dans ses veines. — Néanmoins sa vie serait toujours restée ce qu'elle était alors, si son mari avait su ne jamais laisser sa vanité sans aliments...

IV

Ce que je dis là est la vérité, reprit-elle en se tournant vers moi et me regardant à travers ses paupières frémissantes. — Elle souriait avec malice, et sa voix était insinuante comme celle d'un enfant. Elle se leva lentement et s'approcha de la fenêtre, le visage tourné vers la lune. Sa tête était penchée en arrière, ses bras pendaient, elle était baignée de lumière; les parfums et les voix de la nuit l'enveloppaient, la brise soulevait ses cheveux et jouait avec son vêtement.

— Je voudrais m'envoler, dit-elle enfin d'un ton d'inexprimable langueur. Elle étendit les bras, ses longues manches garnies de dentelles flottaient derrière ses épaules, semblables à des ailes d'ange.

L'impossible à ce moment me parut possible; je cessai de raisonner. — Pourquoi ne voles-tu pas? demandai-je.

— Je le pourrais, répondit-elle tristement ; mais Olga ne le permet pas...

Une émotion profonde me saisit.

— Un paysan traverse la passerelle de l'autre côté de la forêt, s'écria-t-elle subitement avec vivacité ; il va tendre des lacets à mes merles, le scélérat !

— Veux-tu continuer ? lui dis-je après une pause assez longue.

— Je veux bien. Ici tout s'éclaircit devant mes yeux, et ma langue se délie.

— Mais comment peux-tu raconter avec cette précision, sans oublier le moindre détail, à la fois attentive et indifférente, comme s'il n'était point question de toi ?

Elle hocha la tête et sourit. — Puisqu'il ne s'agit pas de moi, dit-elle ; c'est d'Olga que je parle. Je la vois comme je vois les autres personnes, et j'assiste aux événements comme s'ils arrivaient sous mes yeux. L'espace, le temps, ont disparu pour moi : passé, avenir, se mêlent au présent. Quand je vois Olga enfoncée dans ses coussins et absorbée par un roman français, je vois en même temps son haleine ébouriffer la martre de sa jaquette, la mouche qui bourdonne sur sa tête et l'araignée qui guette la mouche...

Elle s'appuyait au pied-droit de la fenêtre, les bras croisés derrière la tête. — Faut-il raconter ? dit-elle.

— Je t'en prie.

— C'est si triste, ce que je vois maintenant. Olga

n'est plus heureuse... Son mari l'aime ; il veille sur son trésor avec une défiance sans bornes. Il a chassé tous les amis ; il ne tolère pas de « jupon étranger » chez lui, comme il dit. Il déteste les gens qui viennent vous parler politique et livres, que l'on ne comprend pas et qui ne vous comprendront jamais. Il ne veut vivre que pour sa femme et ses enfants ; mais sa jeune femme commence à se sentir bien seule dans ce vieux château et sous ces mornes peupliers.

Elle passait autrefois pour la meilleure danseuse du bal ; lorsqu'on lui rappelle ces souvenirs, on ne fait que l'attrister. Avec qui danserait-elle maintenant ? Quelquefois elle prend son dernier-né sur le bras et fait un tour de valse en fredonnant, puis les larmes lui montent aux yeux. Elle dessine d'après nature, elle ébauche des compositions dont elle prend le sujet dans un livre qu'on a lu ensemble ; son mari les examine longuement et se contente de dire : — C'est très bien. Moi, j'aurais fait de telle façon, — et plus il a rencontré juste, plus elle est piquée. Elle se met au piano, elle joue du Mendelssohn, du Schumann, du Beethoven, — pour qui ? Elle chante l'admirable sérénade de Schubert ; qui l'écoute ? Peut-être un paysan qui revient des champs s'arrêtera-t-il sous sa croisée ; peut-être son mari est-il rentré de la ferme, et se jette-t-il sur le divan pour fumer.

Elle est toujours belle : ses traits ont même plus d'expression et plus d'harmonie ; ses formes se sont merveilleusement développées. Pour qui ? C'est son miroir qui le lui dit, personne autre : Mihaël n'y songe pas. Il pense sans doute que son amour et son dévoûment sont des hommages suffisants.

Elle s'habille avec goût. Pour qui encore ? Pour la paysanne qui lui vend des champignons ? Pour le garde-chasse qui apporte les canards tués par son mari ? Pour la nourrice des enfants ? Pour son mari, qui trouve tout cela tout simple ? Ne l'a-t-il pas payée assez cher par le sacrifice de sa fortune et de sa liberté ? Il lui fallait une belle femme et une maison bien tenue. Être belle, c'est son devoir, et une toilette qui la fasse valoir est de rigueur. Lorsqu'elle monte à cheval comme une amazone, qui l'admire ? Ce n'est pas son mari. Il la mépriserait, si elle avait peur ; bien au contraire, il lui conseille la prudence, car elle a des enfants. C'est la situation d'un comédien forcé de jouer devant les banquettes. Parfois elle passe la nuit à pleurer de rage dans son oreiller.

Mihaël un matin aperçoit sur son front un nuage qui ne veut pas se dissiper. — J'ai trouvé quelque chose, dit-il enfin, pour te distraire. — Et il lui montra un joli petit fusil qu'il avait fait venir de la ville. — Tu apprendras à tirer, et tu m'accompagneras à la chasse. Veux-tu ?

Tout fut oublié aussitôt ; Olga sauta au cou de son mari, radieuse, l'embrassa sur ses rudes joues.

— Je veux apprendre tout de suite, aujourd'hui, s'écria-t-elle ; mais tu n'auras pas le temps ?

— J'ai toujours le temps lorsqu'il s'agit de ma

femme, repartit Mihaël en déposant un baiser sur ses cheveux.

Olga prit une épingle pour fermer son peignoir, et descendit le perron au bras de son mari. C'était une tiède matinée de juin : l'air était parfumé par la franche et bonne odeur du foin nouveau ; la terre, qu'inondait une lumière chaude, se couvrait de petits nuages blanchâtres ; sur la grande route qui passait devant le château, une bande joyeuse de moineaux se baignait en piaillant dans la poussière. Mihaël examina le petit fusil, l'épaula, puis le remit à Olga, et lui montra comment il fallait le tenir. Elle visa d'abord une pomme qui brillait entre les feuilles, puis une hirondelle qui passa. Ensuite Mihaël chargea l'arme sous ses yeux ; elle le regardait faire pendant qu'il introduisait la cartouche, plaçait la capsule.

— Maintenant, dit-il, vise la pomme... plus haut !

Le coup partit, des feuilles s'envolèrent.

— A présent, charge toi-même ; la seconde fois cela ira mieux.

Le fusil chargé, Mihaël, qui avait cherché un but, lui désigna les moineaux qui frétillaient sur la route. Elle n'eut pas d'hésitation. Les petits braillards nageaient, à ailes déployées, dans la fine poussière blanche et chaude, plongeaient et reparaissaient tout contents avec des têtes empoudrées, voletaient, se chamaillaient, se culbutaient avec un vacarme effréné. Le coup part ; un cri sort de plus de vingt petits gosiers ; lourdement l'essaim s'élève et va s'abattre sur la haie, dont il fait ployer les branches. Olga pousse une exclamation de joie, et s'élance. Cinq des pauvres diables étaient par terre, lacérés; leur sang rougissait la poussière. L'un se débattait encore, tournait en rond, puis resta étendu, expirant avec les autres. Olga les ramassa, et revint en courant, joyeuse : — Cinq, j'en ai tué cinq, les voilà ! — cria-t-elle en montant le perron. Elle rangea les victimes sur la balustrade, comme on range les cadavres des soldats après la bataille, avant la sépulture, et les regarda avec satisfaction.

— Cinq d'un seul coup ! répétait-elle; j'ai eu la main heureuse.

Mihaël rechargeait l'arme ; mais sa femme devint silencieuse; la tête dans ses deux mains, elle contemplait ses morts ; tout à coup de grosses larmes s'échappèrent de ses yeux.

— Qu'as-tu donc ? demanda son mari, effrayé.

— Ah ! dit-elle en se détournant, que c'est triste à voir, ces plumes tachées de sang et ces yeux éteints ! Et dire qu'ils ont peut-être laissé des petits dans leurs nids, qui les attendent et mourront de faim ! Voilà ce qu'a fait de moi l'existence que je mène. L'ennui nous rend féroces.

Mihaël éclata de rire; sa femme trouva cette explosion horriblement déplacée. — Tu ne veux pas comprendre, reprit-elle ; il faut donc que je dise toute ma pensée. Cela ne peut pas durer ainsi, à moins que tu n'aies juré de me sacrifier. Tu chasses tous mes amis, tu m'enfermes : la dernière paysanne a plus de liberté que moi. Je n'en peux plus, je suis à bout. Je deviendrais folle. — Et elle se remit à sangloter.

Son mari ne répondit pas. Il déchargea le fusil, puis remonta chez lui sans mot dire.

Olga l'avait suivi. Appuyée à la fenêtre, les bras croisés, elle le contemplait.

— Tu ne profères pas une parole, dit-elle enfin ; je n'en vaux pas la peine ?

— Je ne parle jamais avant d'avoir réfléchi, répondit-il. As-tu bien songé à ce que tu viens de me dire ?

— Si j'y ai songé ! J'ai passé des nuits à pleurer, à prier Dieu de me délivrer !

— Alors il faut aviser, dit Mihaël sans s'émouvoir.

— Eh bien ! avise.

— Tu n'es pas heureuse ici ? Cette vie solitaire n'est pas de ton goût ?

— Non !

— Tu ne peux la supporter ?

— Non !

— Eh bien ! désormais tu vivras selon tes désirs. Reçois des visites, invite tes amies, va chez les voisins, danse, monte à cheval, cours à la chasse avec qui tu voudras. Je n'y fais pas d'objection.

— Je te remercie, dit Olga assez embarrassée.

— Ne me remercie pas.

— Tu es fâché ? dit-elle avec inquiétude en séchant ses larmes.

— Je ne suis point fâché. — Il l'embrassa, puis

sortit, fit seller son cheval, et s'en fut dans la forêt surveiller l'abattage du bois.

V

En peu de temps, Olga avait complétement changé son train d'existence. Le cercle de Kolomea ne fut bientôt qu'un vaste salon dont la belle châtelaine était le centre, et dont le plaisir était la loi suprême. Le morne château s'animait, renaissait à la vie ; les solennels peupliers eux-mêmes prenaient un aspect plus gai. Sur le pré, on voyait briller des robes de femmes, des cerceaux et des volans bigarrés traversaient l'air, des ris folâtres éveillaient les échos du jardin.

Lentement les feuilles rougissaient. Le vent balayait les chaumes, des fils de la Vierge s'accrochaient comme de petits drapeaux aux buissons dépouillés, et les grues, formées en bandes triangulaires, partaient pour les pays du midi. A travers champs, Olga passe sur son cheval blanc, produit de l'Ukraine, sa robe flotte au vent, une plume se balance sur sa toque coquettement posée sur l'oreille. Les jeunes propriétaires et leurs femmes en costumes la suivent portés par leurs ardentes montures. Le cor retentit. Dans un champ de navets, un lièvre a dressé ses longues oreilles velues ; il se cabre étonné et s'enfuit vers les bois. Le renard pousse son aboi rauque et disparaît dans le fourré.

Puis de jour en jour le ciel revêt des tons plus gris, plus nébuleux. Déjà les corbeaux tournent autour des vieux peupliers; la nuit, les yeux verts du loup flamboient derrière la haie. Un beau matin, le soleil trouve une épaisse et molle nappe blanche étendue sur la plaine, les vitres sont aspergées de diamants; les arbres et les toits dégouttent, les pierrots dévalisent l'aire en se disputant. Encore quelques semaines, et la neige demeure : alors on sort de la remise le traîneau avec sa poudreuse tête de cygne, et les peaux d'ours crient sous la baguette du cosaque. Le feu pétille dans les vastes poêles renaissance. De tous les côtés, comme des oiseaux de proie, les traîneaux fondent sur l'hospitalier château, les clochettes résonnent sur les routes, dans le vestibule s'entassent les fourrures. Les femmes se dégagent de leurs enveloppes et s'assemblent dans le petit salon, où elles fument des cigarettes; les cavaliers s'efforcent de passer des gants blancs sur leurs doigts roidis par le froid. Voici les premiers accords d'une valse; déjà les couples s'alignent et les cavaliers tendent la main aux dames.

Voilà la vie qu'on mène depuis un an. Les tables de jeu restent à demeure dans les salons, les longues pipes ne s'éteignent plus, les bouteilles vides sont formées en immenses carrés dans les caves, comme les bataillons de la garde à Waterloo. Et lorsqu'aux premiers rayons de l'aube Olga retourne à la maison, emmitouflée dans sa pelisse de zibeline et enfoncée dans les fourrures de son traîneau, ses cosaques à cheval la précèdent avec des torches dont la poix dégoutte et siffle sur la neige, et les autres traîneaux lui font escorte comme à une reine.

Elle est reine, en effet, elle brille, elle commande, et elle est heureuse. Déjà, parmi ses cavaliers servants, un tel qui a trouvé moyen de se faire remarquer par ses attentions, et qui en retour obtient la faveur de la déchausser de ses bottines fourrées ou de lui donner l'étrier, est désigné par la voix publique comme son amant quand elle n'a pas encore violé la foi jurée à son mari par un seul regard ou un seul désir. Jamais elle n'a eu tant de petits soins pour lui ; elle s'efforce de le dédommager par mille câlineries. Cependant des rumeurs fâcheuses sont venues jusqu'à l'oreille de Mihaël ; il a confiance en sa femme, mais il ne plaisante pas sur le chapitre de l'honneur ; chaque goutte du poison que la calomnie lance sur la réputation d'Olga, il la sent comme une brûlure.

Il se refroidissait visiblement. Lorsqu'il voyait arriver une visite, sans rien dire il sortait par la porte de derrière. Peu à peu il cessa d'accompagner Olga dans ses excursions. Au printemps suivant, avec quelques autres propriétaires du district, il fonda un cercle agricole, introduisit des perfectionnements dans son exploitation, s'abonna à une foule de journaux, se mit à frayer avec les paysans, à hanter leurs cabarets, car il songeait alors à se faire nommer député à la diète. Après la moisson, il alla souvent à la chasse tout seul avec son chien ; parfois il rentrait tard dans la nuit ; Olga était couchée, mais ne pouvait s'endormir, et le cœur lui battait pendant qu'elle guettait son retour. Lui était persuadé qu'elle dormait, et il gagnait sa chambre sans faire de bruit. Jamais encore elle n'avait pris tant d'intérêt à tout ce qu'il faisait; ses moindres actes avaient à ses yeux une signification. Lorsqu'il était parti, elle parcourait les journaux qu'il avait lus, elle feuilletait ses livres.

Elle commence à soupçonner l'amour, à se dire qu'elle pourrait aimer son mari. Maintenant qu'elle prend si peu de place dans ses pensées qu'il peut passer des heures à s'entretenir avec des paysans qui sentent horriblement le cuir de Russie, tandis qu'il n'a pas une parole pour elle, — maintenant qu'elle peut rester à côté de lui des soirées entières sans qu'il daigne lever les yeux de son livre, — qu'il peut la quitter le soir sans l'embrasser, — maintenant elle a soif de son amour! Elle imagine des négligés coquets, elle veut à tout prix fixer son attention; elle se jure qu'il l'aimera! Rien n'y fait. Il lui reste un dernier moyen : le rendre jaloux. — Mais où trouver celui qui pourrait exciter la jalousie de cet homme si froid, si sûr de lui? Elle cherche autour d'elle et ne trouve point.

Un soir, elle aperçut Mihaël debout devant la haie du jardin ; il regardait avec tristesse le soleil qui disparaissait derrière les bois, et dont les derniers rayons doraient les pointes des herbes échappées à la faux et les feuilles mobiles des arbres. Soudain elle lui jeta un bras autour du cou, et s'empara de sa main, qui aussitôt, de chaude qu'elle était, devint toute froide.

— Pourquoi n'es-tu pas avec moi? dit-elle avec abandon. Tu me fuis. Est-ce que je te déplais comme je suis? Comment veux-tu que je sois? M'aimes-tu encore?

Mihaël lui caressa la joue, et se mit à regarder le paysage. Elle l'étreignit dans un élan de passion, et l'embrassa. Il se dégagea doucement. — Demain, lui dit-il, tu es invitée chez le seigneur de Zavale pour la chasse à courre. Tu veux que je t'accompagne?

Olga le regarda interdite. — Ce n'est pas cela, dit-elle.

— C'est bien cela, répliqua Mihaël, qui sourit. Rentrons, il commence à fraîchir.

Ils revinrent ensemble au salon. Il la fit asseoir sur ses genoux, et l'embrassa comme autrefois; elle était ravie, la joie l'étouffait. Tout à coup il lui dit d'allumer la lampe, il allait lire son journal. Sa femme serra son petit poing; elle pleura toute la nuit jusqu'au matin.

Ses yeux n'étaient pas secs quand le lendemain il la mit en selle. Elle le regarda d'un air singulier, fouetta son cheval, et disparut sans l'attendre.

Le temps fut beau toute la journée. La chasse se répandit joyeuse par les champs. Les tireurs étaient distribués dans la forêt. Mihaël avait sa place assignée dans un épais taillis. La belle Olga conduisait la chasse, dévorant ses larmes. Ce fut elle qui découvrit le premier lièvre qui cherchait à sortir du fourré; elle le désigna de sa petite main tremblante, les lévriers furent découplés, les cors retentirent, la cavalcade s'élança avec des cris sauvages.

Se riant du danger, elle sauta les fossés et les haies,

un plaisir féroce faisait tressaillir tous ses nerfs. Comme elle vit les chiens soulever en l'air la misérable bête, qui pleurait de frayeur, elle éclata de rire comme un enfant qui voit tourbillonner une balle. Tous les regards se concentrèrent avec admiration sur l'intrépide écuyère ; les cavaliers vinrent baiser le bout de ses gants trempés de sueur en agitant leurs casquettes. Olga, les joues en feu, les yeux brillants, promenait ses regards sur le cercle de ses fidèles. Tout à coup elle aperçut à l'écart, sur la lisière du bois, un jeune homme qui la considérait en silence d'un air singulièrement sévère. — Eh bien ! monsieur, lui cria-t-elle d'un ton provocant, on ne me rend pas hommage ?

— Pas moi, répondit-il sèchement.

Olga fit caracoler son cheval de manière à se rapprocher de son interlocuteur. — Et pourquoi pas, sans indiscrétion ? demanda-t-elle avec plus de curiosité que de colère.

— Une femme que réjouit le supplice d'une bête, répondit-il, n'a pas de cœur, ou bien son esprit est absent.

Olga regarda l'audacieux. Celui-là n'était pas un homme nul ; il pouvait lui servir à tourmenter Mihaël. C'était tout ce qu'elle avait besoin de savoir. Et il osait la traiter avec indifférence ! C'était la première fois qu'un homme lui parlait sur ce ton hautain. Sans ajouter un mot, elle tourna bride.

Une rage sourde la dévorait pendant qu'à table et le soir au bal elle le voyait causer avec animation, tandis qu'elle existait à peine pour lui. Évidemment il jouait un certain rôle dans la société. Jamais elle ne s'était sentie si mal à son aise. Elle sut qu'il s'appelait Vladimir Podolef, et que c'était un homme qui faisait beaucoup parler de lui.

— Vladimir a été impertinent avec vous, lui dit la maîtresse de la maison, une belle personne de beaucoup de tête, qui d'une petite paysanne était devenue la femme du seigneur de Zavale. C'est sa manière. Il a ses façons à lui; mais c'est vraiment un homme à part, d'une profondeur extraordinaire. Vous apprendrez à le mieux connaître. Essayez seulement de causer avec lui.

L'orgueilleuse lionne, qui ne répondait plus que par un froncement de ses altiers sourcils aux protestations de ses adorateurs, alla droit à lui et l'aborda.

— Vous m'avez offensée...., commença-t-elle. — Ses lèvres tremblèrent, elle ne put continuer.

— La vérité blesse toujours, repartit Vladimir, mais elle est salutaire; c'est la panacée des cœurs malades.

— Selon vous, monsieur, je n'ai pas de cœur, reprit-elle à demi-voix. J'ai cherché à comprendre, je n'y ai pas réussi. Expliquez-vous.

— Comment voulez-vous que je m'explique là-dessus? dit-il d'un ton indifférent.

— Vous trouvez que nous n'avons pas le droit de tuer les animaux? demanda-t-elle avec une nuance de raillerie.

Vladimir sourit. — Comme vous êtes logique! Il ne s'agit que de ne pas leur infliger des supplices inutiles. Et d'ailleurs qui parle de droits? Ici-bas, il n'y a que des nécessités; nous sommes obligés de tuer pour vivre; mais il ne faut pas aller au delà. Voir expirer la bête ou mourir les gladiateurs du cirque, n'est-ce pas le même plaisir féroce? Vous me rappelez ces vestales qui avaient pouvoir de vie et de mort et qui aimaient tant à tourner le pouce. On en vient à sacrifier les hommes avec la même indifférence, car la petite dose de raison qui nous distingue de la bête ne pèse pas déjà d'un si grand poids dans la balance d'une femme...

— Je vous remercie, dit Olga après une pause, pendant laquelle elle avait regardé le mur. — Elle lui prit sans façon le bras et se fit reconduire au milieu du bal.

Il ne quitta plus le poste qu'il avait choisi près de la porte, et chaque fois qu'elle passait au bras d'un danseur, Vladimir se sentit effleuré d'un chaud regard de ses yeux noirs. A plusieurs reprises, elle essaya de le ressaisir dans les mailles d'une conversation animée, mais il resta réfractaire, sobre de paroles, et n'eut pas l'air de s'émouvoir beaucoup.

Pendant le retour au château, Olga fut maussade; elle s'enfonçait dans ses fourrures comme l'araignée dont on a déchiré la toile.

— Qu'est-ce donc que ce Vladimir... Podolef? demanda-t-elle enfin à son mari d'un ton de suprême dédain.

— C'est un homme. N'est-ce pas tout dire? répondit Mihaël, qui était au-dessus d'une vulgaire jalousie. Il a des biens du côté de la frontière, dans le cercle de Zloczow, et il vient de prendre ici à ferme une grande exploitation. Vladimir est un homme éclairé qui cherche le progrès ; il a voyagé à l'étranger et a beaucoup appris ; ce n'est ni un paresseux, ni un faiseur de projets,... ni surtout, ajouta-t-il en regardant Olga, un fat, comme la plupart de nos jeunes gens.

— Il n'est pas Polonais ?

— Comment peux-tu croire ? A-t-on jamais vu un Polonais devenir un homme sérieux ? Il est Russe, bien entendu.

Olga ne put dormir cette nuit. Elle cherchait dans sa tête comment elle s'y prendrait pour punir cet insolent.

Quelques jours après leur première rencontre, le Cosaque lui annonça Vladimir. Elle se flattait qu'il venait pour elle, et l'accueillit avec un sourire de triomphe.

— Mon mari est au village, fit-elle ; il ne reviendra que fort tard.

Elle espérait qu'il laisserait percer la satisfaction que devait lui causer cette réponse ; mais il dit simplement : — Alors je reviendrai demain.

— Pourquoi ne voulez-vous pas rester ? demanda-t-elle, surprise de le trouver si peu empressé.

— Je suis venu pour voir l'exploitation de Mihaël ; je ne suppose pas, madame, que vous puissiez me la montrer.

— Eh bien ! vous me tiendrez compagnie.

— Cela me serait difficile. Vous me trouveriez

peu amusant, et moi,... je n'ai pas le temps de lancer des bulles de savon. La vie est si courte !... Je tombe à vos pieds, madame. — Et il se retira.

Il revint le lendemain dans l'après-midi. Olga, qui lisait un roman nouveau, ne quitta pas son fauteuil à bascule. Elle l'entendit causer avec Mihaël dans la pièce voisine, dont la porte était entrebâillée. Elle ne voulut pas écouter ; malgré elle, elle ne perdit pas un mot. Non sans dépit, elle constata que Vladimir parlait avec une rare lucidité des sujets auxquels il touchait ; dans sa bouche, hommes et choses devenaient pour ainsi dire transparents. — Avec toi, ami, on apprend toujours, répétait son mari à plusieurs reprises, — et elle le savait avare d'éloges.

Il faisait nuit lorsqu'elle s'entendit appeler par Mihaël. Avec une sorte de précipitation involontaire, elle poussa la porte ; elle n'aperçut que les bouts de leurs cigares, qui brillaient comme deux points rouges dans l'obscurité ; cependant au mouvement brusque de l'un des deux points lumineux, elle comprit que Vladimir s'était levé pour la saluer.

Mihaël la pria de faire servir le thé. Quand le Cosaque eut mis la nappe et installé à leur place la lampe et le samovar bourdonnant, Olga vint s'asseoir dans l'un des petits fauteuils après avoir répondu par un signe de tête au salut de Vladimir. Le Cosaque offrit des viandes froides, la barina remplit les tasses, alluma sa cigarette à la lampe et s'enfonça dans son fauteuil. Les deux hommes reprirent leur conversation sans s'occuper davantage de sa présence, pendant qu'elle suivait du regard les anneaux de fumée bleue qui se dissipaient lentement, et qu'à travers ses paupières à demi-closes, ombragées de longs cils noirs, elle contemplait Vladimir.

Il n'était ni beau ni laid et paraissait très-jeune. C'était un homme de taille moyenne, maigre et d'apparence presque chétive, avec des mains fines et des pieds étroits ; mais son port et ses allures trahissaient une rare énergie. Son visage, naturellement pâle sans la moindre nuance de rouge, avait pris sous l'action du soleil un ton brun bilieux. Le front, un peu bas, montrait au-dessus de l'arcade des yeux et du nez fortement busqué des proéminences qui auraient frappé un phrénologue. Un menton légèrement pointu, une bouche aux lèvres pleines avec deux rangées de dents splendides, complétaient cette physionomie, qui ne manquait pas de caractère. Vladimir ne portait pas de barbe, en revanche il avait d'épais cheveux bruns qu'il ramenait en arrière à la façon des pasteurs protestants. Olga ne le perdait pas de vue, tout en évitant de rencontrer son regard ; elle dut y mettre beaucoup de volonté, car les grands yeux clairs et profonds de cet homme exerçaient une attraction, une fascination magnétique. L'expression de ces yeux était changeante : tantôt, fermés à demi, ils lançaient des éclairs de malice sarcastique, tantôt ils brillaient d'un éclat humide, ou bien il y rayonnait une froide et pénétrante clarté ; mais toujours il y avait dans leur regard une franchise, une sincérité qui commandait la confiance. De toute sa personne, en dépit de ses façons simples et réservées, se dégageait une certaine poésie.

Tel était l'homme qui en ce moment ne voulait pas prêter la moindre attention aux petits manéges de la plus belle femme du district. Il causait avec Mihaël de l'amélioration de la race chevaline, de l'aménagement des forêts, puis des affaires du pays. Olga finit par jeter sa cigarette et par écouter avec intérêt.

— Notre conversation vous ennuie, madame ? fit Mihaël, qui eut un sourire singulier.

— En aucune façon, repartit Olga. J'ai plaisir à vous écouter. Nous oublions trop souvent jusqu'à quel point notre existence est précaire, et combien il faut d'efforts et de peines pour l'assurer. Quand je vous entends parler avec ce sérieux, ma poitrine se dilate comme si en sortant de mon boudoir parfumé je respirais les senteurs de la forêt.

Elle dit cela simplement avec une bonhomie affectueuse. Vladimir, pour la première fois, jeta sur elle un long regard. En partant il lui tendit la main ; mais qu'elle était froide, cette main, et dure, une vraie main de fer !...

La somnambule racontait sans chercher les mots ; cela coulait de source, mélodieusement, comme si elle eût récité une histoire apprise par cœur. Évidemment elle revivait toutes les scènes qu'elle décrivait, elle voyait tout, chaque trait, chaque geste, chaque mouvement, elle entendait les bruits et les voix.

Je fermai les yeux pour mieux écouter, et n'osai respirer.

VI

A partir de ce jour, reprit-elle, Vladimir revint assez souvent. Pour lui, Olga se faisait simple, modeste, bon enfant; elle le laissait parler, le questionnait quelquefois, ne détachait pas de lui ses regards. Sa toilette était toujours d'une simplicité de bon goût : une robe de soie montante, de couleur sombre, avec un petit collet blanc. Ses beaux cheveux, relevés en torsades, encadraient sa tête comme un large diadème. Tandis que les autres briguaient l'honneur de boire dans son soulier, elle comblait Vladimir de petites attentions ; on eût dit qu'elle lui faisait la cour. Une fois il avait fait une sortie contre l'usage des corsets. Le lendemain, Olga se montra dans une ample *kazabaïka* en velours bleu, garnie de martre. Comme il lui en fit compliment, elle répondit qu'elle ne porterait plus de corset.

— Et pourquoi cela ?

— Mais n'avez-vous pas dit que cela ne nous vaut rien ?

Vladimir comprit enfin qu'elle en voulait à son repos ; il ne s'en montra que plus réservé, évita de se trouver seul avec elle et se lia davantage avec le mari. Un soir, on causait d'une femme de sa société pour laquelle un jeune officier venait de se faire tuer en duel.

— Chez ces coquettes, dit Mihaël, le sentiment de l'honneur n'existe donc pas ?

— Hélas ! repartit Vladimir, l'honneur d'une coquette se juge comme celui d'un conquérant : il dépend du succès. Mais les hommes qui se respectent sont à l'abri de ces femmes, leur pouvoir ne s'étend que sur les sots et les niais, — comme les chats qui n'ont pas de gibier plus noble à leur portée attrapent des souris et des mouches. Malheureusement cette race se multiplie, car nos femmes ne savent plus que lire des romans et toucher du piano...

— Vous méprisez les arts ? interrompit Olga.

— Dieu m'en garde ; mais sans travail il n'y a pas de vrai plaisir. Ces artistes qui ont laissé des chefs-d'œuvre ont trempé leur pinceau, leur plume, dans leur sang et leurs larmes. Pour les comprendre, il faut être capable de créer quelque chose soi-même.

— Vous avez raison, dit Olga avec tristesse. Bien des fois le vide de mon cœur m'épouvante.

— Essayez de vous occuper ; vous êtes jeune, le cas n'est pas désespéré.

Elle n'osa affronter son regard.

Des semaines se passèrent. D'épais brouillards enveloppent le château, la neige couvre la plaine, l'étang s'est revêtu d'une couche étincelante de glace ; mais le traîneau n'a pas quitté la remise, et les peaux d'ours hébergent des bataillons de mites. Olga reste couchée sur son divan, elle se creuse la tête pour trouver un moyen de réduire l'ennemi.

Le voir à ses pieds, puis l'écraser de son dédain, — de quel prix ne payerait-elle pas ce suprême bonheur!

— Tu peux te flatter d'exercer sur ma femme une bonne influence, dit un soir Mihaël à son ami en lui montrant Olga absorbée par sa tapisserie. Elle ne fait que travailler depuis quelque temps.

Vladimir la regarda. — Vous ai-je dit, demanda-t-il d'un ton assez brusque, de vous fatiguer la vue et de vous enfoncer la poitrine? Voulez-vous bien laisser là ces aiguilles? — Elle se leva docilement. — Vous avez mieux à faire ici. Les bâtiments et les écuries ne laissent rien à désirer; mais dans la maison j'ai le regret de ne pas constater cette propreté exquise qui distingue les intérieurs hollandais. Voilà une occupation toute trouvée, qui n'altère pas la santé... ni la beauté.

C'était la première fois que Vladimir daignait lui faire un compliment, même détourné. Olga leva sur lui des yeux étonnés et timides, et une vive rougeur colora ses joues.

Le lendemain, quand Vladimir arriva, il la trouva occupée à balayer les toiles d'araignées du plafond. Il lui arracha son balai et le déposa dans un coin. — Ce n'est pas là un ouvrage qui puisse vous convenir, dit-il doucement. Il est inutile de remplir vos poumons de toute cette poussière.

— Mais comment faire alors? Mes domestiques ne sont malheureusement pas des Hollandais!

— Ils le deviendront. Soyez seulement sévère avec eux et juste en même temps, non pas une fois, mais tous les jours, toute l'année. N'oubliez pas que vous êtes là pour commander : n'imitez pas Napoléon qui monte la garde à la place de son grenadier endormi.

Après cette semonce, il lui offrit le bras, et visita avec elle toute la maison, jusqu'à la cuisine et la cave. — N'y a-t-il pas là de quoi vous occuper du matin au soir? Surveillez l'ouvrage, vérifiez les comptes ; votre mari vous en sera reconnaissant.
— Lorsqu'ils furent sur le perron, il lui montra le jardin. — Quand viendra le printemps, semez, plantez, arrosez, bêchez, arrachez les mauvaises herbes ; vous ne vous en porterez que mieux. Là vous pourrez même vous montrer féroce, puisqu'il faut cela aux femmes de temps en temps : vous ferez une guerre sans pitié aux chenilles et aux vers blancs. En revanche, je recommande à vos soins mes petites amies les abeilles. Et maintenant, dit-il en la ramenant au salon, maintenant je vous prierai de me jouer quelque chose, car vous êtes vraiment musicienne.

La barina tremblait de tous ses membres. Elle se mit au piano sans lever les yeux, et laissa courir ses doigts sur les touches.

Je comprends votre jeu en voyant vos doigts, dit Vladimir à voix basse, ces doigts fins, transparents, qui semblent doués d'une âme.

Olga avait pâli ; tout son sang refluait vers son cœur. Elle dut s'arrêter un moment ; puis elle entama la sonate du *Clair de lune*.

En entendant vibrer les premiers accords du

plaintif adagio, Vladimir cacha ses yeux dans sa main. Tout le charme magique que l'astre des nuits répand sur un paysage d'été semblait descendre sur eux et les envelopper dans ses ombres noires et sa mélancolique lumière. Leurs âmes flottaient entraînées par cette langoureuse, douloureuse mélodie. Quand le dernier son expirait dans l'air, Olga laissa retomber ses mains lentement. Ni l'un ni l'autre n'osait parler.

— Renoncement, résignation, dit enfin Vladimir, voilà ce que nous enseigne cette étrange sonate, voilà ce que tout nous enseigne, la nature, le monde où nous vivons. L'abnégation du cœur ! Que ce soit un amour méconnu qui garde sa foi sans se plaindre, ou un amour qui se condamne au silence éternel, nous devons tous apprendre à nous résigner.

— Ses yeux paraissaient humides, sa voix avait une douceur inaccoutumée.

Il resta quelque temps sans revenir. Olga le comprit.

Puis un jour son mari alla seul à Kolomea pour y faire des emplettes. Elle sentait que Vladimir viendrait; à tout moment, son cœur s'arrêtait dans sa poitrine. Quand les ombres du crépuscule pénétrèrent dans sa chambre, elle s'enveloppa dans sa *kazabaïka* et alla se mettre au piano. Elle essaya un prélude, puis, n'y tenant plus, termina sur une dissonance, se leva, défit sa pelisse, qui l'étouffait, et arpenta le salon, les bras croisés, fiévreusement.

La porte s'ouvrit, Vladimir entra. Elle rougit, ferma sa *kazabaïka* et lui tendit la main.

— Où est M. Mihaël? demanda-t-il.

— A Kolomea.

— Alors je...

— Vous ne vous en irez pas ainsi? — Vladimir hésitait. — Depuis ce matin, je vous attends, dit-elle d'une voix oppressée. Je vous en prie, restez.

Vladimir déposa sa casquette sur le piano, et prit l'un des petits fauteuils bruns. Olga fit encore quelques pas, puis tout à coup elle s'arrêta devant lui, et à brûle-pourpoint : — Avez-vous jamais aimé? demanda-t-elle d'une voix brève, saccadée. Oui, n'est-ce pas? — Un sourire ironique plissa ses lèvres.

— Non, répondit-il gravement.

Olga le considéra, surprise. — Et pourriez-vous aimer? dit-elle enfin avec hésitation. Je ne le crois pas.

— Vous vous trompez encore. Les hommes comme moi, qui ne se sont point dépensés en petite monnaie, sont peut-être seuls capables d'un amour vrai. Peut-on demander cette chose à ces pommes vertes de dix-huit ans? Il n'y a qu'un homme qui en soit capable.... et une femme peut-être, si elle n'a pas déjà gaspillé son cœur...

— Et comment devrait être la femme que vous pourriez aimer? — Vladimir garda le silence. — Cela m'intéresse au dernier point.

— Il faut que je réponde?

— Je vous en prie.

— Eh bien! elle devrait être tout le contraire de vous, dit-il tout bas.

Olga pâlit, puis rougit coup sur coup, et les larmes lui vinrent aux yeux. Elle baissa la tête.

— Cela ne vous fait pas rire? dit Vladimir tristement.

— Vous n'êtes guère poli, répliqua-t-elle d'une voix étouffée par les larmes.

— Je suis sincère.

— Vous me détestez, reprit-elle en relevant la tête par un mouvement d'orgueil blessé; il y a longtemps que je m'en aperçois.

Vladimir eut un rire bref, rauque, douloureux.
— Sachez donc la vérité, s'écria-t-il avec amertume; ce que je sens pour vous, aucune femme ne me l'a fait éprouver. — Olga le regarda, interdite; son cœur battait à l'étouffer, le sang bourdonnait dans ses oreilles. — Je pourrais vous aimer, ajouta-t-il d'un ton presque tendre...

— Alors vous m'aimez.

— Non; il faudrait vous estimer. — A un geste d'Olga : — Je vous en prie, dit-il, ne vous méprenez pas sur ma pensée. Je ne veux pas vous blesser, je veux m'expliquer... A la vérité, c'est toujours une sorte d'aveugle instinct, une affinité inconsciente qui nous rapproche. Ce n'est pas notre bonheur qui est en cause, ce sont les obscurs desseins de la nature; mais, si l'amour ne peut naître que d'une attraction naturelle, il ne peut durer que par l'estime réciproque... Riez de moi, si je prends les choses de trop haut et de trop loin.

— Je n'ai pas envie de rire, dit-elle d'un air

sombre. Ainsi vous n'avez point pour moi cette estime...

— Pas toute l'estime qu'il faudrait pour que je donne à une femme mon cœur et ma vie sans réserve.

— Vous me méprisez donc? s'écria-t-elle avec colère.

— Non, je vous plains. Je ne cesse de penser à vous, je voudrais vous sauver.

— Pourquoi me méprisez-vous? De quel droit? Je ne veux pas être méprisée de vous.

— Qu'est-ce que cela peut vous faire, à vous, à la reine qui voit tous les hommes à ses pieds?

— Pourquoi me méprisez-vous? Dites-le, je veux le savoir. — Emportée par la colère, les yeux étincelants, elle avait posé un pied sur le siége de Vladimir.

—Soit. Écoutez-moi, dit-il d'un ton glacial. Vous êtes une femme d'une beauté rare, d'un grand esprit, douée d'une âme tendre, créée pour régner sur l'homme le meilleur qui puisse être. Cela vous suffit-il? Non, il vous faut chaque jour de nouveaux lauriers. Votre vanité est insatiable, c'est un vautour qui vous ronge le cœur; mais ce pauvre cœur ne repousse point comme le foie du Titan, et au bout de tout cela on trouve le dégoût de la vie et le mépris des hommes et de soi-même.

Olga poussa un sanglot de rage, et ses doigts s'enfoncèrent dans ses cheveux noirs. Comme elle soulevait les bras, la pelisse s'ouvrit; en la voyant ainsi se pencher sur lui, la gorge soulevée par une respiration rapide, les yeux étincelants, les cheveux épars, on eût dit une ménade.

Vladimir se leva. Elle poussa un cri de douleur, et étendit les bras comme pour le retenir; à un regard de lui, elle baissa le front, et ses bras retombèrent inertes. Il sortit. Elle s'affaissa sur le tapis, sanglotant.

Des jours se passèrent, puis des semaines, un mois entier; Vladimir ne revint pas. Il évita même de revoir Mihaël.

Olga souffre le martyre. Elle sait maintenant qu'il l'aime et qu'il la méprise; sa passion s'enflamme également de cet amour et de cette haine. Elle commence des lettres qu'elle déchire; elle fait seller son cheval pour aller chez lui, et n'y va pas. Elle reste des heures plongée dans une amère contemplation. Toutes ses pensées sont pour lui. Le soir, lorsqu'elle est debout à sa fenêtre, à chaque instant elle croit entendre le pas de son cheval ou sa voix. Que de nuits elle passe à se retourner sur sa couche sans sommeil jusqu'à ce que l'aube lui ferme les paupières! — Elle commence enfin à comprendre la musique et les poëtes.

Il fait presque nuit. Elle est à son piano, elle joue la sonate, et avec les sons coulent ses larmes. Mihaël s'approche doucement, reste debout derrière son tabouret et l'attire à lui. Il ne la questionne pas; elle appuie sa tête contre sa poitrine et pleure...

La somnambule avait peu à peu baissé la voix, et elle s'était détournée de moi, par un mouvement.

d'instinctive pudeur : un amour chaste, profond, faisait vibrer tout son être. Elle reprit son récit.

VII

La nuit de Noël, Olga revenait en traîneau de Toulava, où son mari avait eu à déposer quelques papiers chez le curé, et la route passait devant la propriété de Vladimir. Un frisson la saisit quand son mari fit arrêter à la porte de la cour.

— Viens, lui dit-il, allons le prendre.

Olga ne bougeait pas.

— Tu ne veux pas?

Elle secoua la tête.

Mihaël entra seul, puis revint au bout de quelques minutes avec Vladimir, qui salua respectueusement et monta dans le traîneau. Pendant le trajet, personne ne parla. Assise à côté de Vladimir, Olga se tenait immobile ; une seule fois un contact involontaire la fit tressaillir. Lorsqu'on fut arrivé chez Mihaël, Vladimir eut un sourire étrange en se retrouvant en face de ce château dont tous les coins lui étaient familiers.

Dès qu'il eut aidé sa femme à descendre et qu'il l'eut débarrassée de sa lourde pelisse : — Voilà un réveillon complet, dit Mihaël en se frottant les mains ; il faut que j'aille voir ce que font les enfants.

— Il sortit, la laissant avec Vladimir.

Olga se jeta dans un fauteuil et roula une cigarette. Tout à coup elle se mit à rire d'un rire nerveux.

—Votre aversion est si forte, fit-elle, que vous ne pouvez plus vous trouver sous le même toit que moi.

— Vous ne voulez pas me comprendre, dit Vladimir d'un ton froid.

— Ah ! s'écria-t-elle, si vous n'étiez pas incapable d'un sentiment profond, vous me jugeriez avec plus d'indulgence.

Cette fois Vladimir pâlit. — Vous croyez? dit-il. Eh bien ! sachez que... je vous aime.

Olga jeta sa cigarette en éclatant de rire.

— Et vous êtes la première femme que j'aime, continua-t-il avec calme. Cet amour me fait souffrir, non parce que je ne ne puis vous posséder, mais parce que je rougis de vous aimer. Je souffre de voir qu'une si belle nature a pu produire un si détestable caractère.

Olga tressaillit sous ces paroles ; ses yeux demandaient grâce.

— Ne me regardez pas ainsi, s'écria-t-il. Il ne m'est pas permis de vous ménager. Je n'aurai point pitié de vous. En avez-vous eu pour le jeune Bogdan, que le seigneur de Zavale a tué en duel dans le bois de Toulava à cause de vous? ou pour Démétrius Litvine, qui s'est brûlé la cervelle pour vous? Avez-vous eu pitié de vos enfants, de votre mari, le jour où vous avez permis au comte Zawadski de vous faire la cour, où vous avez autorisé...

— De quoi m'accusez-vous là? s'écria Olga en bondissant de son fauteuil, épouvantée, se tordant les mains. Qui a pu dire ces choses-là de moi?

— Tout le monde les dit, repartit Vladimir avec un mépris à peine déguisé.

— Eh bien! le monde en a menti, dit-elle avec force, la tête haute. — Ses yeux brillaient, ses joues s'étaient colorées. — Et moi, Vladimir, je dis la vérité. Je suis innocente du sang de ces hommes; pas une goutte ne retombe sur moi.

— Ne cherchez pas à me convaincre, reprit-il d'un ton pénible, je ne puis pas vous croire.

Olga arrêta sur lui un long regard de douleur et d'amour, puis, les yeux secs, le front baissé, elle alla prendre dans son boudoir un paquet noué d'une faveur rose. — Croirez-vous ces lettres? dit-elle à Vladimir, qui l'avait suivie.

— Votre mari peut revenir d'un instant à l'autre, fit celui-ci avec inquiétude.

— Qu'il vienne, répliqua-t-elle; je ne souffrirai pas qu'on m'insulte. Vous allez m'écouter, ensuite vous jugerez. Voici un billet de Litvine écrit deux jours avant sa mort. Est-ce là le langage d'un homme qui va se tuer pour un chagrin d'amour?

Elle jeta le pli sur la table avec dédain. Vladimir le prit et le parcourut avec une hâte fiévreuse.

— Voici des lettres de Bogdan; lisez-les. Est-ce là un amant s'adressant à une femme pour laquelle il va donner sa vie? Litvine s'est brûlé la cervelle parce qu'il avait plus de dettes que de biens. Bogdan s'est battu avec le seigneur de Zavale à la suite d'une querelle de jeu. Voici encore des lettres de M. de Zawadski, du comte Mnischek, de tous les autres qui me poursuivent de leurs assiduités. Est-ce ainsi

que s'expriment des amants? Je suis une coquette, soit, ma vanité est sensible aux hommages; je ne suis pas une femme perdue. Je n'ai jamais failli, je le jure... Elle se tourna vers le crucifix accroché au-dessus de son lit, parut hésiter, puis d'un ton ferme:
— Non, dit-elle, je le jure sur la tête de mes enfants. Maintenant vous savez tout; vous pouvez m'accabler.

Vladimir regardait toujours les lettres avec une stupéfaction mêlée de regret. — J'ai été injuste pour vous, dit-il enfin très-ému. Pardonnez-moi, si vous le pouvez. — Il comprenait qu'il était allé trop loin, et il se sentait désarmé, navré, humilié.

— Ne me raillez pas, reprit la pauvre femme, les yeux noyés de tendresse. Je suis coupable; je sens que je suis en train de me perdre. Je ne savais pas ce que c'est que l'amour d'un homme, et je sais maintenant que, dans la vie d'une femme, c'est tout. Je périrai, car celui qui seul pourrait me sauver me repousse...

Vladimir s'efforçait en vain de maîtriser son trouble; il se cachait le front dans la main. Tout à coup, avec un sanglot, elle se suspendit à son cou, l'entourant de ses bras dans une étreinte désespérée. Vladimir était vaincu: cet homme de fer pleura; leurs lèvres se rencontrèrent, ils oublièrent tout pendant une minute de mortelle félicité.

Soudain des pas retentirent dans le salon; Vladimir se dégagea et se rapprocha de la fenêtre. Olga, plus morte que vive, s'appuyait contre le bureau. Son mari entra, les considéra l'un et l'autre d'un œil pénétrant, et annonça que la table de Noël était prête. Il ne fit aucune allusion à cet incident, mais tout le reste de la soirée il se montra taciturne, tandis qu'Olga vidait coup sur coup plusieurs verres de tokai et folâtrait avec les enfants. Enfin elle alluma la sainte crèche et appela les serviteurs. Avec eux entrèrent deux chanteurs de *kolendy*, un vieillard à longue barbe blanche et un jeune gars aux yeux pétillants de malice, qui entonnèrent avec entrain nos admirables vieux noëls, tristement résignés, tantôt rêveurs et pensifs, ou bien débordant d'une folle gaîté, comme est le tempérament de notre race. Tout le monde fit chorus, et comme on chantait les louanges de celui qui était dans la crèche et que les pâtres adoraient parce qu'il était venu pour les affranchir de la mort et des ténèbres, les larmes étouffèrent la voix d'Olga, et elle joignit les mains avec humilité en regardant l'ami à qui elle venait de donner son âme.

Lorsqu'elle se réveilla le lendemain, le monde lui parut changé. Le petit carré de soleil sur le plancher lui causa une joie enfantine ; le tapis de neige du jardin avait un air de fête, les corbeaux qui sautillaient sur les mottes blanches semblaient cirés et brossés, et dans son cœur à elle était un trouble délicieux.

Le second jour de Noël, Mihaël dînait chez un propriétaire voisin, Petit-Russien comme lui, qui avait invité une nombreuse compagnie. Vladimir le savait. Dans l'après-midi, à la tombée du jour, les clochettes de ses chevaux tintèrent dans la cour. Olga s'élança au-devant de lui, puis s'arrêta un peu honteuse, et lui tendit la main, les yeux baissés. Vladimir serra cette main, qui tremblait, et suivit Olga dans sa chambre. Ils s'assirent ensemble sur le petit canapé brun où elle avait si longtemps rêvé à lui. Comme elle appuyait la tête sur son épaule avec une timide tendresse, il y avait dans sa manière et son maintien quelque chose de candide, de virginal; elle ne pensait plus à rien en ce moment, ni à elle, ni même à lui; elle était tout entière à son bonheur.

— M'attendiez-vous? fit Vladimir tout bas.

Elle inclina la tête sans changer de position. Tout à coup elle lui prit le bras et s'en entoura par un geste de gracieux abandon.

— Vous devinez pourquoi e suis venu? reprit Vladimir.

— Qu'ai-je besoin de deviner? Je vous aime. Tout est là.

— Votre conscience ne vous dit-elle pas que nous ne devons pas nous laisser aller ainsi au courant qui nous entraîne?

— Vous savez bien que je n'ai pas de conscience, repartit-elle, et un sourire d'une adorable mutinerie, parti des coins de la bouche, éclaira tout son visage.

— J'ai la tête plus froide aujourd'hui, reprit Vladimir; j'ai loyalement examiné notre situation. Tout est maintenant entre vos mains. Je suis venu pour décider avec vous de notre avenir.

— Quoi encore? Je vous aime plus que je ne saurais dire. Je ne vois rien au delà.

— Olga?

— Eh bien! dit-elle en se redressant, voulez-vous dire que vous avez cédé à l'entraînement d'une heure d'oubli, que vous ne m'aimez point?

— Ah! reprit-il avec une gravité émue, vous ne devinez pas à quel point je vous aime; mais c'est parce que je vous aime que je veux vous voir heureuse. Est-ce ainsi que vous pourriez l'être? Et cet amour qui nous élève au-dessus de nous-mêmes doit-il vous faire glisser dans l'abîme d'où j'aurais voulu à tout prix vous tirer? Vous n'étiez pas heureuse jusqu'à ce jour, mais du moins vous n'avez pas failli à vos devoirs, — et ce serait moi qui vous apprendrais à tromper, à mentir? Espérez-vous donc vivre en paix, forcée d'avoir deux visages, l'un pour le mari, l'autre pour l'amant, et ne sachant plus à la fin lequel des deux est le vrai et lequel celui qui ment? Non, ce n'est pas là ce que je souhaite pour vous. Je ne veux pas vous perdre, je veux vous sauver. Ah! Olga, tu ne sais pas combien je t'aime... Et puis, vois-tu, je ne gagnerais pas sur moi de faire ce qui paraît si simple à tout le monde. Hélas! que ne puis-je t'appeler ma femme! Le mariage chez nous est un sacrement : à mes yeux, c'est chose vile de voler sa femme au mari, — et il s'agit de Mihaël, de mon meilleur ami... Enfin je ne comprends pas le partage. J'aurais la force de renoncer à la femme que j'aime; mais me dire qu'elle est à moi, et la laisser dans les bras d'un autre, je ne pourrais pas y consentir.

Olga l'avait écouté en ouvrant des yeux étonnés.

— Alors que veux-tu donc? demanda-t-elle. Je ne

te comprends pas. Il est pourtant mon mari; il a sur moi des droits sacrés...

— Si ces droits sont sacrés, répondit Vladimir d'une voix sévère, nous ne les violerons pas..., moi du moins.

— Vladimir! s'écria-t-elle avec désespoir en lui jetant ses bras autour du cou, que faut-il faire? Parle; tout ce que tu veux, je le veux aussi.

— Je veux agir avec loyauté et bonne foi, voilà tout. M'aimes-tu vraiment?

Olga colla ses lèvres à sa bouche dans un long baiser. — Je sais enfin ce que c'est lorsqu'on aime, dit-elle tout bas. Je ne pourrais plus vivre en dehors de toi, sans tes yeux, sans ta voix. Embrasse-moi donc.

Vladimir se dégagea doucement. — Il faut d'abord nous expliquer en toute sincérité.

Il se leva et fit quelques pas dans la chambre. — Si ta vie est liée à ma vie, il faut quitter ton mari ouvertement, la tête haute, en face du monde.

Olga tressaillit. — Je ne pourrais jamais, murmura-t-elle. Que deviendraient mes enfants? Et Mihaël qui m'aime tant! Que dirait-on de moi?

Vladimir s'approcha d'elle et l'attira sur son cœur. — Je ne veux t'imposer aucune contrainte, dit-il. Je n'exige pas que tu me suives; mais alors nous devons renoncer à nous voir.

— Ah! s'écria-t-elle en pâlissant, tu veux donc m'abandonner? — Et s'affaissant, les yeux noyés de larmes, elle pressa le front contre ses genoux.

— Ne m'abandonne pas, je n'ai que toi pour me

soutenir, je ne veux pas que tu me quittes...

Il voulut la relever, elle se cramponna à lui avec désespoir, baignant ses pieds de ses larmes.

— Je ne cesserai de t'aimer, dit-il tristement. Je viendrai tous les jours. Je trouverai moyen de te distraire... Je te ferai connaître ce qui peut enchanter l'esprit, les fleurs, les animaux, les étoiles. J'aimerai tes enfants et ton mari. — Il l'embrassa sur les cheveux.

— Si tu peux me céder à lui, tu ne m'aimes pas, murmura-t-elle.

— Et n'est-ce pas te céder, si tu restes sa femme? répliqua-t-il avec amertume.

Elle ne répondit pas.

— Il faut nous résigner.

— Je ne le puis pas.

— Tu dois pouvoir, dit-il d'une voix basse, mais ferme. Ton choix est fait...

— Je ne sais qu'une chose, c'est que je te veux tout entier, s'écria-t-elle avec une passion qui débordait.

— Calme-toi, répondit-il gravement. Il faut que je parte. Je te laisse le temps de réfléchir. Quand tu auras pris un parti, tu m'écriras. Je reviendrai comme par le passé, — en ami, sans rancune..... et sans espoir. — Il lui tendit la main.

— Tu pars sans m'embrasser ? — Elle lui saisit la tête, et sa bouche mordit ses lèvres à les faire saigner. — Maintenant va, dit-elle, et elle releva ses bandeaux, qui s'étaient détachés. Va. Oh ! voilà que tu ne peux plus t'en aller. Que tu es faible !

— C'est vrai, balbutia-t-il. — Il l'étreignit avec force, ses yeux se mouillèrent. — C'est pourquoi il est temps que je parte.

Deux minutes après, il était assis dans son traîneau. Olga, debout sur le perron, agitait son mouchoir en voyant le leste véhicule s'enfoncer dans les brumes de la nuit.

VIII

Elle l'attendit vainement le lendemain et les jours suivants. Arrive la Saint-Sylvestre ; cette fois il ne peut manquer de venir ; pourtant il ne vient pas. Le jour de l'an, il envoie sa carte par un serviteur.

La barina s'enferme chez elle, cherchant une issue et ne trouvant rien. Toute la vanité de la vie, toute la misère du doute, elle en mesure l'abîme. A la fin, elle ne raisonne plus, elle s'abandonne à la vague qui l'emporte vers une félicité sans bornes entrevue au loin.

Le lendemain matin, elle glisse ses pieds nus dans ses pantoufles et court à son bureau ; elle ne sait trop ce qu'elle lui écrit, mais il faut qu'il vienne ; la fièvre la dévore. — Le Cosaque monte à cheval et part avec son billet ; il ne rapporte pas de réponse, et Vladimir ne vient pas.

Celui-ci est assis dans son vieux fauteuil délabré, à la fenêtre de son cabinet de travail, contemplant le paysage d'hiver et lisant le *Faust*, ce livre merveilleux qui l'a si souvent consolé et retrempé.

Dans ma poitrine, hélas ! deux âmes sont logées...

Ce vers, il le comprend aujourd'hui pour la première fois. Les ombres du crépuscule tombent déjà : il dépose le livre à côté de lui, ferme les yeux, et redit à voix basse les strophes qu'il vient de lire. Un bruit léger frappe son oreille : c'est quelque chose qui marche sur des pattes de velours ; ce sera le chat, ce n'est pas la peine qu'il se dérange. Voilà qu'un rire à demi-étouffé se fait entendre au-dessus de lui ; comme il se retourne, il reconnaît Olga, qui ôte sa lourde pelisse et la jette sur lui. Avant qu'il n'ait pu se dégager, elle est à ses genoux, l'entourant de ses bras, le couvrant de baisers.

— Que faites-vous, au nom du ciel ! s'écrie-t-il avec effroi. A quel danger vous exposez-vous de gaieté de cœur ? Levez-vous, Olga, vous ne pouvez rester ici.

— Je ne bougerai pas, murmura-t-elle. Je ne crains rien, je suis avec toi. — Elle l'étreignit avec plus de force et posa la tête sur ses genoux comme un enfant rétif.

— Olga, ma chère Olga, je tremble pour toi, dit Vladimir d'un ton suppliant. Je t'en conjure, va-t'en d'ici.

— Tu m'as abandonnée, répliqua-t-elle ; mais moi, je ne t'abandonne pas. Je resterai jusqu'à la tombée de la nuit,... et je reviendrai tous les jours.

— Dieu t'en garde !

— Je viendrai, pour sûr, dit-elle avec résolution.

Il la regarda longuement comme pour pénétrer sa pensée. Il ne la comprenait plus. Était-ce là cette femme timide, craintive, irrésolue, qu'il avait connue? Une pensée soudaine fit refluer son sang vers son cœur.

— As-tu décidé de mon sort? demanda-t-il. Parle alors.

Olga ne bougeait pas.

— Parle, je t'en supplie !

Elle sentit que ses genoux tremblaient.

— Je n'ai pas la force de choisir entre mes enfants et toi, répondit-elle sans lever les yeux. Ne me fais pas souffrir. Rends-moi amour pour amour, et cesse de me questionner.

— Il le faut pourtant, Olga, ma bien-aimée ; réponds-moi, reprit-il avec angoisse.

— Je ne veux pas répondre.

— Il s'agit de ton bonheur, de ta paix, de ta vie peut-être.

— C'est de toi qu'il s'agit, de ton égoïsme, de tes implacables principes ! Tu ne peux donc rien sacrifier alors que moi je te donne tout?

Vladimir se leva ; la pelisse d'Olga glissa par terre. Celle-ci, debout, appuyée sur le dossier du fauteuil, le suivait des yeux pendant qu'il se promenait par la chambre dans une poignante émotion.

— Je suis venue ici, reprit-elle, pour te montrer que je me sens capable de te sacrifier tout, mon honneur, ma famille, moi-même. Maintenant chasse-moi, si tu l'oses.

— Je ne te chasse pas, balbutia-t-il.

— Alors, que demandes-tu donc ? dit-elle en se rapprochant de lui. Puisque je t'appartiens...

— N'es-tu pas la femme d'un autre? repartit

durement Vladimir, et dans ses yeux brilla un éclair de cette raillerie froide qui l'avait toujours remuée jusqu'au fond de son âme. — Cette fois, fermant à demi les paupières, elle soutint son regard avec un sourire dédaigneux.

— Donne-moi ma pelisse, dit-elle enfin, je veux m'en aller.

Vladimir, sans dire un mot, lui mit sa pelisse de zibeline sur les épaules. Elle fit quelques pas vers la porte, et s'arrêta. Une rage subite la mordit au cœur en le voyant si maître de lui-même, si fier de sa vertu. Elle sentit que pour le dominer entièrement, pour avoir sur lui pouvoir de joie et de larmes, il fallait le forcer dans ses derniers retranchements. Frappant la terre du pied, elle dit d'une voix brève et nette : — Je reste. — Et, avec un mauvais sourire, elle s'assit dans le fauteuil.

— Pardonne-moi, dit Vladimir au bout de quelques instants, je t'ai offensée, j'en suis désolé. Écoute-moi, Olga, ma bien-aimée. Tu connais maintenant mes fermes convictions. Tu m'aimes, je le vois bien, tu ne peux plus te détacher de moi, et moi-même je ne vois pas comment je ferai pour vivre sans toi. Je t'en prie, ma chérie, prends une résolution : quitte ton mari, quitte cette maison dont la paix est détruite, appartiens-moi toute entière : ces mains te porteront à travers les rudes sentiers de la vie ; je veux te servir, te protéger, ne vivre que pour toi seule.

— Mais ne suis-je pas tienne ? dit-elle lentement en levant sur lui ses grands yeux calmes.

Vladimir s'assit tristement sur le vieux divan fané, et baissa la tête sans répondre.

— Tu doutes encore?

Elle vint se mettre à côté de lui.

— Comme tu trembles, dit-elle. As-tu peur de moi?

— Oui, j'ai peur. Aie pitié de moi, va-t-en!

— J'ai pitié de toi, et je reste, répliqua-t-elle en riant. Tu es un homme perdu. — Ses pupilles s'étaient dilatées, ses narines frémissaient; elle était gracieuse et terrible comme une panthère de la forêt. — Quand tu n'auras plus ta raison, lui dit-elle, nous serons égaux.

IX

Peu de temps après son mariage, Olga avait gratifié sa nourrice d'une petite métairie cachée dans les bois. C'est là que les deux amants se rencontraient. Vladimir appartenait maintenant sans réserve à sa belle maîtresse. Tous deux se sentaient vivre d'une vie nouvelle. Pour Olga, le souvenir du passé était noyé dans le rayonnement qui du fond de son âme s'épandait sur le monde et en dorait tous les aspects. Et, dans ce bonheur infini, elle avait retrouvé une réserve chaste, une timidité de sensitive qui touchait Vladimir jusqu'au plus profond de son être.

Ce fut alors que pour la première fois commença de parler en elle cette seconde voix. Les yeux surhumains de Vladimir avaient éveillé, suscité cette âme nouvelle. Un jour, pendant un orage, les bougies s'étaient éteintes, des éclairs illuminaient de temps en temps les murs de lueurs blafardes. Olga s'était endormie dans les bras de son amant. Tout d'un coup les visions lui vinrent, et elle se mit à parler en songe. Vladimir ne comprit pas d'abord, la secoua par le bras, l'appela par son nom : il ne put la réveiller. Une indicible terreur le saisit, et il l'écouta en silence jusqu'à ce que l'orage fût dissipé, et qu'il la vit endormie éclairée en plein par la tranquille lumière de la lune. Alors il prit courage, et voulut la questionner sur la vie future; mais elle répondit qu'elle ne pouvait rien voir au delà des brouillards terrestres. Elle avait seulement peur de se voir ensevelie dans une fosse où les vers la mangeraient, et lui fit promettre qu'elle serait déposée dans un caveau. Il s'accoutuma peu à peu à cette seconde âme, et finit par vivre avec elle en bonne intelligence.

Olga en vint à renoncer presque complétement au monde, et n'y fit plus que de rares apparitions. Vladimir venait assez souvent au château, et alors il couchait ici dans cette chambre...

Quand le printemps eut fait reverdir la terre, ils cultivèrent ensemble le jardin; il n'y eut pas une fleur qu'ils n'eussent planté de concert. Les abeilles se posaient sur les mains d'Olga comme des serins privés et se promenaient dans ses cheveux; elle connaissait les nids des fauvettes et des pinsons et celui du rossignol. L'été, ils parcouraient les champs, et le soir, assis sur la lisière du bois, sous un ciel noir semé d'étoiles, Vladimir récitait des morceaux de ses poëtes favoris. Puis, après la moisson, on entreprit une excursion dans les Karpathes. Mihaël formait l'avant-garde avec l'Houçoule (1) qui leur servait de guide, Vladimir menait le cheval d'Olga par la bride. Ils firent l'ascension de la Montagne-Noire, virent le lac sans fond qui en décore le sommet, et des plus hautes cimes contemplèrent l'immense plaine étalée à leurs pieds.

Quand l'hiver vient ensuite les confiner de nouveau à la maison, l'amour leur tapisse de roses et de myrtes les vieux murs, et les muses remplissent de lumière et de mélodie le petit salon où l'on se réunit le soir. Mihaël s'installe sur le sofa avec les enfants ; Olga se met au piano, et Vladimir prend l'un des petits fauteuils. Elle joue les compositions des grands maîtres allemands, ou bien elle chante avec Vladimir un des chants mélancoliques du peuple petit-russien. — Une fois que l'étang a gelé, ils passent plus d'une heure agréable à patiner au soleil, et Vladimir lui apprend à tailler des arabesques dans la glace.

Cependant elle a aussi ses heures de peine et de tristesse, où le remords l'assaille, où elle voudrait tout dire à son mari, expier son coupable bonheur. Elle se tourmente, s'accuse, se désespère ; mais tous les nuages se dissipent dès qu'elle se retrouve dans les bras de Mihaël, et alors elle est heureuse complétement...

Pas complétement. Vladimir se tait ; mais sur

(1) Montagnard des Karpathes galiciennes.

son front assombri elle lit souvent l'amer regret de la faute qui l'a fait traître à son ami. Ce n'est pas tout. On s'est aperçu que la bonne harmonie est troublée entre elle et son mari, on la plaint ; cette pitié l'impatiente. Elle est si fière de son bonheur qu'elle voudrait le crier sur les toits ; elle voudrait qu'on l'enviât, et surtout qu'on enviât Vladimir, dont elle a fait un dieu. Aussi ne manque-t-elle aucune occasion de le distinguer ostensiblement. C'est lui qui lui tient l'étrier, qui l'enlève du traîneau, qui la débarrasse de ses fourrures ; c'est lui qu'elle choisit pour danseur, qu'elle charge de lui verser à boire et de lui découper sa volaille. Elle boit dans son verre, ou lui offre le sien. Ses yeux ne le quittent pas quand il est là ; lorsqu'il arrive, on la voit pâlir et rougir. Elle fait son éloge hautement, à tout propos ; les plus aveugles finissent par constater que Vladimir Podolef est l'heureux amant de la belle Olga.

Des mots à double entente arrivent jusqu'à l'oreille de Mihaël. Il ne veut pas douter de sa femme; cependant le soupçon prend racine, et il les observe.

C'est ainsi qu'une année a passé. Le printemps jette ses premières fleurs par la porte ouverte du petit salon où ils sont assis tous trois à la table de thé. L'air est chargé d'aromes pénétrants, les étoiles brillent au ciel, la caille crie dans les sillons verts, et une douce langueur remplit les âmes. De petites mouches d'un vert doré bourdonnent autour de la lampe qui les éclaire, et des papillons blancs viennent heurter contre le globe de cristal. Vladimir a ouvert un volume de Shakspeare, et Olga lit par-dessus son épaule.

« JULIETTE. — Oh ! penses-tu que nous nous revoyions jamais ?
» ROMÉO. — Je n'en doute pas, et tous ces malheurs serviront de thèmes à de douces conversations dans des jours à venir.
» JULIETTE — O Dieu ! mon âme est pleine de pressentiments de malheur ! Il me semble, maintenant que tu es si bas, que je te vois comme un mort dans le fond d'une tombe : ou mes yeux me trompent, ou tu parais pâle. »

Les mots qu'elle vient de prononcer la frappent comme un sinistre présage ; elle regarde Vladimir, qui en effet est affreusement pâle.

— Je ne puis continuer, murmure-t-elle ; je ne sais ce que j'ai.

— C'est l'air du printemps, dit Mihaël ; fermons a porte.

Olga sort un moment sur le perron, puis revient et remplit les tasses. Elle est assise en face de Vladimir. Son mari ne les perd pas des yeux ; pendant qu'il semble absorbé par la lecture de son journal, il remarque qu'ils échangent un regard de folle tendresse. Au même moment, il sent que le pied de sa femme touche le sien.

— C'est mon pied, dit-il simplement, — puis il se lève, les traits horriblement contractés, et sort lentement.

— Tu nous as trahis, dit Vladimir à voix basse.

— Je le crains moi-même. Tant pis, il saura tout. Désormais je suis tienne, toute, toute à toi ! Vladimir lui prend la main, qu'il embrasse tendrement. — Ah! que je t'aime! Il faut que tu restes; j'ai tant de choses à te dire.

— Pas cette nuit, je t'en conjure; j'ai un mauvais pressentiment.

Mihaël avait toussé avant de rentrer. Il vint prendre son thé, puis se plaignit d'avoir la migraine. — Allons nous coucher, dit-il d'une voix sourde.

Vladimir prit congé de ses hôtes et se retira dans sa chambre, où il se jeta tout habillé sur son lit. Un peu après minuit, il entendit sur la terrasse le frôlement d'une robe. Il ouvrit la fenêtre et ne vit rien. Tout à coup Olga sortit de l'ombre qui la cachait, et lui saisit les deux mains.

— Voilà ton mauvais pressentiment, dit-elle en riant.

Vladimir ne répondit pas, la fit entrer, regarda le jardin avec défiance et referma la fenêtre.

Olga s'était assise.

— On dirait que je te fais peur, ce soir? Et elle lui jeta ses deux bras comme un lacet autour du cou.

— J'étouffe ici, dit-elle au bout de quelques minutes, rouvrons la fenêtre.

Vladimir hocha la tête.

— Qu'as-tu donc? On dirait que tu crains mon mari? — Elle se mit à rire, et courut elle-même ouvrir la croisée.

— Je t'en prie, Olga, va-t'en, répétait Vladimir.

— Si tu m'aimes un peu, obéis-moi.

Elle secouait la tête et jouait avec ses cheveux. Soudain, à un mouvement qu'il fit, elle se retourna;

son mari était debout devant eux. Elle recula épouvantée, Vladimir bondit pour s'interposer.

— Tu peux te dispenser de la protéger, dit Mihaël d'un ton glacial. Elle n'a rien à craindre. Rentrez chez vous, madame; nous avons deux mots à nous dire sans témoins.

Olga sortit, après avoir arrêté un long regard douloureux sur Vladimir, dont les yeux rayonnaient d'un feu sombre. Elle s'enferma et se jeta sur son lit, en proie au plus horrible désespoir. Elle entendit son mari gagner sa chambre, puis le galop d'un cheval; ensuite un silence assez long. Enfin le pas ferme de Mihaël résonna de nouveau dans le corridor; elle entendit son cheval noir hennir dans la cour, et quelques secondes après il était sur la grande route.

Le jour parut. Une lumière grise, blafarde, pénétra dans la chambre. Olga ouvrit sa porte. — Personne ici ? — Pas de réponse. Elle sortit sur le perron, et appela de nouveau. Alors le cosaque monta de la cour, bâillant et se frottant les yeux.

— Où est Vladimir? demanda-t-elle. Et où est le maître?

— Le maître a laissé des lettres, répondit le cosaque d'un ton indifférent en mordillant un brin de paille; ensuite il est monté à cheval. M. Vladimir était parti avant lui.

Elle regagne sa chambre; ses genoux plient sous elle, le sang se glace dans ses veines; elle ne trouve pas de larmes. Prosternée devant le christ qui est au-dessus de son lit, elle prie en se frappant le front de ses poings crispés. Enfin le galop d'un cheval résonne sur la route, puis dans la cour. Elle écoute, la tête penchée; ses artères battent, elle n'ose bouger. Des pas montent, — elle est prête à défaillir. C'est son mari.

— Il est mort, dit Mihaël. Voici une lettre pour vous. A présent, vous êtes libre de partir...

Elle n'entendit plus rien; les oreilles lui tintèrent, et elle tomba sur le plancher.

Lorsqu'elle revint à elle, elle était encore à la même place. Son premier regard tomba sur le crucifix suspendu au mur. Elle ne se rappela rien de ce qui était arrivé, elle ne sentit qu'un vide dans sa tête et comme une plaie au cœur. Puis elle vit la lettre, et à mesure qu'elle la regardait, les idées lui revenaient; mais elle était comme pétrifiée par la douleur, elle l'ouvrit presque avec indolence. Voici ce qu'elle lut :

« Ma bien-aimée, tu as été tout pour moi, ma vie, mon bonheur, mon honneur. Pour toi, j'ai failli, menti à mes convictions; ce que j'ai fait méritait un châtiment. Quand tu liras ces lignes, mon destin sera accompli. Ne me pleure pas : l'année que tu m'as donnée vaut une longue vie; je t'en remercie. — Sois heureuse, et si tu ne peux pas l'être, tâche de faire ton devoir. — Laisse-moi vivre dans tes souvenirs. Adieu. »

« Vladimir. »

Olga plia la lettre en silence, s'habilla, se mit à faire ses malles. Elle voulait partir sur-le-champ.

Tout à coup elle entendit ses enfants dans le corridor ; elle ouvrit la porte, les bambins lui sautèrent au cou, et elle éclata en sanglots. Les malles restèrent ouvertes.

Vladimir fut trouvé dans le bois de Toulava ; c'est le lieu le plus calme à dix lieues à la ronde. Ce fut le garde champêtre de la commune, le *capitulant* Balaban, qui le découvrit en faisant sa tournée. Il était couché sur le dos, avec une balle dans le cœur et un pistolet à la main. Une lettre qui était dans sa poche prouvait qu'il s'était suicidé, et il fut enterré en dehors du cimetière.

Olga ne quitta pas son mari. Elle faillit perdre la raison ; plusieurs fois elle avait déjà chargé l'arme qui avait tué Vladimir, avec l'intention de le venger ; mais elle ne voulut pas renoncer à cette infernale jouissance de voir souffrir Mihaël, qui l'aimait toujours, qui la savait à lui, et perdue pour lui. — Sa vie depuis ce temps a été une vie sans soleil. Son visage a pâli, son cœur est malade, et les nuits où la lune est dans son plein, il faut qu'elle se lève et marche sans repos...

La barina se tut pendant quelques instants. — A présent, dit-elle enfin avec une touchante résignation, on me jugera,... et l'on ne me trahira pas. Oh ! je sais, dit-elle à un geste que je fis, je sais qu'on saura garder mon secret. Adieu, le coq a chanté deux fois, voici l'aube qui borde le ciel d'orient d'une bande laiteuse. Il faut partir.

Elle sortit lentement, étirant ses beaux membres, et relevant ses cheveux, qui donnaient des étincelles au contact de ses doigts. Sur la terrasse, elle se retourna encore, et mit un doigt sur ses lèvres, puis elle disparut. Au bout de quelques minutes, je me levai et m'approchai de la fenêtre ouverte. Je ne vis plus rien que le paysage endormi sous la lumière argentée de l'astre des nuits...

Quand je parus le lendemain dans la salle à manger, le maître de la maison m'invita à partager son déjeuner. — Je vous mettrai ensuite moi-même dans votre chemin, ajouta-t-il d'un ton obligeant.

— Et comment va madame ?

— Ma femme est indisposée, répondit-il assez négligemment ; elle a souvent des migraines, surtout au moment de la pleine lune. Ne connaissez-vous pas un remède pour ces choses ? Une vieille femme lui a conseillé les concombres au vinaigre ; qu'en pensez-vous ?

Il ne prit congé de moi que de l'autre côté de la forêt.

Je n'ai pas profité de son invitation fort cordiale de lui rendre visite. Chaque fois que je passe de nuit devant la porte du château solitaire entouré de sombres peupliers, un frisson me saisit. Je n'ai jamais revu la barina ; mais j'ai plus d'une fois revu en rêve ses formes gracieuses, sa tête pleine de noblesse, son visage pâle aux paupières closes, et sa merveilleuse chevelure flottante.

MARCELLA

LE CONTE BLEU DU BONHEUR

I

Ce fut dans l'été de 1857 que je revins au pays, après une absence qui avait duré près de dix ans. Mon impatience de revoir la terre natale était devenue peu à peu une maladie, une fièvre, dont je ne fus guéri que lorsque je respirai de nouveau l'air embaumé de thym et d'absinthe de nos villages, que je retrouvai les sarraus de toile et les chapeaux de paille de nos paysans, les caftans noirs et les calottes de nos Juifs. Je doute que jamais dans ma vie j'aie été aussi gai, aussi complétement content, ou que je doive l'être jamais au même degré que pendant ces jours heureux; et c'est dans cette belle disposition d'esprit que le hasard me fit rencontrer, dans une auberge du grand chemin, le plus cher de mes camarades d'enfance, le comte Alexandre Komarof.

Petits garçons, nous nous étions livré des batailles acharnées avec des soldats de carton, et en jouant aux brigands nous avions rapporté tous les deux plus d'une bosse ; aussi en nous retrouvant hommes faits fut-il entendu tout de suite que nous ne nous quitterions pas de sitôt, et que je serais pour quelques semaines l'hôte du comte et le compagnon de ses parties de chasse.

Dans cette intimité de tous les jours, pendant nos courses à travers champs, marais et forêt, la sympathie instinctive des enfants ne tarda pas à devenir une forte et virile amitié. Plus âgé que moi de quelques années, Alexandre pouvait avoir à peu près vingt-huit ans. Il était grand, svelte, avec des muscles de fer ; sa poitrine bombée donnait à son port une fierté qui imposait. Sa tête avec ses traits sévères, ses yeux sérieux, enfoncés dans les orbites, ses cheveux d'un blond roux et sa barbe taillée très-court, offrait le vrai type petit-russien. Il y avait en lui quelque chose de la nature sauvage, indomptée du Cosaque ; sa manière était brusque, presque farouche ; s'il cueillait une prune, la branche lui restait dans la main. C'était un de ces hommes dont la volonté est plus forte que la nature et le destin ; mais quelque froid, quelque roide que fût son abord, quelque sarcastique sa parole, un esprit droit et très-cultivé était associé chez lui à une rare probité des intentions et à une grande sensibilité. Toutefois l'imagination n'avait guère d'empire sur lui : c'est ce qui lui donnait une fermeté si sûre d'elle-même. Malgré sa jeunesse, on le disait dédaigneux des femmes, voire misanthrope.

Un soir, — nous avions exterminé beaucoup de bécasses, et nous prenions le thé après avoir changé nos bottes et nos vêtements mouillés, — je le questionnai à ce sujet. Il se mit à sourire. — C'est bien simple, répondit-il. Au lieu de jouer ou de faire la cour à quelque jolie femme incomprise, je travaille comme un paysan, afin de mettre en valeur mes propriétés délabrées; au lieu de faire des dettes nouvelles, je paye celles de mon père. Au reste, je dédaigne si peu les femmes que je songe sérieusement à me marier.

— Toi?

— Oui, moi. L'ordre sera absent d'ici tant qu'il n'y aura pas une brave ménagère à la maison.

— Fort bien ! et où trouveras-tu ce qu'il te faut?

— Je veux trouver, répliqua mon ami avec son assurance enjouée, et je trouverai.

— Alors j'admire que tu aies le courage de te marier par le temps qui court.

— Pourquoi donc pas? dit le comte. Je n'ai pas peur que ma femme me trahisse, car je saurais être au besoin « le médecin de mon honneur ». Ce ne serait pas assez; je veux vivre heureux et voir ma femme heureuse à mes côtés. Je te dirai une autre fois comment je compte m'y prendre. J'ai mes idées là-dessus; mais ce soir tu es fatigué, et tu tombes de sommeil.

— Pas le moins du monde...

— Trêve de compliments ! ça se voit assez. Je

n'ajoute qu'un mot : je me garderai d'installer ici ce qu'on appelle une femme à la mode. Il y a longtemps que j'ai fait mon apprentissage, et je ne veux pas en perdre le bénéfice.

— On prétend que tu as été un homme à bonnes fortunes.

— Comme on prétend maintenant que je suis misanthrope. Crois-moi, j'ai conservé mon cœur intact au milieu d'une existence agitée. Cependant j'ai mené la vie à grandes guides. A vingt ans, je suis allé à l'étranger, j'ai fréquenté les universités de l'Allemagne et ses écoles d'agriculture; j'ai visité l'Italie, l'Espagne, la France, l'Angleterre, la Russie, l'Amérique et l'Orient, ouvrant partout les yeux et les oreilles. J'ai beaucoup vu, beaucoup vécu, et les aventures ne m'ont pas manqué. J'ai aimé et j'ai été aimé, j'ai souffert et j'ai fait souffrir. A la fin, j'ai pris le monde en horreur, et il m'est venu un ardent désir de retrouver la simplicité de la vie et la glèbe natale. Une nuit, j'étais assis aux pieds de la femme étrange qui fut ma dernière passion, sur la terrasse de sa villa, au bord du Bosphore, sous un ciel noir semé d'étoiles. Lady Arabella regardait la vague qui se balançait, pendant qu'une négresse lui rafraîchissait ses joues brûlantes avec un éventail en feuilles de palmier. Je ne sais pourquoi, il me vint tout à coup à l'esprit un conte de ma nourrice, — tu le connais sans doute, — c'est *le conte bleu du bonheur.*

— Je ne me rappelle pas...

— Veux-tu l'entendre?

— J'écoute.

— Il y avait une fois trois frères qui demeuraient dans une grande forêt noire, pas loin de la mer bleue. Ils demeuraient là tout seuls. Un jour, l'aîné dit : — Derrière la forêt, il y a une haute montagne, et derrière la montagne il y a un pays vaste et fertile. — Le second dit : — Derrière la forêt, il y a encore la mer bleue, et au-delà de cette mer sont de riches cités. — Et le troisième dit : — Dieu sait si l'on y trouve aussi des arbres comme ceux de notre forêt, et des oiseaux qui chantent aussi bien que ceux de notre forêt ! — Mais l'aîné reprit : — Nous allons partir pour chercher le bonheur, — et le second répéta : — Oui, nous allons partir pour chercher le bonheur, — et le troisième ne dit rien. Et ils sellèrent leurs chevaux, leurs bons chevaux noirs, et saisirent leurs lances, leurs bonnes lances pointues, et s'en furent tous les trois à la recherche du bonheur. L'aîné franchit les montagnes et entra dans le vaste pays fertile ; le second traversa la mer bleue sur un navire pour visiter les riches cités, et ils cherchèrent partout le bonheur, et ne le trouvèrent point. Le plus jeune, lui, n'était pas allé bien loin, seulement jusqu'à la lisière de la forêt ; là, il eut le cœur gros, et il dit à son cheval noir : — Nous ferons bien mieux de retourner chez nous, à la maison, dans la grande forêt. — Et il tourna bride. Alors les arbres se mirent à murmurer doucement et s'inclinèrent devant lui pour le saluer, et les oiseaux le suivaient en sautillant de branche en branche et chantant à plein gosier, et la forêt semblait lui dire : — Tu as bien fait de revenir ! — Et, comme il arriva devant sa maison, il vit une jeune femme aux cheveux d'or qui était assise sur le seuil et filait, et à côté d'elle le chat ronronnait au soleil. Et il demanda à la femme aux cheveux d'or : — Qui es-tu? — Elle le regarda avec ses grands yeux doux, qui souriaient, et répondit : — Je suis le Bonheur.

— Elle est fort jolie, ta légende, m'écriai-je.

— Je me la rappelai à propos, reprit mon ami. Le mal du pays me gagna. Je n'eus de repos que le jour où je revis notre clocher de bois avec sa croix grecque, et où le vieux Iendrik de ses mains tremblantes m'aidait à descendre de voiture, pendant que mon père, dans le premier trouble de sa tendre émotion, ôtait poliment sa casquette comme s'il saluait un étranger de distinction, pour se jeter ensuite à mon cou en pleurant.

Je trouvais bien du changement à la maison. Ma mère était morte. La solitude régnait au château, et la propriété était dans un état pitoyable ; mais j'étais chez moi. J'eus avec mon père une explication ; je le piquai d'honneur, il m'abandonna les rênes.

Dès lors je m'enterrai ici comme un blaireau dans son terrier. Je n'ai encore vu personne, ni parents, ni amis, ni voisins, pas même ma vieille nourrice, qui demeure à Zolobad, de l'autre côté de la forêt. J'étouffai en moi tout ce qui ressemblait à du sentiment, pour mener ici l'existence idyllique d'une machine à battre le blé. Nos domaines étaient non-seulement négligés, mais grevés de dettes ; je me mis en tête, quelque chimérique que cela parût à tout le monde dans la maison, de rétablir l'ordre dans nos affaires. J'y réussis, sans le secours de personne, par un effort de ma volonté. Ce qui vaut mieux encore, je pris confiance dans ma force, que je trouvai à la hauteur de toutes les privations et de toutes les corvées.

Mon père eut encore le temps de voir comme tout se relevait peu à peu, puis il mourut à son tour; je l'ai perdu il y a six mois. Depuis sa mort, me voilà seul avec le vieux Iendrik, qui a dépassé soixante-dix ans; mais je sais que je ne serai pas toujours seul. Chaque fois que je rentre le soir, couvert de poussière et brûlé par le soleil, il me semble que je trouverai sur mon seuil la femme aux cheveux d'or, et je ne trouve personne que le vieux chien aveugle et boiteux, qui remue la queue dès qu'il reconnaît mon pas.

Nous nous tûmes tous les deux pendant quelques instants, puis je hasardai une question sur les qualités que devrait avoir sa femme.

— Avant tout, répondit-il, je la veux belle et bien portante. Pas de mariage heureux si les sens n'ont pas leur part légitime. Ensuite il faut qu'elle ait l'esprit juste et un bon cœur, qu'elle sache travailler, et qu'elle ait de l'honneur comme un homme.

— Qu'est-ce que tu entends par là ?

— J'entends que le monde n'ira pas mieux tant qu'on s'obstinera toujours à trouver le manque de probité aimable chez la femme, et à l'appeler complaisamment faiblesse féminine. Il faut que les femmes soient habituées à comprendre que les lois de l'honneur sont les mêmes pour les deux sexes; alors seulement l'union sera possible sur le pied de l'égalité. Comme elles sont élevées aujourd'hui, peut-on leur reconnaître leurs droits naturels?

— Eh bien! il faut alors t'élever une compagne toi-même.

Il me regarda d'un air surpris. — Tu as peut-être raison, dit-il enfin; mais voici Iendrik qui bâille dans l'antichambre, et toi-aussi, tu as déjà les yeux tout petits. Bonne nuit, mon ami!

— Bonne nuit!

II

Nous nous séparâmes. Quand je le revis le lendemain, à l'heure du déjeuner: — Figure-toi, me dit-il, cette nuit j'ai rêvé, les yeux ouverts; j'ai vu ma nourrice assise près de mon lit et me racontant sa légende, et à ses pieds était assis le Bonheur, — une femme jeune et belle; ce qui me surprit, c'est que ses cheveux n'étaient pas blonds, mais châtains; elle avait un fuseau à la main et filait. Je m'appuyai sur le coude pour mieux contempler ce ravissant visage inconnu, lorsqu'elle leva les yeux sur moi, et à ses grands yeux doux je la reconnus...

— Oui, elle a des yeux bleus, dit tranquillement le vieux serviteur en passant sa serviette sur le dossier de la chaise du comte.

— Es-tu fou? reprit celui-ci; de qui parles-tu? Qui est-ce qui a des yeux bleus?

— Eh bien ! Marcella.

— Marcella ? Qui est-ce, Marcella ? demanda le comte abasourdi.

— Mais la petite-fille de la vieille Hania, la fille de Nikita Tchornochenko, qui demeure à Zolobad, répondit simplement le brave Iendrik sans se douter de l'impression qu'il avait produite.

— Ma nourrice a une petite-fille, continua le comte, qui a des cheveux châtains ?...

— Et des yeux bleus,... sans doute, monseigneur, ajouta Iendrik.

— Tu la connais ?

—On dit que c'est un beau brin de fille, belle et bonne, et point sotte.

Le comte tomba dans une rêverie profonde. — C'est bizarre, dit-il enfin... Un de ces jours, nous irons faire une visite à la vieille femme.

Il était nuit lorsque le lendemain nous sortîmes des marais de Grokhovo et que nous arrivâmes à Zolobad. Le village dormait ; on n'entendait que le cri lugubre du hibou et le toc-toc des vers dans les vieux troncs des arbres qui bordaient la route, un bouillonnement d'eaux invisibles et de loin en loin des abois de chiens, quand la voix puissante de la forêt n'étouffait pas ces faibles bruits. De-ci, de-là, un filet de lumière s'échappait par une fente des volets fermés, et le murmure d'une prière monotone comme une plainte funèbre résonnait dans une chaumière. Le comte me montra une ferme à droite de la route, où, derrière la haie d'épines, un gros chien blanc faisait la sentinelle. — C'est là, dit-il, que demeure ma nourrice ; mais je ne vois plus de lumière ; ils sont déjà couchés, n'allons pas les réveiller.

Nous n'avions pas fait cent pas que la bise nous apportait les notes d'une chanson qui semblait nous rappeler en arrière, une mélodie bizarre, et une voix plus étonnante encore. — Connais-tu cet air ? demanda le comte, qui s'arrêta.

— C'est la chanson du Hriciou (1).

A ce moment, la forêt se tut, les chiens dans le village et le hibou se turent également, les eaux seules continuaient leur mélancolique murmure, et il fut possible de distinguer les paroles que cette mélodie pleine d'une langoureuse tristesse portait au loin.

> Ne va point chez les fileuses
>   Qui veillent le soir ;
> Car des œuvres ténébreuses
>   Sont en leur pouvoir.
> Si tu vois monter la flamme,
>   C'est trop tard pour toi :
> La *vidma* t'a pris ton âme,
>   Tu subis sa loi.

— C'est une voix de femme, dit le comte, une de ces voix d'alto qui semblent venir des profondeurs insondables de l'âme.

Et de nouveau les sons flottaient autour de nous comme des esprits amis qui auraient voulu nous avertir.

(1) Chanson populaire des Petits-Russiens de Galicie. Elle fait allusion aux veillées (*vetchernitci*), où l'on se réunit le soir pour filer, causer, raconter des histoires, égrener le maïs et se livrer à toute sorte de pratiques superstitieuses. — *Vidma*, sorcière.

III

Nous nous étions égarés dans les bois. Le soleil était déjà très-bas, ses rayons perçaient entre les troncs rougeâtres qui nous retenaient captifs, et qui semblaient reculer devant nous uniquement pour nous faire prisonniers de nouveau.

— Je pourrais me mettre en colère, dit le comte, si ce n'était pas de ma faute ; mais c'est à toi de me faire des reproches.

— Je n'ai garde, répliquai-je en riant ; on est très-bien ici, — et je m'assis sur la plate-forme d'une souche d'arbre fraîchement coupé, où se dessinaient les anneaux concentriques des fibres ligneuses.

— Le plus sage sera de faire une halte, reprit mon ami, de finir nos provisions et d'appeler de temps à autre. Il passera bien par ici quelque chasseur, quelque bûcheron ou quelque fille qui récolte des champignons. — Il se fit un porte-voix de ses deux mains et se mit à crier : — Hop ! hop !

— Hop ! hop ! répondit la forêt.

Nous recommençâmes notre appel tous deux, mais l'écho seul nous donna la réplique. De guerre lasse, nous nous étendîmes sur les feuilles de sapin qui jonchaient le sol, pour déboucher notre dernière bouteille et partager un reste de viandes froides.

Une heure se passa ainsi. Nous causions tout en mangeant, et de temps en temps nos *hop ! hop !*

troublaient le silence de la forêt. Déjà le crépuscule voilait les objets à notre portée, et toujours pas de réponse, pas une voix amie qui vînt nous délivrer.

— Viens, dit enfin le comte ; nous tenterons la chance encore une fois. Il faut bien que nous finissions par sortir de ce taillis.

Il eut à peine annoncé sa résolution que le son d'une voix frappa nos oreilles, — c'était cette voix douce et profonde que nous avions entendue l'autre nuit dans le village, c'étaient les mêmes paroles :

> Ne va point chez les fileuses
> Qui veillent le soir...

— Hop! hop! criai-je de toute la force de mes poumons.

> Car des œuvres ténébreuses
> Sont en leur pouvoir.

Portée sur les ondes de la mélancolique mélodie, la voix flottait, semblait se rapprocher.

— Ohé ! la sorcière ! cria le comte. Où es-tu ?

> Si tu vois monter la flamme,
> C'est trop tard pour toi...

La voix était déjà tout près de nous lorsqu'elle termina le second couplet.

> La *vidma* t'a pris ton âme,
> Tu subis sa loi.

J'entrevis à travers les arbres la taille élancée d'une jeune paysanne qui se dirigeait vers nous.

— Que demandez-vous ? dit-elle de sa voix voilée en s'arrêtant à une certaine distance, et en nous jetant un regard ferme, presque hostile.

— Nous nous sommes égarés.

— Ne courez pas les bois, si vous ne connaissez pas le chemin. — Elle dit cela d'un ton de réprimande.

Je gardai le silence, et me retournai vers le comte ; il paraissait absorbé dans une muette contemplation devant cette jeune fille, qui se tenait debout dans une attitude hardie, presque altière, comme si elle eût eu conscience de sa virginale royauté. C'était l'éclat de la pureté qui rayonnait de chaque pli de sa chemisette de neige, comme de toute sa personne et des traits de son visage. Elle était belle à coup sûr, mais non de cette beauté qui enflamme à première vue et éveille des passions orageuses ; sa beauté était d'une nature plus élevée, de celles dont la vue réjouit le cœur. Elle était grande, svelte, et pourtant toutes les lignes de cet admirable corps étaient souples, arrondies et pleines. Elle portait avec une grâce singulière le costume si coquet de nos paysannes, la jupe plissée et le corsage lisse de drap bleu avec la chemise bouffante. Son col et ses bras nus étaient bruns, ses mains portaient les traces du travail. Son visage, d'un ovale parfait, aux lignes harmonieuses, était aussi brûlé par le soleil, les lèvres étaient d'un rouge incarnat, des cheveux soyeux d'un châtain clair pendaient en boucles légères des deux côtés d'un front noble et pur, et retombaient derrière la tête en deux lourdes tresses entrelacées de rubans rouges. Ses grands yeux bleus paraissaient encore plus grands et plus lumineux dans le cadre sombre de ses longs cils.

— N'est-ce pas le type de la *Fornarina?* me dit le comte en français, sans détourner les yeux.

La jeune fille sentit qu'il était question d'elle. Sans me laisser le temps de répondre, elle s'écria en fronçant les sourcils avec dépit : — Que me voulez-vous alors? qu'avez-vous à parler entre vous?

— Nous avons perdu la route, repartit le comte. Veux-tu nous conduire?

— Vous ne savez donc pas vous guider sur le soleil ou d'après les arbres? dit-elle d'un ton railleur.

— Comment cela?

— Regardez, dit-elle en frappant de la main le tronc de l'arbre le plus voisin. Qu'est-ce que vous voyez là?

— De la mousse.

— Et ici? — Elle touchait le côté opposé du tronc.

— Ici je ne vois rien.

— C'est cela, poursuivit-elle. Examinez ces arbres; ils sont tous moussus, mais d'un côté seulement, et c'est toujours le même côté, et là où se trouve la mousse est le nord. — Un sourire découvrit ses dents de nacre.

— Veux-tu nous montrer le chemin? dit le comte.

— Pour aller où?

— A Lesno.

— Eh bien! venez.

Elle se mit en marche, nous la suivîmes.

— Comment t'appelles-tu ? demanda le comte au bout de quelques minutes.

Elle ne répondit pas.

— Je te demande comment tu t'appelles, répéta-t-il avec une nuance de hauteur.

— Est-ce que je vous demande votre nom, moi repartit-elle d'un ton froid.

— Elle ne manque pas de logique, la petite sorcière, murmura le comte.

— D'où te viennent ces yeux-là ? reprit-il après une pause.

Au lieu de répondre, elle pressa le pas. Le comte l'eut bientôt rejointe, et se mit à marcher à ses côtés.

— Tu me plais, dit-il encore.

Elle le regarda en dessous sans mot dire, mais ce regard parlait clairement.

— Viens chez moi, insista mon ami ; je suis riche, tu demeureras dans mon château, tu porteras du satin et du velours, tu auras des bijoux, des fourrures, tu ne sortiras qu'en carrosse à quatre chevaux blancs comme le lait.

La pauvre fille était devenue cramoisie. — Pourquoi m'insultez-vous ? s'écria-t-elle d'une voix entrecoupée par un sanglot.

— Je n'ai pas voulu t'insulter, dit le comte.

— De quel droit me parlez-vous ainsi ? reprit-elle. Le bon Dieu a fait tous les hommes de la même façon ; vous avez beau être un comte, devant lui je vous vaux bien. Pourquoi m'offensez-vous ?

— Mais vois toi-même, dit le comte. Tu es une belle fille, tu me plais; comment faire? Penses-tu par hasard que je devrais t'épouser?

— Je n'y songe pas, dit-elle en éclatant de rire; comment pourrions-nous vivre ensemble? Comme un cheval et un chat attelés au même brancard. Mais si vous voulez dire que je ne suis pas assez bonne pour être votre femme, je vous réponds, moi, que je suis trop bonne pour être votre maîtresse.

— Tu es une brave fille, dit le comte avec chaleur; je t'aime encore mieux maintenant. Donne-moi ta main.

Elle hésita.

— Donne-moi la main, — répéta-t-il d'un ton d'autorité qui n'admettait pas de réplique; et elle obéit.

Ils reprirent leur marche côte à côte, sans proférer un mot de plus, jusqu'à ce que nous sortîmes de la forêt. Il faisait nuit, les étoiles brillaient déjà.

— Voici le sentier, dit la jeune fille en étendant le bras; derrière l'image de la Vierge, vous prenez à droite. Vous ne pouvez plus vous tromper.

Elle se pencha, cueillit une fleur, et resta immobile à deux pas de nous.

— Où demeures-tu? demanda le comte.

Elle ne répondit pas, et ne bougea pas davantage.

— Où pourrai-je te revoir? insista mon ami.

— Pourquoi voulez-vous me revoir? répondit-elle, mais en lui jetant un regard étrange.

— Soit! dit le comte. Je saurai te retrouver.

Pour le moment, merci et bonne nuit ! — Il lui tendit la main, et, voyant qu'elle cachait la sienne dans les plis de sa jupe, il s'en empara, la secoua cordialement, fit un salut en se découvrant, et s'engagea dans le sentier qu'elle venait de nous indiquer.

— Bonne nuit ! — cria-t-elle derrière nous, quand nous avions déjà fait quelques pas ; puis elle se mit à courir sur la lisière de la forêt.

Le comte la regarda s'éloigner. On voyait les plis blancs de sa chemise briller dans la nuit. — Il faut que cette femme soit à moi, murmura-t-il.

— Et comment cela ?

— Je n'en sais rien encore moi-même ; mais je sens qu'elle est mienne, qu'elle doit être à moi.

Le lendemain, je le vis entrer chez moi à une heure tout à fait matinale. Il tourna d'abord pendant quelques minutes dans la chambre sans mot dire ; il avait l'air ému, presque égaré. A la fin, il s'arrêta devant la fenêtre, et dit à demi-voix, comme s'il ne s'adressait pas à moi : — Crois-tu à la seconde vue ?

— Pourquoi cette question ?

— Moi, j'y crois ; ma mère était voyante. Elle pressentait des choses qui ne devaient arriver que longtemps après. Et moi...

— Toi,... je dirais que tu es un songeur, si je ne te connaissais pas.

— Je ne suis pas un songeur ; mais j'ai des pressentiments étranges, qui me viennent subitement, qui se fixent malgré moi dans mon esprit et finissent par devenir de véritables visions, — et toujours cela se réalise de point en point.

— Et quel est le pressentiment qui t'agite à cette heure?

— Je t'avais dit que je voulais me marier, reprit le comte. Ç'a été le point de départ. Puis j'ai vu en rêve ma nourrice, et à ses pieds le Bonheur sous les traits d'une femme aux cheveux châtains et aux grands yeux bleus. Cette femme, c'est l'inconnue de la forêt, et cette inconnue, c'est Marcella, la petite-fille de ma nourrice, et, — tu verras, — cette Marcella sera ma femme.

— Est-ce que tu perds l'esprit?

— Je sais ce que je dis. Et j'ajoute que je serai heureux avec elle comme jamais mortel n'aura été heureux.

— Ainsi tu es bien résolu?..

— Il s'agit bien de résolutions! Je *vois* ce qui sera. J'ai vu Marcella, non pas dans son costume de paysanne, mais en robe de velours garnie d'hermine, et elle était entourée de ses enfants... Cette après-midi, nous irons chez ma nourrice, et Marcella sera assise sur le seuil de sa chaumière, occupée à filer.

IV

Je ne pus me défendre d'une certaine émotion quand le soir de ce jour, traversant le village de Zolobad, nous approchions de la ferme de Nikita Tchornochenko. On ne voyait encore personne. La porte de la haie était entre-bâillée, le chien-loup était à la chaîne et se contentait de nous suivre du regard de ses petits yeux. Dans la cour stationnait une carriole de paysan, une banne d'osier posée sur quatre roues, attelée de trois petits chevaux bruns fort maigres, parmi lesquels une jument en train d'allaiter son petit poulain brun, qui aspirait la mamelle d'un air de parfaite béatitude en faisant de temps à autre tinter la clochette qu'il portait au cou. Au moment où nous tournions la voiture, la maison de bois, blanchie à la chaux et couverte en chaume enfumé, se trouvait devant nous; sur le seuil était assise une jeune fille qui avait un fuseau à la main et filait, et à côté d'elle une chatte blanche s'allongeait au soleil, et nous regardait en clignotant. La jeune fille leva les yeux et tressaillit : c'était l'inconnue de la forêt.

— Tu es Marcella? dit le comte.
— Que désirez-vous? répondit-elle.
— Ta grand'mère est-elle à la maison?
— Oui, elle y est. Donnez-vous la peine d'entrer.

Nous entrâmes. Au milieu d'une chambre proprette était assis sur un escabeau un petit garçon d'une huitaine d'années, vêtu d'une chemise et d'un pantalon de toile, pieds nus, coiffé d'un pot de terre; un homme d'un certain âge était occupé à lui déshonorer les cheveux avec ses ciseaux en se guidant sur le contour du pot. Le gamin faisait une grimace comme un patient qu'on mène au supplice.

— Où est Hania, ma nourrice? demanda le comte.
— Qu'y a-t-il? répondit une voix de la pièce

voisine. Qui est-ce qui me demande? — Un moment après parut sur la porte une vénérable matrone d'une taille élevée et en cheveux blancs. Ses yeux s'étant arrêtés sur le comte, — mon Dieu! s'écria-t-elle d'une voix hésitante, serait-ce possible? Est-ce toi, Sacha?

Déjà le comte était pendu à son cou, et la vieille femme sanglotait et couvrait de baisers son visage basané. — Sacha, mon enfant, mon enfant chéri, répétait-elle en balbutiant; gloire à Dieu! comme tu as bonne mine! et cette barbe qui t'a poussé! Venez donc tous, Marcella, Nikita, Ève, venez! Voici mon enfant, mon Sacha!

En un clin d'œil, la hutte s'était remplie, et de jeunes têtes curieuses s'avançaient autour de nous.

— Voici mon gendre Nikita Tchornochenko, dit la nourrice; viens donc saluer monsieur le comte.

— Monsieur, je vous tire ma révérence, dit le paysan avec un léger embarras et sans quitter les ciseaux qu'il tenait à la main. Vous avez bien fait de venir nous voir. Mais où est donc Marcella?

Marcella s'approcha.

— C'est ma seconde fille, poursuivit Nikita; voici l'aînée.

Une jeune femme fort jolie, aux cheveux noirs et au profil oriental, qui tenait un enfant sur ses bras, s'inclina en souriant.

— C'est ma fille Ève, et voilà Bodak, son mari, — il désigna du doigt un jeune paysan qui à ce moment vint baiser l'épaule du comte; — ils ont déjà trois enfants, et les miens sont encore là. Approche un peu, Liska !

Il happa une petite sauvagesse de quatorze ans et l'amena moitié de force ; mais nous ne pûmes jamais voir que son joli menton rond, tout le reste était caché sous la manche de sa chemise.

— Et celui-ci, c'est Vachkou ! — C'était le gamin, qui était toujours sur son escabeau, coiffé de son pot, bouche bée, et n'osant bouger.

La vieille femme était trop heureuse pour parler, elle se contentait de sourire à son nourrisson.

— Comme tu es beau et fort ! dit-elle enfin. Et tu es devenu un brave homme. Je sais tout, tout, le vieux Iendrik m'a tenue au courant. Je serais déjà venue te voir, mais je n'ai plus mes jambes de vingt ans. Marcella, apporte donc quelque chose..., un peu de lait, ma chérie.

Marcella ne répondit pas ; ses grands yeux restaient attachés avec une expression singulière de curiosité et d'admiration sur la figure du comte.

— Nous n'avons pas grand'chose de bon, mais je pense qu'il y a du lait caillé, du beurre, du fromage et du pain ; tu sais, mon enfant, comme c'est chez nous.

— C'est tout ce qu'il faut, dit le comte. Ne faites pas de façons avec nous. Mon ami est du pays.

La vieille femme nous conduisit dans la seconde pièce et nous invita à prendre place sur le banc qui courait le long du vaste poêle vert ; Nikita approcha la table pendant que la nourrice prit Marcella par la main, et l'amena devant le comte.

— Regarde-la, dit-elle. C'est mon enfant gâté, comme toi, toi aussi. C'est une bonne fille..., dix-huit ans, et droite comme un jeune arbre, et un brave cœur, tu n'es pas meilleur !... Vois-tu, mon enfant, si tu n'étais pas un comte, un grand seigneur, et elle une paysanne, ce serait une femme pour toi.

— Que dites-vous là, grand'mère? interrompit Marcella, qui rougit jusqu'au blanc des yeux en voyant que le comte l'examinait.

— Eh bien, il n'y a pas de mal, dit la vieille femme; apporte toujours ton lait caillé; apporte aussi du lait doux pour les enfants.

Marcella sortit, et revint bientôt avec une grande terrine de lait caillé bien épais; elle était suivie de Liska, qui consentait enfin à nous laisser voir son petit nez retroussé et ses tresses blondes, et de Vachkou, que l'on avait débarrassé de sa coiffure; la première portait une pelote de beurre jaune et un fromage, posés sur de larges feuilles vertes, le second une miche de pain noir. Le père de Marcella nous donna deux cuillers de bois, et le comte prit son couteau de chasse pour couvrir de beurre et de fromage nos tranches de pain.

Toute la famille nous regardait manger. Le vieux paysan fumait sa pipe, la grand'mère était assise, les mains jointes sur ses genoux, Ève berçait son enfant, Marcella avait repris son fuseau. Le gendre de Nikita vint ensuite avec une seconde terrine.

— Bonne maman, dit-il, voici le lait pour les enfants.

— C'est bien, répondit-elle, mets-le par terre ; mais où sont les petits ?

Ève déposa par terre le bébé qu'elle tenait sur ses bras, et qui pouvait avoir dix-huit mois, puis elle alla chercher les deux autres, âgés de deux à quatre ans, et leur mit à chacun sa cuiller de bois dans la main.

Et voilà les trois marmots attablés autour de leur écuelle, trempant leurs cuillers dans le lait et l'aspirant bruyamment. Le soleil plaquait sur le plancher de petits carrés d'or ; sur le rebord du poêle dormait le chat ; les hirondelles qui nichaient sous le plafond allaient et venaient par la porte restée ouverte, et avec de petits cris donnaient la becquée à leur progéniture affamée et avide.

Le bruit que faisaient les trois bébés avait été entendu ; tout à coup on vit sortir de dessous le poêle une petite couleuvre qui se pressa tellement pour atteindre la gamelle qu'une seconde couleuvre, qui l'accompagnait, pouvait à peine la suivre. Je me levai, croyant les enfants menacés d'un danger.

— Ne faites pas attention, monsieur, dit la vieille nourrice, ce sont nos serpents familiers ; ils ont leur nid sous le poêle, et on les voit accourir dès qu'ils entendent le bruit des cuillers. Ils mangent avec les bambins, et souvent l'un ou l'autre couche dans le berceau du plus petit.

— La couleuvre est une bête innocente, ajouta le comte, d'un bon naturel et sans défiance, l'amie du paysan et la compagne de ses enfants. Tu la rencontreras dans beaucoup de maisons, et l'on dit qu'elle porte bonheur.

— C'est la vérité, dit Nikita.

Les deux couleuvres s'étaient dressées sur leurs queues et avaient plongé leurs petites langues fines par-dessus le bord de la jatte dans le lait, qu'elles mangeaient avec tant d'empressement que les marmots commençaient à craindre pour leur souper. L'aîné souleva d'un air délibéré sa cuiller et en donna une tape sur la tête du serpent qui buvait près de lui; le serpent se retira, se tapit sans trop de frayeur, regarda autour de lui avec ses petits yeux noirs pleins de malice, puis, passant derrière l'enfant, il alla s'attabler à côté du plus jeune, qui semblait lui inspirer plus de confiance, et se remit à boire.

— Une véritable idylle! fit le comte.

Il ne cachait pas le plaisir qu'il goûtait à se voir entouré de ces braves gens, et je subissais moi-même l'influence de ce milieu calme et exempt d'orages; j'eus à ce moment comme une vision lointaine du vrai bonheur.

Marcella était assise un peu à l'écart; elle filait et ne paraissait pas faire attention à nous.

— Regarde-la maintenant, me dit le comte. Je ne comprends pas comment j'ai pu comparer un instant cette beauté spiritualisée à la *Fornarina*; c'est qu'il faisait déjà nuit. Aujourd'hui elle me rappelle un autre tableau qui exprime admirablement la sublime sainteté d'une nature féminine

noble et pure, la *Sibylle samienne* du Guercino...
Mais il est temps de partir.

Il se leva, embrassa sa vieille nourrice, serra la main d'abord aux deux paysans, puis à Ève et à Lise, caressa les enfants, et alors seulement il s'approcha de Marcella.

— Adieu ! lui dit-il.

— Que Dieu vous accorde tout bonheur ! répondit-elle, ses yeux tranquilles fixés sur les siens.

— Et qu'il te conserve telle que tu es ! répliqua le comte en déposant un baiser sur son front. — Elle tressaillit au contact de ses lèvres, mais elle le laissa faire. — Bonne nuit !

— Bonne nuit ! et portez-vous bien.

Nous traversâmes le village en silence jusqu'à la lisière de la forêt. Là le comte s'assit, et ses yeux cherchèrent le vieux toit de chaume sous lequel Marcella était née, et où s'écoulait sa vie si calme, si simple et si pure. Il resta longtemps sans parler, puis il dit à mi-voix : — Je l'aime.

— Alexandre !

— Que veux-tu ? Je n'y puis rien.

— Toi, un homme supérieur ! Et comme cela, sans crier gare !

— L'amour vrai naît du premier regard qu'échangent deux âmes, ou jamais...

— Un pareil amour n'est qu'une passion des sens.

— D'accord. C'est la base de toute affection profonde, hors de là pas d'amour, pas de bonheur ! mais il ne faut pas en rester là... Pardonne-moi, je crois que je dis des bêtises... Je ne suis pas en veine de philosopher ce soir.

Il se leva, et à son insu peut-être reprit le chemin du village, poussé par cette force mystérieuse qui domine la volonté. Je le suivis. Il faisait nuit noire; de rares étoiles brillaient dans les éclaircies des nuages blancs. Le comte fit le tour de la ferme et s'arrêta devant la haie, les coudes appuyés sur un des poteaux qui soutenaient la claire-voie. Quelqu'un sentait peut-être sa présence, car les notes d'une chanson bien connue arrivèrent jusqu'à nous :

Ne va point chez les fileuses...

La fenêtre de la chaumière s'éclaira tout à coup d'un reflet de feu qui grandissait rapidement, et dans la lueur rouge nous vîmes Marcella debout devant l'âtre ; elle ajoutait de la paille et jetait des herbes dans une marmite qui était sur le feu. Son beau visage avait une expression fatidique, et elle disait à voix haute des paroles sans suite, moitié refrains d'enfants, moitié formules magiques.

— La vois-tu? murmura le comte.

— Que fait-elle donc?

— C'est une incantation.

— Et à l'adresse de qui?

Le comte garda le silence, et Marcella, comme pour me répondre, continuait sa chanson.

Si tu vois monter la flamme,
C'est trop tard pour toi :
La *vidma* t'a pris ton âme,
Tu subis sa loi.

— Et tu as du poison dans les veines, ajouta le comte.

— Que veux-tu dire?

— Le dénoûment est tragique ; elle finit par l'empoisonner, la sorcière, par jalousie, je crois. C'est un avertissement. J'avoue que ces choses m'impressionnent; mais la volonté peut forcer le destin. Va! fais tes sortiléges! Entre toi et moi, cela finira bien, comme dans le conte de ma nourrice! Tu n'es point une sorcière, tu es le bonheur qui m'attend sur le seuil de cette chaumière! Et je me présenterai quand le temps sera venu.

A partir de ce jour, Alexandre retourna tous les soirs à Zolobad, et je le laissais en tête-à-tête avec Marcella aussi souvent que l'occasion s'offrait. Il ne manifestait aucun trouble, vaquait à ses affaires comme d'habitude, se montrait insouciant et presque gai. Rarement il parlait de Marcella; son amour avait quelque chose de chaste, de timide.

Un jour, je remarquai sur son bureau une excellente aquarelle de la *Sibylle samienne*, et je fus frappé de la ressemblance. — Oh! dit le comte, si tu connaissais l'original! Quand Marcella m'écoute, les mains croisées sur ses genoux, la tête inclinée à droite, coiffée de son foulard vert d'où s'échappent ses cheveux en ondes légères qui retombent sur les tempes, et le regard levé comme en extase, alors je crois voir la belle sibylle en chair et en os, dans sa sublime pureté, et surtout ses yeux, étoiles sombres où brûle une céleste langueur et comme une révélation divine. Et cette voix! je ne me lasse pas de l'écouter. J'aime ce timbre voilé comme j'aime le son de l'orgue, la voix de la forêt et les notes sourdes des cloches. — Hier, c'était l'anniversaire de sa naissance ; elle vient d'avoir dix-huit ans. Espérant lui faire plaisir, je lui apportais un collier de corail ; elle l'a refusé, non par orgueil, mais avec une nuance de tristesse, comme pour me reprocher de l'avoir mal comprise.

— Désirerais-tu autre chose? lui dis-je avec intention. Je t'aime, et je voudrais te le prouver. Que puis-je faire pour toi ?

Elle hésita un moment, puis, comme je lui pris la main d'un geste ému : — Instruisez-moi ! dit-elle.

— Comment cela? — Je ne comprenais pas d'abord.

De sa belle main brune, elle me montra les étoiles qui scintillaient sur nos têtes. — Dites-moi ce que c'est ! Qui retient le soleil dans le ciel, et la lune? Expliquez-moi ces merveilles. Pourquoi voyons-nous les plantes pousser et se faner plus tard? Pourquoi les animaux viennent-ils au monde, et pourquoi meurent-ils? Et quel est notre lot ?

— Je la regardai en tenant sa main dans les miennes, et une larme me monta aux yeux.

V

Depuis trois semaines, le comte donne des leçons à son élève. Il travaille comme d'habitude et tout lui réussit ; mais, une fois sa besogne terminée, il monte à cheval et prend la route de Zolobad. Il n'arrive ordinairement qu'à la tombée du jour. Marcella l'attend sur le pas de la porte ; elle caresse le cheval et le conduit elle-même à l'écurie lorsqu'il a mis pied à terre.

— Vous n'êtes pas trop las? lui demande-t-elle au moment d'entamer la leçon.

— Je ne suis jamais las, répond-il en souriant, s'essuie le front et commence.

Il lui apprend à lire, à écrire, à compter, mais en évitant de la fatiguer. Il ne fait pas le maître d'école ; il sait animer tous les sujets auxquels il touche. Suspendue à ses lèvres, cette fille ignorante apprend à connaître les héros antiques et les mystères de la nature. Le comte lui apporte des livres en commençant par les chefs-d'œuvre de la poésie russe, les chansons de Kolzof, les *Ames mortes*, les *Mémoires d'un chasseur* et *Onèghine*.

Lorsqu'il remonte à cheval, Marcella lui tient l'étrier et le remercie par quelques paroles émues ; une fois même elle lui a baisé la main.

L'autre jour, je trouve Alexandre occupé du *Faust*. — Est-ce que tu médites d'écrire un commentaire? lui dis-je.

— Non, je traduis.

— Voyons ! — Je pris un feuillet. — En dialecte petit-russien et en prose ! Aurais-tu l'intention de faire imprimer cela?

— Dieu m'en garde ! C'est pour Marcella.

— Ah çà ! C'est donc sérieux? Tu es persuadé qu'elle profitera de ton enseignement?

— Je n'ai jamais rencontré une âme humaine ayant à ce point soif de lumière et de vérité. Et comme elle saisit les moindres nuances !

— Et as-tu fini par pénétrer son caractère ?

— Je commence à la deviner. On l'appelle entêtée ; cependant elle ne vous contredit jamais : il est vrai qu'elle n'approuve pas non plus. Elle va son petit bonhomme de chemin et finit par n'en faire qu'à sa tête. On la croit fière ; c'est qu'elle ne rougit pas à tout propos comme font les jeunes filles, elle a le regard franc et loyal ; si elle est fière, c'est la touchante fierté de la vierge, et une majesté qui lui est innée. On dit enfin qu'elle est taciturne. Elle parle peu en effet ; en revanche, elle écoute, et elle ouvre les yeux ; elle semble avoir une intuition profonde de toutes choses. Sa vraie nature, selon moi, c'est une gravité sereine : je ne l'ai jamais vue ni triste, ni folâtre ; elle rit rarement, mais sur sa figure rayonne toujours comme un sourire intérieur. — Elle tient de son père... En général, n'oublie pas ceci : quand tu choisiras une femme, regarde avant tout le père, puis la mère, et, s'il se peut, aussi les grands parents. Or sa grand'mère, ma nourrice, et la mère de Marcella et surtout son père, quel sang magnifique ! Elle est de bonne race.

— Le père me paraît tant soit peu méfiant.

— Il l'est en effet, dit le comte. C'est le vrai type de nos paysans, avec ses qualités et ses défauts : prudent, taciturne, méfiant, bon jusqu'à la faiblesse, d'une ténacité invincible dans ses obstinations, difficile à persuader et encore plus difficile à convaincre, esclave de vieux usages, lent en toute chose, mais ensuite donnant de tout le poids de sa nature lourde, comme un puissant rocher qu'il est malaisé d'ébranler, et que personne ne peut arrêter une fois qu'il roule.

Le lendemain, je voulus accompagner le comte. Je revis Marcella ; elle me parut bien changée. Elle était rêveuse, absorbée, comme dans l'attente de quelque chose d'inconnu. Parfois ses traits exprimaient une sorte d'étonnement, mais comme si elle fût en contemplation devant le monde intérieur qui s'épanouissait en elle. Je la vois encore assise avec le comte devant la chaumière sur le banc de bois, suspendue à ses yeux, à ses lèvres, altérée de savoir : ses paroles coulent sur elle comme des flots de lumière, ses pensées planent au-dessus de sa tête comme des étoiles, et entre eux vient d'éclore invisible la fleur enchantée de l'amour ; ils en aspirent le parfum et se sentent heureux.

— Seuls, les cœurs qui ont été purifiés par la douleur sont capables de bonheur, me dit le comte un jour en revenant assez tard de Zolobad. Ceux qui n'ont pas souffert demandent trop aux autres, tout en donnant peu. J'ai connu la douleur,... et de chaque épreuve je suis sorti meilleur ; mais pour être sauvé tout à fait j'avais besoin de rencontrer un vrai cœur de femme. Eh bien, ce cœur, je l'ai trouvé dans Marcella. Elle aussi a beaucoup souffert. Quand je suis arrivé aujourd'hui, — j'avais devancé l'heure, et elle ne m'attendait pas, — on me dit qu'elle était allée au cimetière. Je l'y suivis. C'est un coin singulièrement tranquille et avenant: des haies vives l'entourent au lieu de laides murailles; une herbe haute et fraîche couvre tous les chemins, chaque tombe est un parterre de fleurs, et les croix de bois portent des couronnes fanées. Sur un tertre qui disparaissait sous un buisson de roses, et dont la croix affaissée portait une couronne d'immortelles, était assise Marcella. Elle ne paraissait pas surprise de me voir, on eût dit qu'elle m'attendait. Je pris place à côté d'elle.

— Qui est enterré ici ? lui dis-je.

Elle me montra l'inscription à demi effacée, et je déchiffrai ce nom : *Lucyan Trebinsky*. — Je croyais, repris-je, que c'était la tombe de ta mère.

— C'est celle-là, en face.

— Et qui était ce Trebinsky ?

— Un pauvre garçon qui avait beaucoup d'affection pour moi, dit-elle avec mélancolie. C'est lui qui m'a ouvert ce monde du bon Dieu, souvent j'éprouve encore le besoin de causer avec lui; mais il ne peut plus me répondre. — Une larme vint mouiller ses paupières; je lui pris la main. — Vous savez, continua-t-elle, comment j'ai perdu ma mère, à l'époque du choléra. En moins d'une heure, c'était fini. Je n'avais pas quinze ans; mais ma sœur aînée avait ses enfants sur les bras, je dus remplacer ma mère auprès des deux petits. J'eus beaucoup de tracas et de souci; toutes les calamités arrivèrent à la fois, la grêle, les inondations, les mauvaises récoltes. Ce fut au milieu de ces malheurs qu'il nous tomba ici.

— Lucyan ?

— Oui. C'était le fils d'un curé, qui avait fait ses études à Vienne. Il avait une maladie de poitrine, et les médecins lui ordonnaient la campagne. Notre curé connaissait ses parents, et il nous pria de le prendre chez nous. Il vint donc. Il n'était pas beau, mais il avait des yeux si doux ! Souvent il me tenait compagnie avec son livre quand j'étais occupée à faucher l'herbe sur la prairie, sur le bord de la forêt de sapins. Il était bien jeune encore, mais déjà très-savant. Il me racontait sa vie, me conseillait, et me mettait en garde contre les entraînements de mon cœur. Je l'ai bien pleuré lorsqu'il est mort. Depuis ce temps, je ne peux plus entendre les plaisanteries brutales de nos gars, et lorsque j'ai quelque grand chagrin, je viens ici, et il me semble qu'il me tend la main du fond de sa tombe...

Quelques jours plus tard, après avoir chassé ensemble, nous avions fait une visite à Zolobad, et nous revenions à pied par un splendide clair de lune.

— Tu l'aimes donc réellement ? commençai-je.

— Oui, je l'aime, répondit Alexandre. Ah ! mon ami, si tu savais comme je l'aime ! Je commence maintenant à comprendre les paroles du *Cantique :* « L'amour est fort comme la mort, et le zèle de l'amour est inflexible comme l'enfer. »

— Pardonne-moi de douter ; mais tu ne montres rien de cette inquiétude qui caractérise les grandes passions.

— Aussi je songe à me marier, repartit mon ami

en souriant. Tu ne comprends donc pas cette affection calme et sereine, exempte de doute, qui est la conviction intime que deux êtres ont été créés l'un pour l'autre, que rien ne peut plus les séparer ? Quand je plonge mon regard dans ses grands yeux bleus, d'un calme si profond, j'éprouve une sensation comme si le soir, au cœur de l'été, j'étais couché sur le dos, dans mon champ, le regard perdu dans l'océan d'azur au-dessus de moi, que voile à peine une vapeur lumineuse, — et la caille chante, et à côté de moi les gerbes s'inclinent comme endormies... L'âme s'apaise, le doute s'évanouit ; on croit tout à coup se comprendre soi-même, la vie paraît si simple, ce monde n'a plus de mystères pour nous ; toute lutte et toute contradiction se résolvent en paix et en clarté...

VI

Il me faut maintenant l'accompagner tous les soirs à Zolobad. Il évite d'être seul avec elle. L'harmonie est troublée. Marcella l'aime ; mais elle lutte contre cet amour avec l'énergie indomptée d'une nature vierge, et ainsi ce qui est sa joie à lui et son espoir devient pour elle une souffrance, un tourment. A voir la tournure que prennent les choses, on dirait que cela finira mal, comme dans la chanson. Ce n'est pas là le bonheur, encore moins un jeu ; c'est la lutte de deux fortes natures, dont l'hostilité s'accroît de la conscience que chacune a de la puissance de l'autre, et s'aggrave de toute la violence de leur amour.

Elle lui montre presque de la haine ; elle est farouche avec lui, brutale. Est-il question de la leçon, le champ ou ses bêtes la réclament ; cependant il ne se passe pas un quart d'heure qu'on la voit arriver. Lorsqu'il parle, qu'il fait un récit, elle reste assise à l'écart, mais elle l'écoute et le dévore des yeux. Pourtant, jamais une question, jamais elle ne lui adresse la parole. Elle ne lui fait pas accueil lorsqu'il vient, ne le reconduit pas lorsqu'il part.

Aujourd'hui, quand nous sommes arrivés, elle était assise devant la chaumière, les mains croisées sur ses genoux et absorbée dans une rêverie ; elle a rougi en reconnaissant son pas, mais elle a fait semblant de ne pas nous voir.

— Bonjour, Marcella, dit mon ami.

— Ah ! c'est encore vous, monsieur le comte ? — et elle éclata de rire. — Vous n'avez donc rien à faire à la maison, puisque vous pouvez vous déranger si souvent ? On dit pourtant que tout ne marche pas chez vous comme il le faudrait.

Le comte ne répond rien ; il entre et va s'asseoir auprès de sa vieille nourrice.

Au bout de quelques minutes, elle nous suit, et va fouiller dans ses pelotes de fil. Le comte place sur la table le manuscrit de son *Faust* en petit-russien.

— Voici le plus beau poëme qui existe, dit-il ; je l'ai traduit pour toi.

— Vous auriez pu vous épargner cette peine, s'écria-t-elle. Je ne suis qu'une paysanne, je n'y comprendrai rien ; je n'ai pas assez d'esprit pour cela.

— Ce n'est pas l'esprit qui fait défaut, répliqua le comte, et il la regardait dans le blanc des yeux, mais c'est quelquefois la bonne volonté. Depuis quelque temps, tu es rude avec moi ; tu n'a pas toujours été ainsi.

— Eh bien ! alors je le suis maintenant, s'écriat-elle avec emportement. Je ne suis pas une *panna*, une grande dame ; pourquoi ne serais-je pas rude? On ne m'a point enseigné les belles manières.

— Ne te retranche pas derrière ton ignorance, dit le comte avec calme ; ne t'ai-je donc pas donné des leçons comme un frère? « Mais tu n'as pas le loisir pour apprendre... » Comme il te plaira! Si tu veux rester sauvage, à ton aise! j'ai assez à faire pour m'instruire moi-même. Le monde est si grand, et le passé est là comme un autre monde! Et la vie est si courte!

La grand'mère se leva, lui fit signe des yeux, et sortit ; il la suivit. Sur le pas de la porte, il se retourna pour m'appeler. Nous traversâmes ensemble le verger, et nous entrâmes dans les champs ; aucun de nous ne disait mot. Enfin la vieille femme prit la parole.

— Il vaudrait mieux, mon enfant, que tu ne vinsses plus.

— Pourquoi?

— Dame ! parce que...

— Parce que Marcella ne peut me souffrir?

— Non, parce qu'elle t'aime.

Le comte garda le silence.

Comme nous rentrons, par la fenêtre ouverte, nous voyons Marcella assise devant le manuscrit, qui était resté sur la table, occupée à le déchiffrer en suivant les lignes avec son doigt. Il l'appelle par son nom; la pauvre fille tressaille, repousse le manuscrit, et l'instant d'après paraît sur le seuil.

— Eh bien! n'es-tu pas d'avis qu'il vaut mieux le lire ensemble?

Elle n'ose pas le regarder. — Si vous voulez bien avoir encore de la patience avec moi, dit-elle enfin en balbutiant... Je ne sais ce que j'ai depuis quelque temps... il me prend des... Et elle fond en larmes.

VII

Il y a de l'orage dans l'air. Le ciel est d'un bleu sombre; les hirondelles rasent le sol, aucun oiseau ne chante dans la feuillée immobile. Les moissonneurs sont tous rentrés, Marcella seule est encore dehors. Nous apercevons au loin son foulard rouge qui se lève et s'abaisse dans les blés comme un coquelicot agité par la brise. Le comte va pour la chercher; mais les premières gouttes tombent pesamment, et ils ne viennent pas encore.

— Allez donc voir ce qu'il y a, monsieur, dit la vieille paysanne. — Elle resta elle-même debout dans la cour, s'abritant les yeux d'une main et regardant.

Je traversai le verger; en arrivant à la clôture, je vis de l'autre côté Marcella et le comte dans une conversation animée, presque véhémente. Marcella, la tête enveloppée de son fichu couleur de feu, ressemblait vaguement à une bohémienne ou à un démon; elle tenait une faucille dans sa main droite, pendant qu'elle étendait l'autre main comme pour repousser le comte; elle semblait l'avertir, le menacer, et lui, très-pâle, essayait de sourire. Jamais je ne l'avais vu ému à ce point. Je pressai le pas pour les rejoindre.

Marcella, en reculant toujours, se trouvait adossée à la clôture; elle leva la faucille, et, comme il voulut l'étreindre, elle l'en frappa sur la tête.

Un flot de sang jaillit aussitôt; mais en un clin d'œil il lui eut arraché la faucille pour la jeter loin de lui. Alors il la prit dans ses bras; en vain elle tenta de le repousser de ses deux mains tendues et du genou, il l'enleva et la pressa sur sa poitrine, et son sang ruissela sur elle.

Le lendemain, le comte descendit un peu plus tard que de coutume au jardin, où nous prenions alors notre déjeuner; il avait un bandage sur la tête, mais ne paraissait ni pâli, ni fatigué, bien qu'il eût perdu beaucoup de sang, et semblait, au contraire, de belle humeur.

— Que penses-tu que je ferai maintenant? me dit-il d'un ton enjoué et avec un sourire moqueur.

— Que tu vas renoncer à tourmenter cette brave fille.

— Cette brave fille, je vais l'épouser, mon ami.

Le soir, après vêpres sonnées, nous étions tous assis devant la chaumière, comme si rien ne fût changé, et cependant, pour deux cœurs honnêtes, mais passionnés, entre la veille et le lendemain il y avait un monde. Marcella était pâle, ses grands yeux humides demeuraient presque constamment fixés sur le sol. Le comte, assis près d'elle, lui lisait le dernier acte de *Faust*, la tragique aventure de la blonde Marguerite. Tout le monde comprit l'allusion, même le vieux paysan, qui appuyait le menton sur ses mains calleuses, et dont l'honnête figure exprimait un réel chagrin. — Eh bien ! qu'en penses-tu? dit le comte lorsqu'il eut fini, en déposant le manuscrit sur les genoux de Marcella.

— Ce que je pense? répondit la jeune fille sans lever les yeux. Que vous importe ce que j'en pense?

— Il m'importe beaucoup de le savoir.

— Comment voulez-vous?... moi, une pauvre fille...

— Je t'en prie, dis-moi ta pensée.

Tout à coup elle se redressa et lui lança un regard ferme, presque hautain. — Soit, je veux vous la dire, — sa voix vibrait douloureusement, — votre Faust, qui est si savant et que rien ne peut satisfaire, me semble un grand sot, et sa conduite envers la pauvre Marguerite est d'un misérable... Oh ! ne riez pas, je m'entends... Voilà un homme qui voudrait être un des rois de la terre et presque un dieu, et que trouve-t-il pour montrer sa puissance? Il écrase une pauvre âme... Je m'explique peut-être mal...

— Va, je t'ai comprise, dit le comte, c'est tout ce qu'il faut; mais tu t'échauffes comme si j'étais moi-même ce Faust.

— Je ne sais si vous êtes un Faust comme celui-là, répliqua Marcella d'un ton froid ; mais ce que je sais, c'est que je ne suis pas la Marguerite qui se jetterait à son cou.

VIII

A quelques jours de là, nous étions à nous promener sous les antiques tilleuls du parc. L'air était pur et tiède, le soleil dorait le feuillage et les herbes, qu'une brise légère remuait à peine. Nous gardions le silence, et cependant nous sentions l'un et l'autre qu'il fallait parler.

— Mon temps est fini, dis-je enfin, je te quitterai dans peu de jours. Pourtant je ne voudrais pas partir sans être fixé sur ton avenir. Es-tu décidé à prendre Marcella pour femme?

— Oui, me répondit-il d'une voix grave.

— Tu ne crains pas ce qu'en dira ta famille?

— Mon ami, s'écria le comte, et son cœur débordait, je ne peux plus vivre sans elle. Pourtant ne me crois pas aveugle, ma résolution est d'accord avec ma raison. J'ai sur le mariage des idées que l'expérience de la vie et la réflexion fortifient et confirment chaque jour. Le fondement, le principe de l'union des sexes est sans nul doute l'amour physique, ce désir qui nous traverse comme un éclair. Cependant la nécessité d'une alliance durable, d'une alliance qui dure au moins tant que grandissent les enfants, fait naître le besoin d'un accord intime des âmes. Si donc la satisfaction des sens est la première condition, — et j'ajouterai qu'elle gagne par le contraste physique, — l'harmonie morale est également nécessaire au bonheur de deux époux. Enfin ce qu'il faut placer au-dessus de tout, c'est le travail en commun. Le mariage n'est-il pas la forme la plus ancienne, la plus pure et la plus sage de l'association humaine qu'il y ait eu et qu'il y aura jamais? Le partage de la peine est un commandement de la nature. Ce n'est point à dire que chacun doive travailler de son côté, indépendamment, isolément; non, ce qu'il faut, c'est que la femme nous soutienne, qu'elle s'intéresse à nos occupations, et qu'elle y prenne la part spéciale que la nature lui a réservée. Si l'homme est plus hardi dans la conception, la femme sera plus pratique et plus soigneuse dans l'exécution; s'il fournit l'idée, le plan, la composition, elle se chargera du détail. Ce n'est que l'association dans le travail qui pourra conduire à l'égalité des droits dans le mariage, de même que dans l'état et la société. L'infériorité actuelle de la femme est le produit de l'éducation qu'elle reçoit; élevez-la comme une créature libre; laissez-la être de moitié dans la vie sérieuse, et elle saura être votre égale, votre camarade, votre associé. C'est un associé qu'il me faut, à moi, un associé qui soit chez lui à la grange et aux champs; eh bien! je prends une fille de paysans.

— Mais cette conformité des goûts et des jugements qui, selon toi, est la condition du bonheur conjugal?

— Je ne choisis point Marcella uniquement parce

que je l'aime, — bien que ce soit l'essentiel, — dit le comte, ni parce qu'elle est belle, et tu ne trouverais pas facilement sa pareille parmi les frêles jeunes filles de notre aristocratie; ce qui me séduit en elle, c'est sa candeur. Elle ne sait rien? tant mieux, je serai son maître. Et, sois tranquille, elle ne trompera pas mes espérances, car elle est merveilleusement douée, et j'ai pour la façonner du temps devant moi.

— Mais en attendant?

— En attendant, répondit mon ami en me posant doucement la main sur l'épaule, en attendant elle saura me deviner, car elle possède ce génie du cœur qui révèle aux femmes ce que s'efforce vainement de comprendre notre esprit subtil.

Le soir même, le comte retournait à Zolobad avec l'intention de se déclarer. Lorsqu'il revint, il avait l'air si gai, si satisfait, que je ne doutais pas du succès de sa démarche.

— Lui as-tu parlé? demandai-je dès qu'il entra.

— Oui, répondit-il en ôtant ses gants, sans se presser.

— Et...

— Elle m'a refusé, dit-il avec un sourire.

— Est-ce possible?

— C'est comme je te le dis. Voici comment les choses se sont passées. Nous étions assis sur le banc de bois, les enfants et les couleuvres mangeaient leur lait doux dans une entente idyllique, le reste de la famille était encore aux champs. Je pris la main de Marcella, et lui dis: — Je t'aime, veux-tu être ma femme ? — Elle rougit, se leva. — A quoi pensez-vous ? balbutia-t-elle ; vous et moi !... — Dis plutôt que tu ne m'aimes pas, et que tu es assez franche pour l'avouer. — Qui vous dit cela ? s'écria-t-elle, mais ce que vous demandez ne se peut pas... — Et elle me regarda ; je ne puis te dire l'expression de ce regard ;... puis elle rentra précipitamment, et moi, je montai à cheval et m'en fus au galop.

— Et tu es si calme ?
— Je sais qu'elle m'aime.
— Qui te le dit ?
— La voix mystérieuse qui parle en nous. Tous ne l'écoutent pas ; mais moi, je m'y fie toujours, et je ne m'en suis jamais repenti.

IX

Nous avions chassé des bécassines dans les marais de Grokhovo jusqu'à la nuit tombante.

— Il est temps de rentrer, dit enfin le comte.

Et, ayant tiré en l'air sa dernière charge, il jeta sur l'épaule son fusil à deux coups, et siffla son chien-courant anglais à robe jaune.

— J'irai faire ma visite d'adieu à Zolobad, dis-je au bout de quelques minutes.

— C'est donc sérieux ? tu nous quittes ?
— Il faut que je parte demain.
— Alors allons-y.

Nous trouvâmes la famille à table, c'était l'heure du souper. Le vieux Tchornochenko se leva pour nous apporter lui-même un siége, et nous invita à prendre part au repas.

— Tiens, tiens ! s'écria le comte, je crois que vous avez des *pirogui* (1) ; est-ce Marcella qui les a préparées ?

— Sans doute, répondit dame Hania ; les aimes-tu, mon enfant ?

— Mais il faudrait de la crème aigre avec, dit le comte.

L'insouciance qu'il témoignait blessait évidemment la pauvre Marcella ; elle se leva, quitta la table, et alla s'asseoir sur le banc du poêle, dans le coin le plus obscur.

— Tu auras ta crème, dit la vieille nourrice. Liska, vas-en chercher, vite.

La petite Lise ne fit qu'un bond, et revint avec une grande jatte.

— Maintenant mange, mon enfant, dit Hania.

— Je ne me le ferai pas dire deux fois, répondit le comte. Je suis sur pied depuis cinq heures du matin, j'ai une faim de loup, et j'ai toujours eu un faible pour les *pirogui*.

Il s'attabla sans façon et se mit à manger à belles dents. Quand il eut fini, le vieux Nikita essuya avec soin la cuiller, et prit la parole.

— On dit, monsieur le comte, que vous avez fait venir ces nouvelles machines qui sèment et battent le blé toutes seules ?

---

(1) Mets national, sorte de boulettes de farine de blé noir, farcies de fromage.

— Voulez-vous les voir ?

— Je vous remercie, dit le vieux paysan. A quoi bon ? Toutes ces inventions nouvelles, voyez-vous, ces chemins de fer, et ces télégraphes, et ces machines, je ne m'y fie pas... On dit, monsieur le comte, que vous vous donnez beaucoup de peine pour nous faire avoir le chemin de fer, et on dit aussi, — après ça, ce n'est peut-être pas vrai ? — que vous vous proposez de labourer vos champs avec la vapeur au lieu de bœufs ; cela est donc possible ?

— Très-possible.

— Et supposé que ce soit possible, continua le bonhomme en soupirant, n'est-ce pas un péché, toutes ces inventions nouvelles ? Ne m'en voulez pas, monsieur, ne vous fâchez pas, mais nous autres paysans, tout ça nous semble contraire à la religion, et on dit encore, monsieur le comte, que vous faites tout cela parce que vous ne croyez point en Dieu, parce que vous n'admettez pas que l'homme ait une âme immortelle et que vous croyez qu'il a une âme pareille à celle d'un chien ou d'un cheval.

— Je vais vous répondre, mon ami, dit le comte, aussi nettement que je le pourrai. Croire, c'est tenir pour vraie une chose que l'on n'a pas vérifiée, et l'on croit généralement ce qu'on désire.

— Ou bien ce que Dieu nous a révélé, interrompit le paysan.

— S'est-il révélé à vous directement ?

— Non.

— Vous acceptez donc ce que d'autres hommes

vous donnent comme ayant été révélé ? Je ne dis pas que vous avez tort ; mais, pour moi, je veux *savoir*. A quoi vous sert votre religion ? Elle vous soutient, vous relève dans votre misérable vie, dans votre rude labeur, elle vous enseigne à aimer le prochain et à mépriser la mort ; mais que direz-vous si ma philosophie m'enseigne la même chose ? si elle me dit de ne pas courir après le plaisir ou après un bonheur fragile et fugitif, mais de supporter mon lot immuable en silence, patiemment, voire avec joie, de tendre au bien sans relâche, de me remuer, de travailler, d'aider le prochain dans la mesure de mes forces ? Voilà pourquoi, mes amis, l'homme n'a pas le droit de s'arrêter, qu'il doit toujours marcher en avant et s'efforcer de maîtriser la nature. Vous nous voyez construire des chemins de fer, ériger des télégraphes, installer des machines, afin de rapprocher les hommes et de faire tomber les barrières de peuple à peuple, — afin que l'homme soit affranchi de la tyrannie des éléments, de la servitude et de la misère, et que son lot devienne sans cesse plus noble et meilleur... Par conséquent, s'il peut être question de péché ici, c'est vous autres qu'il faut accuser quand vous vous révoltez contre les chemins de fer et les machines, et, au lieu de blasphémer, vous devriez remercier le bon Dieu à genoux en voyant la première locomotive traverser votre vallée.

Le comte s'était échauffé peu à peu, et le feu de ses paroles se reflétait en quelque sorte sur tous les visages. Sa vieille nourrice l'embrassa sur le front ; Marcella ne pouvait détacher de lui ses grands yeux lumineux. Le vieux paysan obstiné souriait dans sa barbe.

— Monsieur, dit-il avec une sage lenteur, vous avez plus de religion que vous ne voulez en convenir.

A ces mots, Marcella ne put retenir ses sanglots, et elle sortit précipitamment. Nous la regardâmes s'éloigner très-surpris.

— Qu'a-t-elle donc, ma fille? murmura le vieux Nikita en hochant la tête.

Le comte se leva. Nous prîmes congé de nos hôtes, et sortîmes. Il faisait nuit noire. J'appelai :
— Marcella!

Pas de réponse.

— Marcella, je pars demain; je voudrais vous dire adieu.

— Attendez! répondit-elle d'une voix noyée de larmes, qui semblait venir du jardin.

Le comte prit les devants avec son chien. Marcella s'approcha de moi, et me tendit la main sans parler.

— Pourquoi pleurer? lui dis-je. Il vous aime. Rendez-le heureux. La destinée du meilleur des hommes est entre vos mains.

Elle se détourna, et garda le silence.

X

J'écrivis au comte Komarof aussitôt mon arrivée à Vienne; ce ne fut qu'au bout de quinze jours que je reçus une réponse. La voici :

« Lesno, 17 octobre 1857.

» Mon cher camarade, tu voudras savoir sans doute ce qui s'est passé depuis ton départ. Je n'ai pas besoin de te dire que je suis retourné tous les soirs à Zolobad ; mais ce qui te surprendra davantage, c'est que le père Tchornochenko, ce type du paysan galicien, a voulu voir mes machines. Le père Tchornochenko est donc venu voir mes machines agricoles.

» Marcella s'était montrée taciturne, docile, presque humble vis-à-vis de moi depuis le soir où tu étais venu prendre congé. Je feignais de ne pas m'en apercevoir.

» Or voici ce qui s'est passé. C'était avant-hier, dans l'après-midi. Tu te rappelles sans doute encore nos serpents familiers? Le soleil était donc encore au-dessus de l'horizon, et ses rayons sur le seuil de la chaumière et sur les pierres devant la porte. Sur l'une de ces pierres, à quelque distance de la maison, un serpent se chauffait au soleil. Tu sais que j'aime les animaux ; je m'approchai pour caresser cette bête, mais elle se dressa subitement, me mordit à la main, puis se mit à nager à travers la cour vers le jardin. A ce moment, Marcella parut sous la porte. — J'ai voulu flatter votre serpent, lui dis-je en riant ; le petit monstre m'a mordu.

» — Mordu ? quel serpent ? dit-elle.

» — Mais... celui-là !

» Ses yeux suivirent la direction que je lui indiquais ; elle poussa un grand cri : — Jésus ! Maria !

— sauta sur moi, saisit ma main et colla ses lèvres sur la plaie.

» — Que fais-tu là? dis-je assez embarrassé. — Elle me fit un signe de la main, je compris tout d'un coup. — C'était donc un reptile venimeux? — Elle inclina la tête. — Et tu suces le venin? Grand Dieu! — m'écriai-je, et je tentai de retirer ma main; mais elle la retint avec un effort désespéré jusqu'à ce qu'elle jugeât tout danger passé, puis elle cracha le sang dont elle avait plein la bouche. — Mais toi, lui dis-je avec terreur, il y va de ta vie?

» Oh! pour vous je mourrais volontiers! — Il y avait dans ce cri une passion qui m'effraya presque; puis tout à coup elle fondit en larmes.

» — Tu vivras pour moi, m'écriai-je; tu m'aimes, tu es à moi!

» Et elle, elle se laissa tomber à genoux, et, comme la créature qui dans sa peine amère appelle son Dieu, elle cria: — Oui, je vous aime, je ne pourrais plus vivre sans vous; je ne suis pas digne d'être votre femme, mais je serai votre servante.

» J'étais si ému que je ne trouvai pas d'abord de réponse.

» — Faites de moi ce qu'il vous plaira, continua-t-elle avec plus de calme, je quitterai mon père, les enfants, et la maison où je suis née, et mon pays, si vous l'ordonnez,... oh! je ferai tout, tout, pour vous suivre, mon maître, mon maître adoré!

» — Tu es mienne, répondis-je, et tu me suivras comme ma femme.

» — Cela ne se peut,... balbutia-t-elle, comment cela se pourrait-il ?

» J'étais très-ému ; je la relevai pour la serrer contre moi, et elle pleura sur ma poitrine ; puis je lui renversai la tête et l'embrassai de tout mon cœur. Alors elle me jeta ses bras autour du cou avec un débordement de passion, et ses lèvres cherchèrent les miennes. — Comment te décrire ce doux moment ? Tu me comprendras sans paroles.

» — Est-ce donc possible que vous m'aimiez ? disait encore la pauvre fille, poursuivie par ses doutes.

» — Il est difficile de ne pas t'aimer, lui répondis-je. Pauvre âme chérie, où donc trouverai-je dans ce monde perverti un cœur plus digne de battre contre le cœur d'un honnête homme ?

» — Ah ! mon Dieu ! dit-elle, je crois que j'en mourrai.

» — Tu ne mourras pas, sois tranquille, lui dis-je en la serrant dans mes bras ; — et elle se cacha la figure dans mon sein.

» — Ah ! vous ne savez pas combien je vous aime.

» Si, je le sais. Je le sais depuis longtemps ; c'est toi qui ne voulais pas le savoir.

» — Je l'ai senti, dit-elle sans lever les yeux, je l'ai bien senti dès la première heure, mais je ne me comprenais pas moi-même. C'était souvent comme de la colère et de la haine contre vous, puis d'autres fois j'avais le cœur si gros ; mais le soir où vous avez répondu à mon père, ç'a été comme si on me retournait le cœur,... j'aurais volontiers crié : Vous avez raison ! et j'aurais voulu vous aider à installer les machines et à poser les rails, et je sus tout à coup que je vous aimais, que je ne pouvais plus vivre sans vous... C'est pour cela que je me suis sauvée dans les champs en pleurant à chaudes larmes.

» Ah ! que n'étais-tu là quand j'ai parlé aux vieilles gens ! Le père Tchornochenko s'essuya les yeux avec sa manche pendant que les larmes lui coulaient dans sa moustache grise, et dame Hania ne cessait de crier : — Mon Dieu ! mon Dieu ! j'ai donc assez vécu pour voir cette chose, mes enfants, mes chers enfants !

» Dimanche prochain, on doit publier les bans à l'église de Zolobad, et dans trois semaines la noce !

» Ton frère, ALEXANDRE. »

« Lesno, le 12 novembre 1857.

» Mon cher ami, Marcella est ma femme, — et quelle femme ! Je ne puis te dire comme elle a été belle et touchante dans son costume de fiancée. Après la bénédiction nuptiale devant l'autel, elle se retourna vers la foule qui remplissait la petite église de bois, et, les yeux brillants de larmes, elle leur dit : — Bénissez-moi tous ! — Et tous l'ont bénie.

» Pardonne-moi ! je suis trop heureux pour t'écrire longuement.

» Ton ALEXANDRE. »

Au-dessous, en lettres tracées par une main novice et inclinées comme des gerbes, il y avait ces mots :

« Je vous salue de tout cœur.

» MARCELLA. »

« Lesno, 21 avril 1858.

» Tu as raison, mon ami, la rareté de mes lettres est de bon augure; plus on est heureux et moins on en parle. Le papier surtout a quelque chose de franchement indiscret qui effarouche les sentiments vrais. Aussi je ne te parle pas : je me contente de te prendre par la main à l'heure du crépuscule pour te conduire à travers le parc jusqu'à l'épais buisson de roses blanches au bas du perron, où tu pourras entendre et voir sans être vu.

» Voici Marcella dans sa robe blanche ; ses beaux cheveux sont lissés sur le front en ondulations naturelles, relevés sur la nuque en une simple torsade, ce qui donne à sa tête une expression sévère, idéale. La table est mise, elle m'attend...

» La voilà qui descend les marches pour courir au-devant de moi et se jeter à mon cou ; j'entoure sa taille de mon bras, et nous nous promenons ainsi en attendant que Iendrik apporte le samovar. Nous causons de nos affaires et de celles du pays, et nous continuons de causer pendant qu'elle prépare le thé. Ensuite... mais où trouver les mots pour parler de tout cela ? Le langage des hommes n'est pas encore assez parfait pour refléter les divines radiations du bonheur.

» Depuis que cette apparition lumineuse se montre dans les sombres appartements du château et parcourt les allées ténébreuses du parc, depuis que cette voix jeune retentit entre les murailles grises de cet antique château, on dirait qu'un charme a été rompu. Autrefois tout avait ici un air de vétusté poudreuse, on ne voyait que poussière et moisissures ; à présent chaque pierre brille comme si elle était neuve, le toit me fait l'effet d'être doré. Le lierre dont est couverte la façade qui donne sur le parc était sur le point de mourir, il a repris comme par enchantement, un buisson de myrte a poussé tout seul dans un coin, les arbres et les fleurs se sont mis à croître comme jamais auparavant. Des colombes ont fait leur nid dans le jardin, — on les entend jusqu'ici, — et les hirondelles, qui semblaient éviter ces vieux murs, sont venues s'installer dans l'angle de la fenêtre de notre chambre à coucher.

» Sur la grange, il y a un nid de cigognes ; le mâle vient de rentrer, il caquette avec effronterie, et Marcella sourit en rougissant : une douce espérance fait tressaillir son être.

» Il a fallu une femme pareille pour détruire le charme qui pesait sur cet antique manoir des voïvodes. Et n'est-elle pas elle-même une belle-au-bois-dormant que j'ai réveillée d'un sommeil magique ?

» Elle est comme un jeune aigle qui apprend à s'élancer vers le soleil, mais qui ne pourrait pas l'apprendre, s'il n'avait pas l'œil qui supporte la lumière.

» Ton ALEXANDRE. »

« Lesno, 28 mai 1858.

» Tu veux savoir comment je m'y prends pour façonner son esprit ? Sais-tu de quelle manière nos paysans apprennent à leurs enfants à marcher ? On les emmène aux champs, on les dépose quelque part sur le sable, et tout d'un coup ils marchent.

» C'est ainsi que j'élève Marcella, en la plaçant d'emblée au milieu de ma vie de travail et de ma vie intellectuelle, et en lui demandant tout de suite ce que je veux qu'elle apprenne. Je suis sûr qu'elle-même ne sait pas quel jour elle a appris à monter à cheval. Je l'ai mise en selle, et elle partait. C'est ainsi qu'elle apprend le français et l'allemand par l'usage, en causant avec moi, comme l'enfant apprend sa langue maternelle. C'est de la même manière qu'elle s'approprie des notions de toutes les sciences. La peau d'ours qui lui sert comme descente de lit donne des étincelles au moment où elle l'effleure de son pied nu : c'est le cas de lui parler du fluide électrique ; un cachet taillé à facettes fournit le prétexte pour lui expliquer les effets du prisme. Et ainsi tous les jours. Elle vit dans une atmosphère de clarté et de vérité. Peu à peu, elle pense, elle raisonne correctement ; elle prend des idées viriles sur l'honneur, le devoir, le travail, la loi et les droits de chacun, les usages, les plaisirs, — et elle vit comme elle pense. Le matin, en sortant du lit, un bain froid, après quoi on déjeune et l'on monte à cheval, peu importe qu'il pleuve ou qu'il vente. Jusqu'au coucher du soleil, elle est occupée, soit au dehors, soit à la maison, ayant l'œil à tout ce qui se fait, ordonnant tout, réglant tout. Je la vois passer comme une valkyrie sur son cheval noir, et je puis m'occuper tranquillement de la haute direction des travaux, car je sais qu'elle se chargera de tout ce qui concerne l'exécution.

» Avant de voler de ses propres ailes, il faut qu'elle apprenne à m'obéir. Je dis : Telle chose doit se faire, et cela lui suffit. Si parfois elle a eu des doutes quant au succès, sa joie n'en est que plus grande en voyant mes calculs se réaliser, et sa confiance s'en accroît. Nous avons ordonné notre vie avec une précision militaire. A midi avant de nous mettre à table, et à la fin du jour elle vient faire son rapport avec le sérieux d'un vieux sergent chevronné. Pendant la journée, nous ne nous voyons guère qu'à l'heure du dîner. En sortant de table, on prend un peu de repos : nous fumons nos cigarettes russes, nous lisons les journaux, nous jouons au billard, nous tirons à la cible avec des pistolets de salon. Le soir, notre besogne terminée, nous prenons le thé, et, pendant que l'eau chante dans le samovar, on cause, on se fait la lecture, ou bien encore on reste sans rien dire, la main dans la main ; elle appuie la tête sur mon épaule, et nous rêvons. Quelquefois elle s'endort dans cette position, alors je la soulève dans mes bras et l'emporte dans la chambre à coucher,... où le public n'entre pas : le seuil est gardé par les gnomes familiers aux vénérables barbes blanches.

» Je termine ici ; ma femme a besoin de moi. Tu

as compris, n'est-ce pas? que depuis quelque temps nous nous sommes un peu relâchés de nos habitudes de travail, parce qu'elle doit éviter de se fatiguer? En revanche, nous lisons beaucoup.

» Adieu ! Ne nous oublie pas.

» Ton ALEXANDRE. »

« Lesno, 14 août 1858.

» Ma femme vient de me donner un garçon tout à fait splendide. Le soir, elle était encore assise avec moi sur la terrasse, riait et causait; tout à coup elle se lève, rentre; une heure après, l'enfant s'égosillait déjà comme un vrai rejeton de paysans qu'il est. Elle se porte à merveille et l'allaite elle-même : je le vois boire sans jalousie, le petit fripon, à ce beau sein si plein de santé, que j'envierais à tout autre que mon héritier. Et le père Tchornochenko et ma nourrice, toute la famille est là : on dirait que le miracle de Bethléem s'est renouvelé; les paysans arrivent de leurs villages avec des offrandes, et demandent à voir l'enfant, — et Marcella ne se lasse pas de le montrer, et ne fait que sourire d'orgueil maternel et de félicité.

» Au baptême, le moutard recevra mon nom et le tien, car tu seras parrain, et le mari d'Ève, mon beau-frère, le tiendra sur les fonts à ta place.

» Ah ! mon ami, je suis bien heureux.

» A toi de cœur, A. »

XI

Ce fut dans l'automne de 1863, après la fin des troubles polonais, que je revis le comte Komarof à Lemberg. Toute sa personne était devenue en quelque sorte plus virile, et ses yeux rayonnaient de satisfaction, c'est le seul changement que je remarquai en lui.

— Eh bien! me dit-il quand nous fûmes assis chez moi, en face d'une bouteille de tokai, je pense que mes théories sur le mariage ont eu le temps de subir l'épreuve de la pratique. Voilà bientôt six ans que j'ai vu Marcella pour la première fois, et je puis te dire que nous nous aimons davantage de jour en jour, je ne sais où nous nous arrêterons! Et il faut voir comment la comtesse Komarof sait tenir son rang au milieu des dames de la noblesse! Et belle! Il est vrai qu'elle n'a encore que vingt-quatre ans, cependant nous avons déjà trois enfants...

— Comment sont-ils, tes enfants?

— Sacha, l'aîné, qui a cinq ans à l'heure qu'il est, c'est tout le portrait de sa mère; Constantin, qui marche déjà tout seul aussi, tient de la maison Tchornochenko, et Olga, qui aura tantôt un an, me ressemble, à ce qu'on prétend. Nous avons maintenant beaucoup de besogne à la maison, surtout à cause des enfants, et d'un autre côté je ne puis plus me passer de ma femme : nous en sommes là, qu'elle ne peut pas choisir un dessin de broderie sans avoir pris mon avis, et que moi, je n'ai pas confiance dans un projet avant d'avoir obtenu son approbation. J'ai donc été obligé de prendre chez nous une vieille demoiselle, une de ces créatures du bon Dieu qui semblent ne vivre que pour les autres ; c'est M¹¹ᵉ Babette, qui a donné à Marcella des leçons de chant et de piano. — Le comte s'arrêta pour allumer un nouveau cigare.

— Et M. Tchornochenko, vit-il toujours?

— Ils sont tous en vie et se portent bien. Nous allons les voir souvent avec les enfants et ils nous font des visites, et mon beau-père, pense un peu! a une charrue américaine et vient d'installer une machine chez lui. Aussi les paysans l'appellent un « Souabe (1) ».

— Je t'avouerai, lui dis-je, que depuis quelque temps mes idées se sont beaucoup rapprochées des tiennes.

— Tous les chemins y mènent, répondit le comte, car ce sont les idées du temps. Quant à moi, depuis que nous ne nous sommes pas vus, j'ai encore fait des progrès. Tu ne saurais croire combien le mariage contribue à notre développement. Je dois autant à Marcella qu'elle me doit sous ce rapport.

— Et quels sont les points de vue nouveaux que tu as gagnés?

— Quant à être nouveaux, ils ne le sont guère, dit le comte en souriant; en revanche, ils sont justes. J'ai appris par exemple quelle satisfaction on

---

(1) En Galicie, « Souabe » est un sobriquet qu'on donne aux Allemands, probablement parce que toutes les colonies allemandes y ont été fondées par des Souabes.

éprouve à remplir un devoir. Ne crains pas que je veuille faire de la morale. Comme je ne connais qu'une loi : ne fais pas à ton prochain ce que tu ne veux pas qu'il te fasse, ainsi je ne connais qu'un devoir qui prime tout, c'est la gratitude. Crois-moi, quand on a partagé toute joie et toute douleur, qu'on s'est aidé réciproquement, soutenu, consolé tous les jours, on finit par éprouver l'un pour l'autre comme une ineffable pitié, qui vous unit encore alors que les illusions disparaissent...

— Ah! tu conviens donc que tu as eu des illusions que tu as perdues?

— Cela va de soi, repartit mon ami. Ne faut-il pas toujours en rabattre, se résigner? Mais on renonce au clinquant et l'on gagne de l'or pur. Ce qu'il y a de si beau dans le mariage, c'est qu'il réunit les deux facteurs du bonheur véritable, la jouissance et le renoncement. L'amour, qui est l'abandon de soi-même, cesse d'être un danger dans le mariage, parce que l'abandon est réciproque; quelle satisfaction plus grande que celle qu'on éprouve lorsqu'on croit se sacrifier au bonheur d'une personne aimée? Au reste, je dois dire que le destin a tout fait pour me rendre le devoir facile...

— Continue! lui dis-je; tu ne sais pas combien je me réjouis de te voir si content.

— Ah! mon ami, la femme est le salut; qu'y a-t-il dont elle ne puisse nous sauver? Elle nous sauve de la mort en nous faisant renaître dans nos enfants. C'est ainsi que je comprends le mystère de la rédemption; c'est ma femme qui me l'a fait comprendre. Un soir, j'entre chez elle sans être aperçu. Notre bébé n'avait encore que dix-huit mois; je le vis debout sur une chaise dans sa petite chemise, riant et gambadant des pieds et des mains; ma femme était à genoux devant lui, les mains croisées, et le regardait, et son visage rayonnait. Ce fut comme une révélation; je compris tout à coup la *Madone* du Correggio, cette madone qui adore l'enfant, et ce tableau merveilleux est devenu pour moi le symbole le plus pur de l'humanité. En effet, quoi de plus humain et de plus touchant qu'une mère en adoration devant son enfant? Voici les énigmes de la vie toutes résolues : plus de lutte contre la nature, car c'est la nature elle-même qui s'offre. Nous existons, nous vivons pour transmettre la vie. Aussi aucune horreur, aucune tristesse n'est comparable à une mère qui perd son enfant ! — Le comte se tut, et s'absorba dans ses réflexions.

— Nous sommes si heureux dans nos enfants, dit-il après une pause, et en tout ! Je ne me rappelle pas la plus petite mésintelligence qui ait troublé notre tranquillité. Pourtant l'ange de la mort nous a effleurés un jour du bout de son aile, et ma femme a failli mourir pour moi. Ç'a été un avertissement pour nous rappeler la fragilité du bonheur terrestre. C'était dans ces temps troublés de la révolution polonaise. Un jour, M. Jordan, que tu connais peut-être, se présenta chez moi avec un autre propriétaire polonais; ils prétendaient percevoir l'impôt au nom du comité national. Ce n'était pas assurément pour les quelques sous, mais j'envoyai ces messieurs au diable. Ils répondirent par les menaces que tu connais. — Je ne suis pas Polonais, leur dis-je; je suis citoyen d'un état libre, composé de beaucoup de nationalités, et où chacun a les mêmes droits. Je ne souffrirai aucune contrainte. Je me mets sous la protection de la loi, — et comme je les vis ricaner, — au besoin même, ajoutai-je d'un ton ferme, je saurai faire respecter ma liberté personnelle et mon droit les armes à la main.

Là-dessus, ils partirent, et au même instant entra Marcella, qui toisa les deux patriotes d'un regard impossible à rendre. — Je ne sais, lui dis-je, si tu m'approuveras.

— J'ai tout entendu, répondit-elle. Si chacun avait ton courage et ta fermeté, les troubles et la misère du pays seraient finis avant peu.

Elle me prit les deux mains, et je sus dès lors que j'avais fait mon devoir.

— Nous sommes ici au milieu des Polonais, lui dis-je, comme les trappeurs américains au milieu des Indiens, un poste avancé de la civilisation, et, ils s'en apercevront, rien moins qu'un poste perdu!

Le lendemain, au point du jour, le vieux Iendrik vint me trouver tout pâle et effaré.

A la porte du château était affichée ma condamnation à mort, signée du gouvernement révolutionnaire. Je descendis, et, ayant lu le placard, l'arrachai pour le montrer à ma femme. — Il vaut mieux t'éloigner et emmener les enfants, lui dis-je.

Elle m'entoura de ses bras, et pour la première

fois répondit : Non, d'une voix ferme. Elle resta en effet, et ce fut mon salut.

Je chargeai aussitôt mes deux revolvers, j'en gardai un, et Marcella prit l'autre. — On ne sait pas ce qui peut arriver, dit-elle. — Tous mes gens étaient sous les armes, et nous ne négligions aucune précaution. Néanmoins, — Dieu sait comment cela se fit, — nous étions le soir sur le perron à prendre le thé, quand trois paysans passent sur la route, qui nous tirent leurs chapeaux et nous saluent : — *Loué soit Jésus-Christ !*

— *En éternité! Amen!* répondis-je. — Aussitôt l'un des trois saute sur moi, et cherche à me frapper par derrière avec son poignard; mais Marcella se jette au-devant de lui, elle pare le coup de son bras gauche; je réussis à désarmer le meurtrier et à le terrasser. Pendant ce temps, les deux autres me visent. Deux coups partent. C'est ma femme qui vient d'abattre l'un des deux bandits pendant que l'autre tirait sur moi; j'entends siffler la balle près de mon oreille, et elle va s'enfoncer dans le mur. Déjà ma femme l'a saisi au collet et appuie le canon sur sa poitrine : il est son prisonnier.

Mes gens ont entendu les coups de feu, ils accourent et se mettent en devoir de lier les *gendarmes du gibet* (1) pour les livrer aux tribunaux. A ce mo-

---

(1) Organes du gouvernement révolutionnaire, chargés de l'exécution des amendes et peines décrétées, telles que bastonnades, pendaisons, etc. — Il ne faut pas oublier que c'est un Petit-Russien de Galicie qui parle ici sous l'empire de la haine nationale qui existe entre Russes et Polonais.

ment, je vois Marcella pâlir ; ses lèvres se décolorent, le revolver lui glisse de la main, et elle tombe à la renverse. Je la reçois dans mes bras ; son sang coule sur moi ; alors seulement je m'aperçois qu'elle est blessée. Je demande de l'eau à grands cris. Les enfants arrivent, ils se pendent à ses jupes en pleurant ; Iendrik lui rafraîchit les tempes. Enfin elle rouvre les yeux, et son regard rencontre le mien ; je respirai, et je me pris à sangloter comme un enfant.

Heureusement l'accident n'eut point de suites fâcheuses. Je tins à me venger. Des papiers que nous avions trouvés sur les Polonais me fournirent des indications précieuses, à l'aide desquelles, au terme de huit jours, je pus cerner pendant la nuit le château de Zavale avec les paysans de Lesno et de Zolobad, et enlever le comité révolutionnaire de notre cercle avec tous ses papiers, sa caisse et une grande quantité d'armes, pour livrer ces gens à la justice.

Pour que tu puisses juger par toi-même jusqu'à quel point Marcella a répondu à mes espérances, je veux te faire lire les lettres que voici. J'ai reçu la dernière ce matin ; tout cela a été écrit à bâtons rompus, car je m'absente rarement au delà de quelques jours. Cependant cette lecture pourra te donner une idée juste de ce qu'est aujourd'hui ma femme.

— Après ces mots, le comte me remit une liasse de lettres d'une écriture élégante et ferme, et me souhaita une bonne nuit.

*Extraits des lettres écrites par Marcella
à son mari.*

. . . .

« Depuis que tu n'es plus près de moi, je travaille avec une sorte de hâte fiévreuse. J'ai commencé la nouvelle digue et terminé la route de Starosol. L'abattage des hêtres est fait également. Je suis tantôt dans la forêt, tantôt aux champs, puis aux métairies; l'autre jour, je me suis même rendue à la foire; tout cela pour chasser ta pensée, et pourtant je ne fais rien sans penser à toi. Pourquoi cette inquiétude? L'absence me fait comprendre combien je t'aime ; je n'ose aller jusqu'au bout de la pensée qui m'assaille... comment vivrais-je sans toi?

» Figure-toi que nous avons des serpents au château. Je croirais volontiers que ce sont nos serpents domestiques de Zolobad qui m'ont suivie ici. Ils nichent dans le salon où se trouve le piano et ils ont l'oreille musicale. Je t'assure, toutes les fois que je commence à jouer, ils arrivent et m'écoutent avec recueillement; mais quand c'est Mlle Babette qui se met au piano, ils disparaissent aussitôt. Et dans notre chambre à coucher il y a de petites souris ; je ne leur fais point de mal, elles sont si gentilles ! Aussi elles ne me craignent pas, — à telle enseigne que, lorsque je suis au lit, elles sortent de leur trou et se poursuivent par la chambre comme de petits chiens. Je leur jette des miettes de pain et des morceaux de sucre; l'autre jour, j'en entends une qui chicotte et se démène sous mon oreiller. »

» Le vieux Pilachko, de Toulava, est venu ce matin. Il s'est plaint de la dureté des temps, tous les malheurs fondent sur lui à la fois: la récolte manquée, la grêle, son bétail qui se meurt; on allait lui vendre son bien parce qu'il doit au fisc 117 florins d'impositions. Il pleurait, le pauvre homme; je lui ai avancé la somme dont il avait besoin. Il la rendra, je suis sûre de lui. — Figure-toi, Sacha écrit déjà dans la perfection depuis quelques jours. Je le regardais copier ses modèles avec ce sérieux qu'il a; je lui demandai : — Pourquoi écris-tu comme cela tout le jour? — Parce que j'ai besoin de le savoir pour écrire une lettre. — Et à qui veux-tu écrire? — A mon papa donc!

» Cette nuit, je me suis réveillée en sursaut, et je t'ai appelé par ton nom, et, ne recevant pas de réponse, j'ai eu peur, je crois même que j'ai pleuré. Ah! je m'ennuie seule, hâte-toi de revenir !

» Tout le monde est bien portant, et t'embrasse. »

« Encore absent! j'ai pensé à te faire une surprise en commençant une broderie, puis j'ai réfléchi qu'il valait mieux étudier une nouvelle sonate à ton intention.

» J'ai un aveu à te faire. Tu te fâcheras peut-être, j'ai cédé à un mouvement de colère. Vihoura, le nouveau valet de ferme, est un homme brutal qui s'amuse à faire du mal aux bêtes. Je le lui avais défendu déjà plusieurs fois. Il a maintenant un jeune vautour dans une cage qu'il a portée dans la boulangerie. Or l'autre jour, — tu te rappelles le nid de moineaux qui est au-dessus de la porte de la grange? — j'arrive donc et je vois qu'il est vide. C'était Vihoura qui avait pris les petits pour régaler son vautour; les plumes étaient encore par terre. Je revenais d'une promenade à cheval, j'avais encore la cravache à la main, je n'ai pu me retenir, je l'ai frappé à coups redoublés, et j'ai vu le sang couler sur sa figure. Il est maintenant marqué comme un tigre, mais il paraît apprivoisé. Cependant Iendrik dit qu'il attend ton retour pour se plaindre. Si j'ai tort, gronde-moi bien, mais pas devant lui, cela ne doit pas être. »

« On a épousseté partout, selon tes désirs, sans oublier la bibliothèque. Pour faire de la place, on avait porté le squelette dans la salle de billard. Les enfants l'ont vu, se sont mis à crier; n'ont pas voulu passer par là. — C'est la mort, disait Sacha. — Ce n'est point la mort, lui répondis-je, c'est un homme qui est mort. Nous avons tous un squelette pareil dans notre corps, vous et moi, et votre papa aussi. — Et je leur expliquai tout en détail, maintenant ils dorment tranquillement avec le squelette dans leur chambre.

» Ces jours derniers, M. Perinski a multiplié ses visites d'une façon qui m'a déplu; je l'ai prié de ne plus venir quand tu n'es pas là pour ne pas faire jaser nos gens. Il a rougi, puis il s'est mis à rire, m'a baisé la main, et m'a dit : Vous avez raison.

» Soigne-toi bien, car tu es à moi, — ne l'oublie pas, tu es à moi, donc il faut te soigner ! Comme je veux t'embrasser quand tu seras de retour ! »

« Hier soir, la souris est venue me présenter ses petits ; ils jouaient comme une bande d'écoliers. »

» Faut-il que j'envoie les arbres coupés à la scierie ou dois-je attendre ton retour ?

» Avant-hier, Kascha s'est sentie malade, je reconnus les symptômes d'une fièvre maligne. Je l'ai immédiatement retirée de la chambre des servantes et l'ai fait coucher dans une pièce du premier étage ; j'ai ouvert les fenêtres et je lui ai donné de deux heures en deux heures un verre d'acide de Haller dans de l'eau froide. Aujourd'hui elle a pu se lever. »

« 5 septembre 1863.

» Avant-hier, assez tard dans la soirée, nous avons remarqué une rougeur à l'horizon dans la direction de Volka. Je suis montée à cheval et j'y suis allée au galop. Les Polonais avaient mis le feu à une de nos granges, mais quand je suis arrivée, les paysans avaient déjà éteint l'incendie. Mon père est venu me voir hier, il m'a dit que l'ordre commence à se rétablir partout depuis que la garde rurale est sur pied. A Lemberg, tu sauras mieux que nous ce qui se passe, et si le gouvernement est décidé à prendre enfin des mesures énergiques pour faire cesser cet état de trouble et d'insécurité. Je me prépare à tout, nous vivons comme à la guerre, et je veille.

» Tes ordres ont été exécutés. Le blé est battu, on le chargera demain pour l'envoyer à la ville. »

XII

J'ai revu Marcella et son mari, il y a deux ans. L'automne était revenu; les teintes du paysage, toute la physionomie de la nature dans sa maturité dorée, me rappelaient les heures passées dans la société de mes amis, lorsque par une belle journée claire et tiède je poussai mon cheval dans la direction de Lesno. Des deux côtés de la route, les chaumes à perte de vue, entrecoupés de prairies vertes et fleuries, s'étalaient au soleil comme des tapis de Smyrne; la forêt verte s'émaillait déjà de teintes jaunes et rouges; le petit ruisseau limpide, qui semblait inséparable de la route, cheminait avec moi à travers ses cailloux blancs, et me racontait mille choses curieuses. De petits saules y trempaient leurs branches folles, qui se jouaient dans l'onde claire; des abeilles, des papillons, des libellules, courtisaient les fleurs bleues et rouges dont les rives étaient ornées et remplissaient l'air de leur bourdonnement. Je traversai le parc, et mis pied à terre devant le perron; deux cosaques se précipitèrent pour recevoir mon cheval et m'annoncer au maître de la maison.

L'antique manoir disparaissait sous l'étreinte du lierre qui grimpait sur les balcons et enveloppait les tourelles. Les fenêtres resplendissaient au soleil, dont les rayons répandaient sur les murailles grises une teinte dorée tout à fait en harmonie avec le caractère slavo-byzantin de l'édifice. La terrasse du perron était entourée d'espaliers de vigne où luisaient des grappes d'un rouge vermeil ; des roses rouges et blanches étaient semées sur la pelouse ; du parc, on entendait le roucoulement des pigeons sauvages, qui semblaient s'y trouver en nombre, et à toutes les corniches du château les hirondelles avaient collé leurs nids de torchis.

Alexandre parut bientôt sur le perron ; il me serra dans ses bras avec effusion, et ne cherchait pas à cacher les larmes qui brillaient dans ses yeux. Nous nous regardâmes quelques instants sans parler en nous tenant par les mains ; puis il m'introduisit dans un salon tendu de damas rouge, où des tapis de Perse brochés d'or témoignaient d'un luxe de bon goût. Bien que le comte eût alors quarante ans sonnés, il paraissait plus jeune que jamais, jeune de corps, d'esprit et de cœur.

— Voici ma femme, s'écria-t-il au bout de quelques minutes.

Marcella entra d'un pas léger, me tendant dès la porte ses deux mains, que je saisis avec empressement pour y déposer un baiser.

— Tu nous restes ? me dit Alexandre.

— Cela va de soi, interrompit Marcella. Il faut rester.

— Non, il faut partir.

— Ah ! et pourquoi, s'il vous plaît ? demanda-t-elle vivement.

— Vous êtes trop belle, madame, en vérité, répliquai-je en souriant.

Elle était belle en effet, d'une beauté transcendante : vierge et femme à la fois, si cela peut se dire, la force unie à la grâce, une naïveté enfantine avec un aplomb de grande dame, et une élévation de pensée comme il est rare de la rencontrer chez une femme.

— Et vos héritiers? repris-je.

Marcella sortit, et revint bientôt, entourée de ses beaux enfants : c'étaient quatre garçons, qui tous rappelaient plus ou moins leur mère, — l'aîné, Sacha, avait onze ans; le cadet, Julian, en avait trois; — puis la petite Olga, âgée de huit ans, qui avait les traits sévères et les yeux pensifs et expressifs de son père. Ils me tendirent les mains sans l'ombre de timidité, leur regard franc exprimait la confiance; et leur petite sœur entama aussitôt avec moi une conversation sur un sujet extraordinairement important.

— C'est par ce sang vermeil de paysans que ma famille s'est rajeunie, me dit Alexandre. Regarde mes garçons; quelle race ! Un ourson semblerait délicat à côté d'eux... Mais viens, il faut que je te fasse visiter la propriété.

La comtesse mit un petit chapeau de paille d'Italie à rubans verts, et prit mon bras. Alexandre nous conduisit à travers ses cours et ses bâtiments, et la belle châtelaine m'expliquait en détail les instruments aratoires et les machines. Ensuite nous montâmes tous à cheval, pour visiter les champs, les prairies avec leur système d'irrigation, le grand pâturage, — sorte de steppe en miniature dont les herbes parfumaient l'air, et où l'on voyait des troupeaux de moutons, de bœufs, de chevaux et d'oies manœuvrer comme des corps d'armée, — la forêt, l'abattage, les carrières, enfin les métairies avec la distillerie et la fabrique de sucre de betterave. Partout le même ordre parfait, les mêmes signes du triomphe de l'esprit sur la matière, et comme une bénédiction visible sur toute chose.

Nous fûmes de retour vers midi pour le dîner, qui fut servi dans une salle à manger décorée en vieux chêne sculpté. En sortant de table, Alexandre proposa une partie de billard, où Marcella nous battit à plate couture. J'allai ensuite faire avec le comte un tour dans les bois. La soirée fut fraîche, et ce fut avec un plaisir marqué que je vins m'asseoir à notre retour près du feu qui pétillait dans la cheminée de marbre d'un petit salon où nous attendait le thé.

Les jeunes oursons s'empressèrent de grimper sur nos genoux. Marcella parut bientôt en robe de soie gris clair et tunique de velours grenat, doublée et garnie de zibeline merveilleuse aux reflets d'or. Elle vint remplir nos tasses, nous offrit des cigarettes, puis alla se mettre au piano.

— Eh bien, me dit Alexandre après une pause ; à quoi penses-tu donc?

— J'ai beaucoup réfléchi sur le problème du bonheur, répondis-je, et je suis arrivé à cette conclusion, que le bonheur n'est que dans l'effort que l'on fait pour l'atteindre. Chacun porte en soi la mesure de la félicité dont il pourra jouir, car nous vivons chacun dans un monde à nous, qui est terne et pauvre ou bien riche et coloré, suivant le prisme à travers lequel nous le voyons. C'est pour cela qu'il faut savoir se borner en ce qui touche les biens extérieurs, s'arrêter à temps, et ne plus s'appliquer qu'à tirer parti de ce qui est en nous. Aussi le seul lien durable est celui qui résulte de l'accord des âmes : si les contrastes attirent, l'harmonie seule peut maintenir l'union.

— La nôtre dure depuis douze ans, dit Alexandre ; c'est qu'au lieu de passer la lune de miel à nous conter des fleurettes, nous avons étudié et travaillé ensemble.

Tout en causant, nous nous étions levés, et le comte s'était arrêté devant un portrait de Marcella, qu'il contemplait dans une muette rêverie. — Je crois vraiment, lui dis-je, que tu es toujours amoureux de ta femme ?

— Mais je l'espère bien, répondit-il, et tous les jours je lui découvre de nouveaux charmes. N'oublie pas ceci : une femme ne vieillit jamais pour qui sait l'aimer

A ce moment, la petite Olga entra, escortée de sa chatte blanche ; elle tenait à la main un fuseau, qu'elle tendit à sa mère. Marcella quitta son piano, alla s'installer près du feu dans une bergère, et se mit à filer pendant que la petite fille suivait avec attention les mouvements de sa main. Bientôt les enfants furent tous réunis autour de son fauteuil ; le chat était monté sur le tabouret de velours où elle appuyait ses pieds, et faisait entendre un frémissement voluptueux. Le fuseau dansait, dans le mur le cricri chantait, et les bons lutins quittaient leurs retraites et venaient, invisibles et sournois, grimper sur le dossier du siége pour brouiller l'écheveau de la fileuse.

— Regarde! dit Alexandre à mi-voix en me montrant le groupe, voici mon conte bleu devenu réalité. Le reconnais-tu, mon Bonheur aux cheveux d'or?

FIN.

TABLE DES MATIÈRES

Prologue. — L'Errant.................................... v
Don Juan de Kolomea.................................... 1
Frinko Balaban... 61
Clair de Lune.. 127
Marcella (conte bleu du bonheur)...................... 199

FIN DE LA TABLE DES MATIÈRES.

LIBRAIRIE HACHETTE ET CIE

BOULEVARD SAINT-GERMAIN, 79, PARIS

OEUVRES DE LAMARTINE

VOLUMES IN-4 ET GRAND IN-8

Graziella, édition de grand luxe, avec 33 grandes compositions d'Alfred de Curzon, gravées sur bois et tirées à part, et 9 vignettes insérées dans le texte, 1 vol. grand in-4, richement cartonné. 15 fr.

Jocelyn, 1 volume grand in-8, avec 150 vignettes, broché. 10 fr.

VOLUMES IN-8

Œuvres, nouvelle édition illustrée de 29 gravures sur acier. 7 vol. 52 fr. 50
- Premières et Nouvelles Méditations poétiques. 1 vol. 7 fr. 50
- Harmonies et Recueillements. 1 volume. 7 fr. 50
- Jocelyn. 1 vol. 7 fr. 50
- La Chute d'un ange. 1 vol. 7 fr. 50
- Voyage en Orient. 2 vol. 15 fr.
- Confidences et Nouvelles Confidences. 1 vol. 7 fr. 50

La collection des 29 gravures, séparément. 10 fr.

Poésies inédites. 1 vol. 7 fr. 50

Mémoires inédits (1790-1815). 1 volume. 7 fr. 50

Correspondance (1807-1833). 4 volumes à 7 fr. 50

Histoire des Girondins. 4 vol. ornés de portraits. 30 fr.
Les 40 portraits séparément. 10 fr.

Histoire de la Turquie. 8 vol. 40 fr.
Chaque volume séparément. 5 fr.

Histoire des Constituants. 4 v. 20 fr.
Chaque volume séparément. 5 fr.

Histoire de la Restauration. 8 vol. ornés de portraits. 40 fr.
Les 32 portraits séparément. 10 fr.

Le Tailleur de pierres de Saint-Point. 1 vol. 4 fr.

VOLUMES IN-18 A 3 FR. 50

Premières Méditations. 1 vol.
Nouvelles Méditations. 1 vol.
Harmonies poétiques. 1 vol.
Recueillements poétiques. 1 vol.
Jocelyn. 1 vol.
La chute d'un ange. 1 vol.
Voyage en Orient. 2 vol.
Lectures pour tous. 1 vol.
Confidences. 1 vol.
Nouvelles Confidences. 1 vol.
Souvenirs et portraits. 3 vol. qui se vendent séparément.
Le Manuscrit de ma mère. 1 vol.
Histoire des Girondins. 6 vol.
Histoire de la Restauration. 8 vol.

VOL. IN-18 A DIVERS PRIX

Le Tailleur de pierres de Saint-Point. 1 vol. 1 fr. 25
Raphaël. 1 vol. 1 fr. 25
Graziella. 1 vol. 1 fr. 25
Fénelon. 1 vol. 1 fr.
Nelson. 1 vol. 1 fr.
Gutenberg. 1 vol. 50 c.

OEUVRES DE VICTOR HUGO

FORMAT IN-18 JÉSUS, A 3 FR. 50 LE VOLUME

Notre-Dame de Paris. 2 vol.

Bug-Jargal. — Le dernier jour d'un condamné. — Claude Gueux. 1 vol.

La légende des siècles. 1 vol.

Le Rhin. 3 vol.

Les contemplations. 2 vol.

Les voix intérieures. — Les rayons et les ombres. 1 vol.

Han d'Islande. — Discours. 2 vol.

Odes et ballades. 1 vol.

Orientales. — Feuilles d'automne. — Chants du crépuscule. 1 vol.

Littérature et philosophie mêlées. 2 vol.

Théâtre. 4 vol.

Chaque volume se vend séparément.

OEUVRES D'EDMOND ABOUT

FORMAT IN-8

Le roi des montagnes. 1 volume avec 158 vignettes par Gustave Doré. 5 fr.

Le progrès. 1 vol.   3 fr. 50

FORMAT IN-18 JÉSUS
à 3 fr. 50 le volume.

Alsace ; 4ᵉ édition. 1 vol.

Causeries. 2 vol.
Chaque volume se vend séparément.

La Grèce contemporaine ; 6ᵉ édition. 1 vol.

Le progrès ; 4ᵉ édition. 1 vol.

Le turco. — Le bal des artistes. — Le poivre. — L'ouverture au château. — Tout Paris. — La chambre d'ami.

— Chasse allemande. — L'inspection générale. — Les cinq perles ; 3ᵉ édition. 1 vol.

Madelon ; 6ᵉ édition. 1 vol.

Salon de 1864. 1 vol.

Salon de 1866. 1 vol.

Théâtre impossible (Guillery. — L'assassin. — L'éducation d'un prince. — Le chapeau de sainte Catherine) ; 2ᵉ édition. 1 vol.

L'A, B, C du travailleur ; 2ᵉ édition. 1 vol.

Les mariages de province ; 4ᵉ édition. 1 vol.

La vieille roche. Première partie. *Le mari imprévu* ; 2ᵉ édition. 1 vol.

— Deuxième partie. *Les vacances de la comtesse* ; 2ᵉ édition. 1 vol.

— Troisième partie. *Le marquis de Lanrose*; 2e édition. 1 vol.

Le Fellah; 2e édition. 1 vol.

L'Infâme; 2e édition. 1 vol.

FORMAT IN-18 JÉSUS
à 3 fr. le volume.

Germaine; 10e édition. 1 vol.

Le roi des montagnes; 16e édition. 1 vol.

Les mariages de Paris; 15e édition. 1 vol.

L'homme à l'oreille cassée; 6e édition. 1 vol.

Maître Pierre; 4e édition. 1 vol.

Tolla; 10e édition. 1 vol.

Trente et quarante. — Sans dot. — Les parents de Bernard; 7e édition. 1 vol.

Voyage à travers l'exposition universelle des beaux-arts en 1855. 1 vol.

Le capital pour tous. Brochure in-18 jésus, 10 c.

Nos artistes au salon de 1857. 1 vol. in-18 jésus. 1 fr. 25

OEUVRES DE VICTOR CHERBULIEZ

FORMAT IN-8

L'Allemagne politique depuis la paix de Prague. 1 vol. 6 fr.

FORMAT IN-18 JÉSUS
à 3 fr. 50 le volume.

Le comte Kostia; 4e édition. 1 volume.

Prosper Randoce. 1 vol.

Paule Méré; 2e édition. 1 vol.

Le roman d'une honnête femme; 4e édition. 1 vol.

Le grand œuvre. 1 vol.

L'aventure de Ladislas Bolski; 3e édition. 1 vol.

La revanche de Joseph Noirel. 1 vol.

Études de littérature et d'art. 1 vol.

Meta Holdenis; 2e édition. 1 vol.

L'Espagne politique (1868-1873). 1 vol.

OEUVRES DE R. TÖPFFER

FORMAT IN-18 JÉSUS, A 3 FR. 50 LE VOLUME

Nouvelles genevoises. 1 vol.

Rosa et Gertrude. 1 vol.

Le presbytère. 1 vol.

Réflexions et menus propos d'un peintre genevois, et Essais sur le beau dans les arts. 1 vol.

OEUVRES DE H. TAINE

FORMAT IN-8

De l'intelligence. 2 vol.   15 fr.

Les écrivains anglais contemporains.
1 vol.   7 fr. 50

Voyage en Italie. 2 vol.   12 fr.

    On vend séparément :
    Tome I : *Naples et Rome*,   6 fr.
    Tome II : *Florence et Venise*,   6 fr.

Notes sur Paris. Vie et aventures de M. Frédéric-Thomas Graindorge. 1 volume.   3 fr. 50

Voyage aux Pyrénées ; 2ᵉ édition. 1 volume illustré de 350 vignettes par Gustave Doré.   10 fr.

FORMAT IN-18 JÉSUS
À 3 fr. 50 le volume.

Essai sur Tite Live ; 2ᵉ édition. 1 volume.
Ouvrage couronné par l'Académie française.

Essais de critique et d'histoire ; 3ᵉ édition. 1 vol.

Nouveaux essais de critique et d'histoire ; 3ᵉ édition. 1 vol.

Histoire de la littérature anglaise ; 3ᵉ édition. 5 vol.

La Fontaine et ses fables ; 5ᵉ édition. 1 vol.

Les philosophes classiques du XIXᵉ siècle en France ; 3ᵉ édition. 1 volume.

Voyage aux Pyrénées ; 4ᵉ édition. 1 vol.

Notes sur l'Angleterre ; 4ᵉ édition. 1 vol.

Notes sur Paris. Vie et opinions de M. Frédéric-Thomas Graindorge ; 6ᵉ édition. 1 vol.

Un séjour en France de 1792 à 1795. Lettres d'un témoin de la Révolution française, traduites de l'anglais. 1 vol.

Du suffrage universel et de la manière de voter. 1 vol. in-18.   50 c.

OEUVRES DE E. CARO

DE L'ACADÉMIE FRANÇAISE

La philosophie de Gœthe. 1 volume in-8.   5 fr.
Ouvrage couronné par l'Académie française.

FORMAT IN-18 JÉSUS
À 3 fr. 50 le volume.

Études morales sur le temps présent ; 2ᵉ édition. 1 vol.
Ouvrage couronné par l'Académie française.

Nouvelles études morales sur le temps présent. 1 vol.

L'idée de Dieu et ses nouveaux critiques ; 5ᵉ édition. 1 vol.

Le matérialisme et la science ; 2ᵉ édition. 1 vol.

Les jours d'épreuve. 1 vol.

SAINTE-BEUVE

DE L'ACADÉMIE FRANÇAISE

Port-Royal; 3ᵉ édition revue et augmentée. 7 vol. in-18 jésus. 24 fr. 50 | Le tome VII comprend une Table alphabétique et analytique des matières et des noms contenus dans les six premiers volumes.

OEUVRES DE JULES SIMON

FORMAT IN-8

La réforme de l'enseignement secondaire. 1 vol.   6 fr.

Le libre échange. 1 vol.   3 fr. 50

FORMAT IN-18 JÉSUS
à 3 fr. 50 le volume.

La liberté politique; 4ᵉ édition. 1 volume.

La liberté civile; 4ᵉ édition. 1 vol.

La liberté de conscience; 5ᵉ édition. 1 vol.

La religion naturelle; 7ᵉ édition. 1 vol.

Le devoir; 11ᵉ édition. 1 vol.
Ouvrage couronné par l'Académie française.

L'ouvrière; 8ᵉ édition. 1 vol.

L'école; 8ᵉ édition. 1 vol.

L'ouvrier de huit ans; 4ᵉ édition. 1 vol.

Le travail; 4ᵉ édition. 1 vol.

La politique radicale; 3ᵉ édition. 1 vol.

La peine de mort; 2ᵉ édition. 1 vol. in-18 jésus.   1 fr.

Discours sur la situation de l'enseignement supérieur, prononcé à l'assemblée générale des délégués des sociétés savantes, réunies à la Sorbonne, le 19 avril 1873. Broch. in-12. 50 c.

LITTÉRATURE ANGLAISE

Byron (lord) : *Œuvres complètes*, traduites par M. Benjamin Laroche. 4 volumes in-18 jésus, qui se vendent séparément. 3 fr. 50

   Child-Harold. 1 vol.
   Poëmes. 1 vol.
   Drames. 1 vol.
   Don Juan. 1 vol.

Macaulay (lord) : *Œuvres diverses*, traduites par MM. Am. Pichot, Ad. Joanne et E.-D. Forgues. 2 vol. in-18 jésus. 7 fr.

Ossian : *Poëmes gaéliques*, recueillis par Mac Pherson, traduits par P. Christian et précédés de recherches sur Ossian et les Calédoniens. 1 vol. in-18 jésus. 3 fr. 50

Shakespeare : *Œuvres complètes*, traduites par E. Montégut. 10 volumes in-18 jésus, qui se vendent séparément. 3 fr. 50

TOME I. — La tempête. — Les gentilshommes de Vérone. — La comédie des méprises. — Le songe d'une nuit d'été. — Le marchand de Venise.
TOME II. — Beaucoup de bruit pour rien. — Mesure pour mesure. — La mégère domptée. — Peines d'amour perdues.
TOME III. — Comme il vous plaira. — Tout est bien qui finit bien. — Le conte d'hiver. — Le soir des rois. — Les joyeuses commères de Windsor.
TOME IV. — Le roi Jean. — Le roi Richard II. — Le roi Henri IV.
TOME V. — Le roi Henri V. — Le roi Henri VI (première et deuxième parties).
TOME VI. — Le roi Henri VI (troisième partie). — Le roi Richard III. — Le roi Henri VIII.
TOME VII. — Timon d'Athènes. — Troïlus et Cressida. — Coriolan. — Jules César.
TOME VIII. — Antoine et Cléopâtre. — Periclès. — Le roi Lear. — Macbeth.
TOME IX. — Roméo et Juliette. — Hamlet. — Othello.
TOME X. — Cymbeline. — Poëme. — Petits poëmes. — Sonnets.

Shakespeare : *Œuvres dramatiques*, traduction d'Émile Montégut. 3 vol. grand in-8 richement illustrés.

   TOME I. — Les Comédies.
   TOME II. — Les Tragédies.
   TOME III. — Les Drames.

Chaque volume se vend séparément. 8 fr.

Tennyson (Alfred) : *Les idylles du roi : Énide, Viviane, Genièvre, Elaine.* Quatre poëmes traduits de l'anglais, contenant 36 gravures sur acier d'après les dessins de G. Doré. 1 beau vol. in-fol. cartonné richement. 100 fr.

Chaque poëme forme un volume qui se vend séparément, cartonné. 15 fr.

LITTÉRATURE ALLEMANDE

Gœthe : *Œuvres*, traduction nouvelle par Jacques Porchat. 10 vol. in-8, 60 fr.

On vend séparément :

TOME I. — Poésies diverses. — Pensées. — Divan oriental, occidental, avec le commentaire. 6 fr.
TOMES II, III et IV. — Théâtre. 18 fr.
TOME V. — Poëmes et romans. 6 fr.

Tome VI. — Les années d'apprentissage de Wilhelm Meister. 6 fr.
Tome VII. — Les années de voyage de Wilhelm Meister. — Opuscules. 6 fr.
Tome VIII. — Mémoires. 6 fr.
Tome IX. — Voyages en Suisse et en Italie. 6 fr.
Tome X. — Mélanges. 6 fr.

100 exemp'aires numérotés ont été tirés sur grand raisin superfin collé. Les 10 v. 150 fr.
Il ne reste plus que 6 exemplaires de ce tirage.

Schiller : *Œuvres*, traduction nouvelle par Ad. Regnier, de l'Institut. 8 vol. in-8. 48 fr.

On vend séparément :
Tome I. — Vie de Schiller. — Poésies. 6 fr.
Tomes II, III et IV. — Théâtre. 18 fr.
Tomes V et VI. — Œuvres historiques. 12 fr.
Tome VII. — Mélanges, précédés du Visionnaire. 6 fr.
Tome VIII. — Esthétique. 6 fr.

100 exemplaires numérotés ont été tirés sur grand raisin superfin collé. Les 8 vol. 120 fr.
Il ne reste plus que 4 exemplaires de ce tirage.

LITTÉRATURE ITALIENNE

Dante : *La divine comédie*, traduite par P.-A. Fiorentino ; 9ᵉ édition. 1 vol. in-18 jésus. 3 fr. 50

Dante Alighieri : *L'enfer*, édition de grand luxe. Un magnifique v. in-folio, contenant la traduction française de P.-A. Fiorentino, le texte italien et 76 grandes compositions de G. Doré, gravées sur bois et tirées à part, cartonné richement. 100 fr.

— *Le purgatoire et le paradis*, édition de grand luxe. Un magnifique volume in-folio contenant la traduction française de P.-A. Fiorentino, le texte italien et 60 grandes compositions de G. Doré, cartonné richement. 100 fr.

Le même ouvrage, avec le texte italien seul et les 60 grandes compositions de Gustave Doré. Un magnifique volume in-folio, cartonné richement. 100 fr.

LITTÉRATURE ESPAGNOLE

Cervantès : *Don Quichotte*, traduit de l'espagnol par M. L. Viardot. 2 vol. in-18 jésus. 7 fr.

— *L'ingénieux hidalgo don Quichotte de la Manche*, traduction par L. Viardot. Édition de grand luxe. 2 magnifiques volumes in-folio, contenant 370 dessins de G. Doré, gravés sur bois par Pisan, cartonnés richement. 160 fr.

— *L'ingénieux hidalgo don Quichotte de la Manche*, traduit et annoté par Louis Viardot, avec 370 compositions de Gustave Doré (114 grandes compositions tirées à part, et 256 têtes de pages et culs-de-lampe), gravés sur bois par H. Pisan. Deux magnifiques vol. in-4, brochés. 38 fr.

La reliure des deux volumes se paye en sus : en percaline rouge, tranches jaspées, 10 fr.; tr. dorées, 12 fr.; dos en maroquin, 40 fr.

L'HISTOIRE DE FRANCE

DEPUIS LES TEMPS LES PLUS RECULÉS

JUSQU'EN 1789

RACONTÉE A MES PETITS-ENFANTS

Par M. GUIZOT

EN VENTE LES TOMES I, II ET III

comprenant

L'HISTOIRE DE FRANCE DEPUIS LES TEMPS LES PLUS RECULÉS

JUSQU'A LA MORT DE HENRI IV

Trois volumes grand in-8 jésus

ILLUSTRÉS DE 225 GRAVURES SUR BOIS

PAR A. DE NEUVILLE

ET CONTENANT DEUX CARTES

Chaque volume se vend séparément :

Broché, 18 fr. — Richement relié avec fers spéciaux, dos en maroquin, plats en toile, tranches dorées, 25 fr.

CONDITIONS ET MODE DE LA PUBLICATION

L'Histoire de France racontée à mes petits-enfants, qui a obtenu de l'Académie le grand prix d'histoire, formera quatre volumes grand in-8, imprimés sur beau papier, par M. Raçon, et illustrés de plus de 250 gravures d'après les dessins de M. A. de Neuville, dont le tableau récent (les dernières cartouches) a obtenu un si éclatant succès au salon de 1873.

Les quatre volumes se composeront d'environ 140 livraisons : chaque livraison, illustrée d'au moins une grande gravure, contient 16 pages, et est protégée par une couverture. — Le prix de la livraison est de 50 centimes. — Il en paraît une chaque semaine. — Les cent premières sont en vente. — Le quatrième volume sera mis en vente au mois de novembre 1874.

Paris. — Imprimerie Viéville et Capiomont, rue des Poitevins, 6.

LIBRAIRIE HACHETTE ET Cie
BOULEVARD SAINT-GERMAIN, 79

NOUVELLE COLLECTION DE ROMANS
FORMAT IN-18 JÉSUS
A 3 FRANCS LE VOLUME

Achard (A.). La chasse à l'idéal. 1 vol.
— Le journal d'une héritière. 1 v.
— Marcelle. 1 vol.
— Les animaux malades de la peste. 1 vol.
— Les fourches caudines. 1 vol.
— Madame de Sarens. — Frédérique. 1 vol.
— Maxence Humbert. 1 vol.
— Yerta Slovoda. 1 vol.
— Les chaînes de fer. 1 vol.
— Les trois grâces. 1 vol.
— Le serment d'Hedwige. 1 vol.
— Olympe de Mézières. — Le mari de Delphine. 1 vol.
Deltuf (P.). L'ordonnance de non-lieu. 1 vol.
Depret. La Fraynoise. 1 vol.
Disraeli (B.). Lothair. 2 vol.
Énault (Louis). En Province. 1 vol.
— Irène; — Le mariage impromptu; — Deux villes mortes. 1 vol.
— Olga. 1 vol.
— Un drame intime. 1 vol.
— Le roman d'une veuve. 1 vol.
— La pupille de la Légion d'honneur. 2 vol.
— La destinée. 1 vol.
— Histoire d'une femme. 1 vol.

Énault. Les perles Noires. 1 vol.
— Le Baptême du sang. 1 vol.
Erckmann-Chatrian. L'ami Fritz. 1 vol.
Féval (P.). Les Habits noirs. 2 vol.
— Cœur d'acier. 2 vol.
— Le mari embaumé, souvenirs d'un page de M. de Vendôme. 2 vol.
— Annette Laïs. 1 vol.
— Roger Bontemps. 1 vol.
— Les gens de la noce. 1 vol.
Gautier (Th.). Caprices et zigzags. 1 vol.
Génissieu. En prenant le thé. 1 v.
— Un Fils d'Ève. 1 vol.
James (Constantin). Toilette d'une Romaine au temps d'Auguste et conseils à une Parisienne sur les cosmétiques. 2e édit. 1 v.
Joubert. Mariquita. 1 vol.
Lavalley (Gaston). Le droit de l'épée. 1 vol.
— Légendes normandes. 1 vol.
— Un crime littéraire. 1 vol.
Léo (A.). Les deux filles de M. Plichon. 1 vol.
— L'idéal au village. 1 vol.
Reybaud (Mme Charles). — Les deux Marguerite. 1 vol.
Wilkie Collins. Mari et Femme. 2 vol.

Coulommiers. — Typogr. A. MOUSSIN.

LIBRAIRIE HACHETTE ET Cie
BOULEVARD SAINT-GERMAIN, 79

NOUVELLE COLLECTION DE ROMANS
FORMAT IN-18 JÉSUS
A 3 FRANCS LE VOLUME

Achard (A.). La chasse à l'idéal. 1 vol.
— Le journal d'une héritière. 1 v.
— Marcelle. 1 vol.
— Les animaux malades de la peste. 1 vol.
— Les fourches caudines. 1 vol.
— Madame de Sarens. — Frédérique. 1 vol.
— Maxence Humbert. 1 vol.
— Yerta Slovoda. 1 vol.
— Les chaînes de fer. 1 vol.
— Les trois grâces. 1 vol.
— Le serment d'Hedwige. 1 vol.
— Olympe de Mézières. — Le mari de Delphine. 1 vol.
Deltuf (P.). L'ordonnance de non-lieu. 1 vol.
Depret. La Fraynoise. 1 vol.
Disraeli (B.). Lothair. 2 vol.
Énault (Louis). En Province. 1 vol.
— Irène; — Le mariage impromptu; — Deux villes mortes. 1 vol.
— Olga. 1 vol.
— Un drame intime. 1 vol.
— Le roman d'une veuve. 1 vol.
— La pupille de la Légion d'honneur. 2 vol.
— La destinée. 1 vol.
— Histoire d'une femme. 1 vol.
Énault. Les perles Noires. 1 vol.
— Le Baptême du sang. 1 vol.
Erckmann-Chatrian. L'ami Fritz. 1 vol.
Féval (P.). Les Habits noirs. 2 vol.
— Cœur d'acier. 2 vol.
— Le mari embaumé, souvenirs d'un page de M. de Vendôme. 2 vol.
— Annette Laïs. 1 vol.
— Roger Bontemps. 1 vol.
— Les gens de la noce. 1 vol.
Gautier (Th.). Caprices et zigzags. 1 vol.
Génissieu. En prenant le thé. 1 v.
— Un Fils d'Ève. 1 vol.
James (Constantin). Toilette d'une Romaine au temps d'Auguste et conseils à une Parisienne sur les cosmétiques. 2e édit. 1 v.
Joubert. Mariquita. 1 vol.
Lavalley (Gaston). Le droit de l'épée. 1 vol.
— Légendes normandes. 1 vol.
— Un crime littéraire. 1 vol.
Léo (A.). Les deux filles de M. Plichon. 1 vol.
— L'idéal au village. 1 vol.
Reybaud (Mme Charles). — Les deux Marguerite. 1 vol.
Wilkie Collins. Mari et Femme. 2 vol.

Coulommiers. — Typogr. A. MOUSSIN.

www.ingramcontent.com/pod-product-compliance
Lightning Source LLC
Chambersburg PA
CBHW071521160426
43196CB00010B/1600